EDUARDO MACHADO (GOOD GUY)

CB136349

Engenharia de Software com Access VBA

Volume 2

EDUARDO MACHADO (GOOD GUY)

Engenharia de Software com Access VBA

Volume 2

Cópia não autorizada é crime
Lei 9.610 de 19/02/1998
Respeite o direito autoral

EDITORA CIÊNCIA MODERNA

Engenharia de Software com Access VBA – Volume 2

Copyright*□ *Editora Ciência Moderna Ltda., 2020

Todos os direitos para a língua portuguesa reservados pela EDITORA CIÊNCIA MODERNA LTDA.
De acordo com a Lei 9.610, de 19/2/1998, nenhuma parte deste livro poderá ser reproduzida, transmitida e gravada, por qualquer meio eletrônico, mecânico, por fotocópia e outros, sem a prévia autorização, por escrito, da Editora.

Editor: Paulo André P. Marques
Produção Editorial: Dilene Sandes Pessanha
Capa: Daniel Jara
Diagramação: Daniel Jara
Copidesque: Equipe Ciência Moderna

Várias **Marcas Registradas** aparecem no decorrer deste livro. Mais do que simplesmente listar esses nomes e informar quem possui seus direitos de exploração, ou ainda imprimir os logotipos das mesmas, o editor declara estar utilizando tais nomes apenas para fins editoriais, em benefício exclusivo do dono da Marca Registrada, sem intenção de infringir as regras de sua utilização. Qualquer semelhança em nomes próprios e acontecimentos será mera coincidência.

FICHA CATALOGRAFICA

MACHADO, Eduardo Vieira.

Engenharia de Software com Access VBA – Volume 2

Rio de Janeiro: Editora Ciência Moderna Ltda., 2020.

1. Informática
I — Título

ISBN: 978-65-5842-002-6 CDD 001.642

Editora Ciência Moderna Ltda.
R. Alice Figueiredo, 46 – Riachuelo
Rio de Janeiro, RJ – Brasil CEP: 20.950-150
Tel: (21) 2201-6662/ Fax: (21) 2201-6896
E-MAIL: LCM@LCM.COM.BR
WWW.LCM.COM.BR **11/20**

Agradecimentos

Quero agradecer ao bom Deus por tudo o que aprendi ao longo desses anos e por todo incentivo que recebi de amigos dos fóruns Máximo Access e Expert Access, além de colegas de trabalho e, especialmente, de minha esposa Eunice, quem sempre acreditou em mim.

O autor

Sou conhecido nos fóruns MaximoAccess, ExpertAccess e ItLab como Good Guy (o cara prestativo). Adotei este cognome em inglês por gostar muito desta língua e por estar em sintonia com minha personalidade moldada por valores cristãos.

Há 28 (vinte e oito) anos exerço um cargo público, como concursado em empresa estatal no Rio de Janeiro. Nos anos 70, estudei engenharia operacional civil e trabalhei por algum tempo em uma empresa de construção civil enquanto era acadêmico, mas desisti de seguir essa carreira por conta de um mercado saturado de engenheiros, passando a lecionar Matemática. Mais tarde me apaixonei por tradução e fui estudar Tradução Técnica e Literária com o grande e renomado Prof. Daniel Brilhante, em Copacabana, RJ, o que me levou a traduzir material técnico para empresas e literário para as editoras. Resolvi então cursar Letras (Português/Inglês) e exercer também a função de professor de Inglês, o que fiz com muita satisfação por 10 (dez) anos em cursos e escolas. Já trabalhei como intérprete de estrangeiros, recebendo inclusive convites para morar nos EUA, mas preferi ficar no Brasil.

No boom da informática em 1995, comecei a me interessar por programação, não tanto por mim mesmo e mais por influência ou insistência de minha namorada, que hoje é minha esposa por força de seus bons conselhos e beleza de espírito. Dessa intimidade e convivência, surgiram a coragem e a fé em Deus para viver nossos sonhos e projetos de vida, dentre estes o amor pela ciência. Nosso princípio básico que vivemos juntos é "O temor do Senhor é o princípio do conhecimento." (Prov 1.7) Sermos fiéis um ao outro, amar o nosso próximo, nossos filhos e obedecermos Seus princípios,tornaram-se a mola propulsora de nossa vida. Comecei me aventurando em algumas linguagens como C, Java, Delphi e VB, estudando presencialmente em instituições aqui do Rio, como ADV Informática (Lógica de Programação e C) e Instituto de Nível Superior Infnet (Java Programming), onde também participei de diversas palestras. Pude também participar de cursos de analista Java pela internet, pelo Instituto Wincomp(online) de São Paulo. Mas as linguagens que me deram maior prazer em aprender e para as quais me dediquei exclusivamente foram o VB6 e depois o Microsoft Access VBA através da série de livros de Flávio Morgado chamado *Programando Microsoft em Access com VBA* e em paralelo os fórums *ExpertAccess* e *MaximoAccess.*

Fui programador na minha empresa por muitos anos em vários departamentos, até que recebi o convite para atuar na Área de Projetos de Assuntos Estratégicos pelos meus conhecimentos em Excel e AccessVBA.

Na ocasião, tive a grata satisfação de ser premiado como melhor programador no mês de Outubro de 2011 pela Comunidade Lusófona de Programadores do site www.svcsoftwarehouse.com, que infelizmente hoje já não está mais na nuvem.

Como consultor de SQL, trabalhei na apresentação de relatórios para chefes de departamento. Atualmente, exerço funções administrativas e de gerenciamento de aplicativos em Access que desenvolvi para o setor comercial da área jurídica da empresa.

Você poderá ler mais detalhes na minha página do Facebook " Good Guy - Sistemas, Aplicativos e Jogos em Access VBA" onde publico novas atualizações de meus produtos.

Sou apaixonado por música instrumental clássica, jazz e gospel, e pelo meu violão, de onde extraio arranjos melódicos para encher meu lar de tranquilidade e agraciar os ouvidos sensíveis de minha esposa, sob a bênção de Deus.

Dedicatória

Dedico este livro em primeiro lugar à minha esposa Eunice, companheira dedicada e minha maior incentivadora; ao meu pai Wilson Machado (In Memoriam), à minha mãe Irailde, e a todas crianças e jovens de nossa família que se sentiram felizes e incentivados a estudar informática com meu primeiro livro e, finalmente, a toda a juventude estudiosa de nosso país.

Sumário

CAPÍTULO 4

CAPÍTULO 5

APÊNDICE

INTRODUÇÃO

Neste meu mais novo livro, **Engenharia de Software com Access VBA, Vol. 1 e 2**, há muitas novidades de programação em complemento ao meu primeiro livro, **Técnicas Especiais em Access VBA**. Espero atender a muitos dos meus leitores acadêmicos de Ciência da Computação e de Engenharia, com novas técnicas em Access VBA (com uma linguagem acessível também para quem estuda outras linguagens), ainda mais complexas que façam jus ao título Engenharia de Software, como funções ainda mais poderosas com métodos e propriedades de objetos muito práticos, além de novos modelos de formulários com visual mais sofisticado ou de nível tecnológico mais atual.

A ideia aqui é modernizar os seus sistemas no que for possível dentro da plataforma Access a fim de agregar o agradável à eficácia de rendimento para os seus usuários e acompanhar um novo estágio da informática moderna em termos de visual e funcionalidade e, por fim, também obter resultados mais concisos e rápidos ao realizar cálculos e filtros mais poderosos.

De uma maneira geral, vamos exercitar o raciocínio lógico, procurando entender a funcionalidade de cada linha de código e testar a sua habilidade para programar, pois a linguagem lógica e as técnicas aqui empregadas são ainda mais complexas e de difícil compreensão para quem não tem muita experiência em programação. Mas não se preocupe, você terá sua chance de se aperfeiçoar com os meus exemplos e sua prática constante. Não desanime, portanto, na primeira tentativa.

Esteja ciente que, nas minhas técnicas, trabalho muito com tabelas auxiliares e formulários ocultos. Além disso, procuro me fixar em campos indexados com chave primária, isto é, que não permitem duplicação, a fim de obter incondicionalmente precisão no filtro de dados. Mas, neste caso, a indexação é, por regra geral, o hábito de todos os bons programadores.

Trabalho com funções que se utilizam de um mínimo de argumentos (no máximo dois) que buscarão seus parâmetros correspondentes nas caixas de texto dos formulários, isto é, usarão os mesmos como referência para buscar por dados-chaves no cálculo a ser realizado. Trabalhar com argumentos em suas funções dão, a meu ver, maior segurança nos resultados.

Todas as tabelas, consultas, formulários e relatórios deste livro possuem nomes provisórios, isto é, que podem ser alterados, mas demonstrados aqui a título de exemplo, podendo o leitor substituir pelos nomes que achar conveniente em seus próprios aplicativos.

Vamos buscar mais conhecimento para o desenvolvimento de sistemas ao aprender a utilizar métodos e propriedades de objetos que nos forneçam filtros de dados mais eficazes; exercitar técnicas de *loopings* com conversões entre bases numéricas (para muitos, o *looping* é uma dor de cabeça, mas estas são técnicas das mais eficientes para agilizar a execução de determinado objetivo que faça jus ao uso da programação).

Se você quer ser reconhecido como bom programador, precisa aprender a dominá-los como se fossem, a grosso modo, cavalos chucros, e torná-los em cavalos dóceis. Isso será possível com os meus exemplos; aprendendo a criar matrizes de dados; gerar indicadores estatísticos com barras de progresso; criar uma treeview para classificar informação amiúde, etc..

Estou disponibilizando arquivos-exemplo para *download* pelo site da Editora Ciência Moderna de cada capítulo do livro.

Nota: A senha para descompactação é um acróstico com a primeira letra de cada capítulo do livro, do primeiro ao quinto.

Para começar, vamos agora nesta introdução visualizar um quadro geral do escopo desta coletânea. Veja o que você aprenderá:

1. Desenvolver funções com *loopings* dinâmicos sem cometer erros e entrar em *looping* infinito.Praticaremos, a princípio, com conversões de bases numéricas.

Ao clicar no botão para realizar a conversão Decimal/Binário, fica assim:

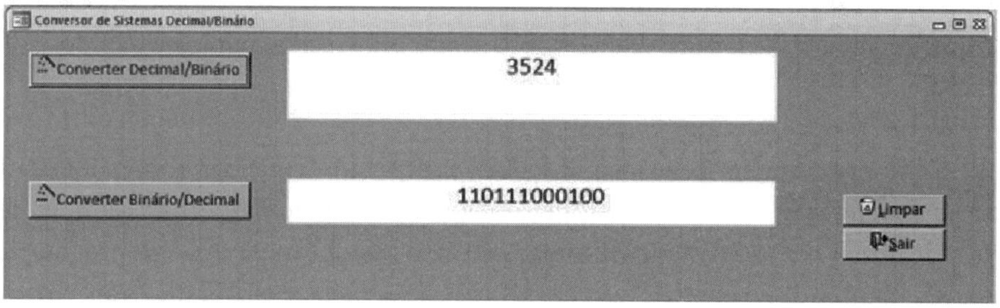

Ao clicar no botão para realizar a conversão Decimal/Hexadecimal, fica assim:

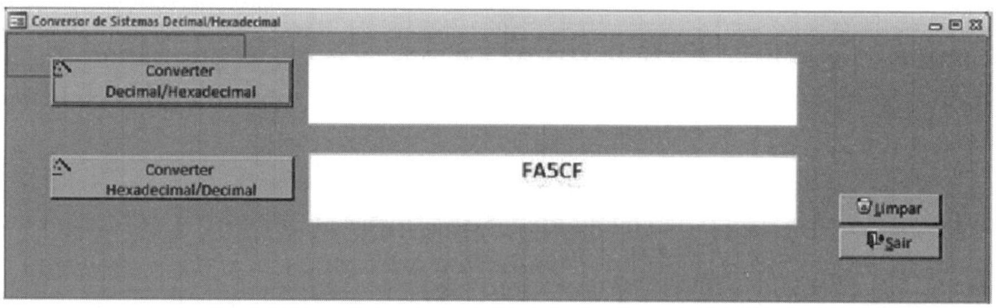

2. Desenvolver formulários com interfaces amigáveis e visual *high-tech* com exibição de diversas tabelas em frames transparentes que se intercruzam sem dificultar a leitura. Um tipo de informatização mais sofisticada e não convencional. Você aprenderá a trabalhar com controles ActiveX do tipo *Slider*. O principal ponto em destaque está no capítulo 2 e no capítulo 5. Veja alguns modelos abaixo.

Exemplo 1:

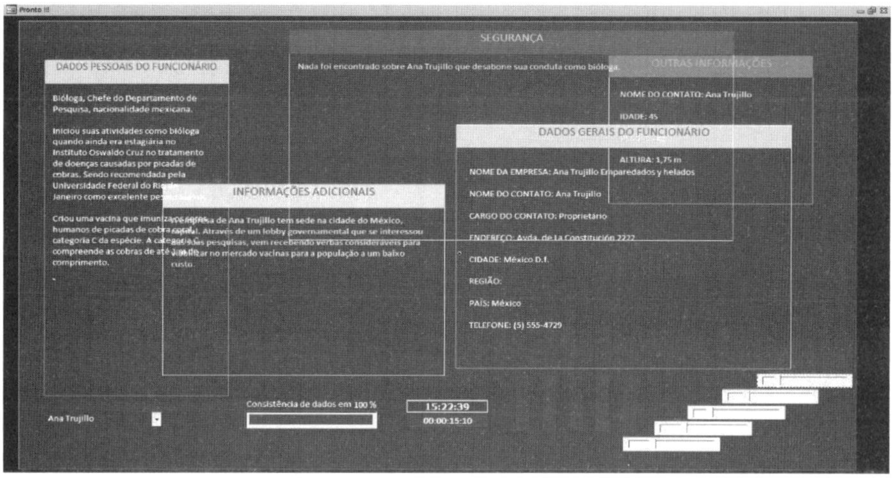

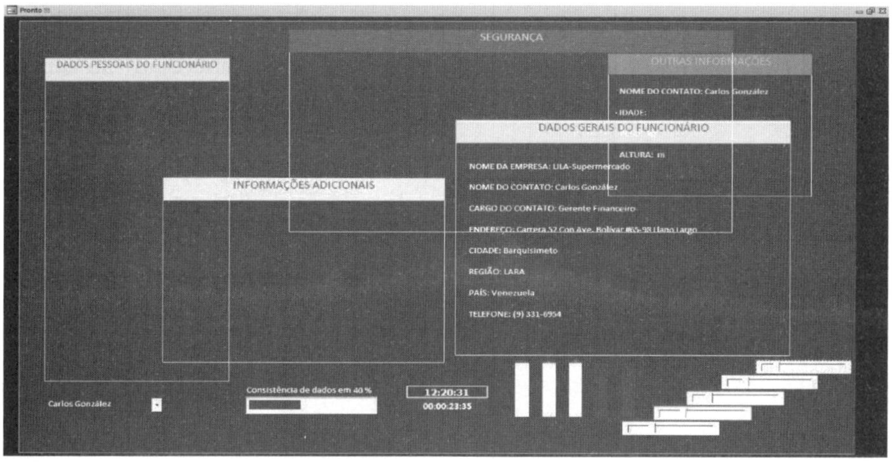

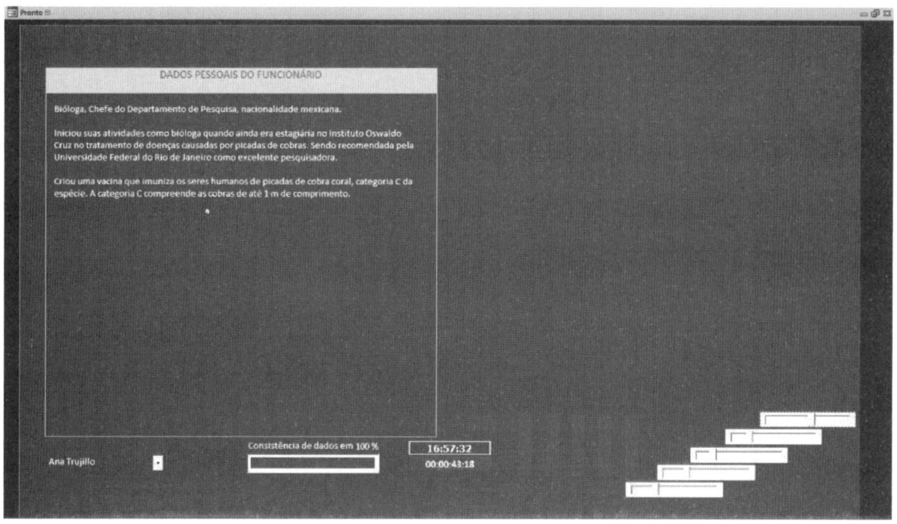

Utilizando o controle *Slider:*

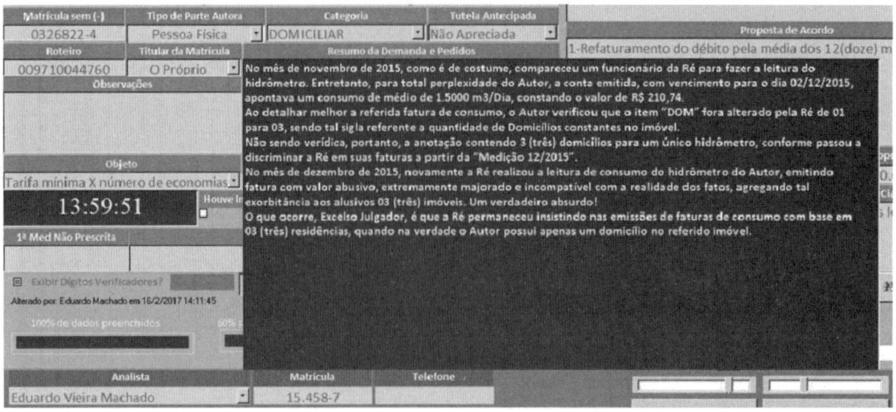

Ampliamos desse modo o poder de visualização e compreensão de texto. Com a propriedade *Fontsize* aplicada ao nome do campo, poderá ainda dar um retorno melhor.

Exemplo 2:

Aprender a desenvolver outras interfaces gráficas com exibição de diversas tabelasem um único formulário com visual agradável. Além de poder inserir recursos multimídia ou gif's animados.

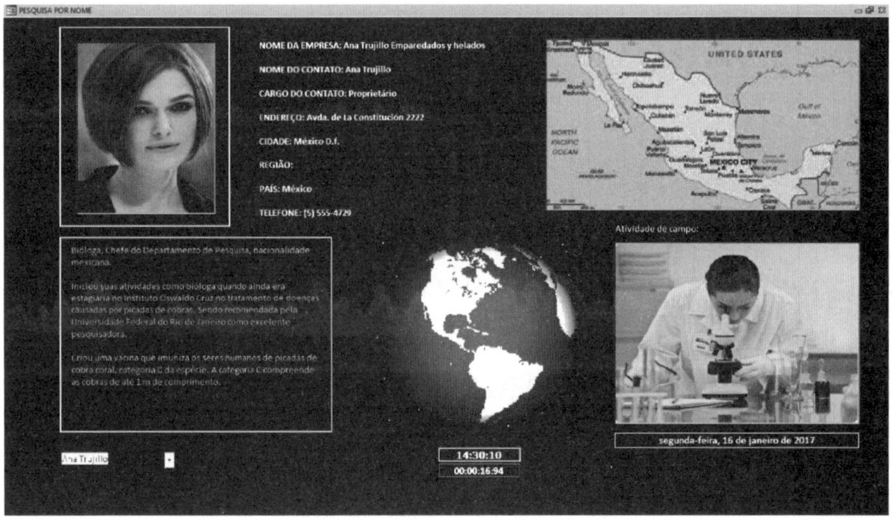

3- Trabalhar com barras de progresso:

(1) Medir distância percorrida em relação a um destino ao realizar parada, bem como também programar a previsão de chegada de um veículo do ponto inicial e/ou parada até o seu destino, tendo como variáveis o consumo de gasolina por kilômetro, o tempo inicial e a distância percorrida.

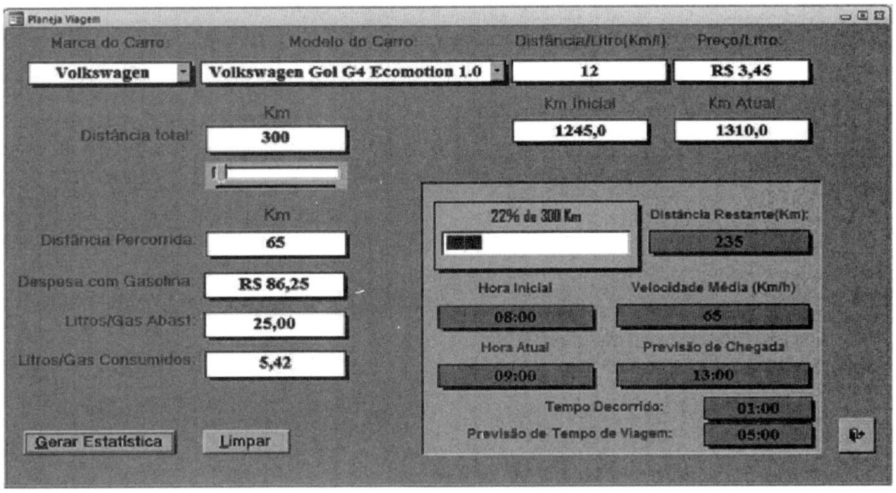

(2) Gerar barras de progresso verticais para indicar crescimento. No nosso exemplo abaixo, veremos um aplicativo de análise laboratorial, onde serão exibidos 3(três) barras de progresso vertical para indicar o crescimento do número de infecções em análises com pacientes de um hospital.

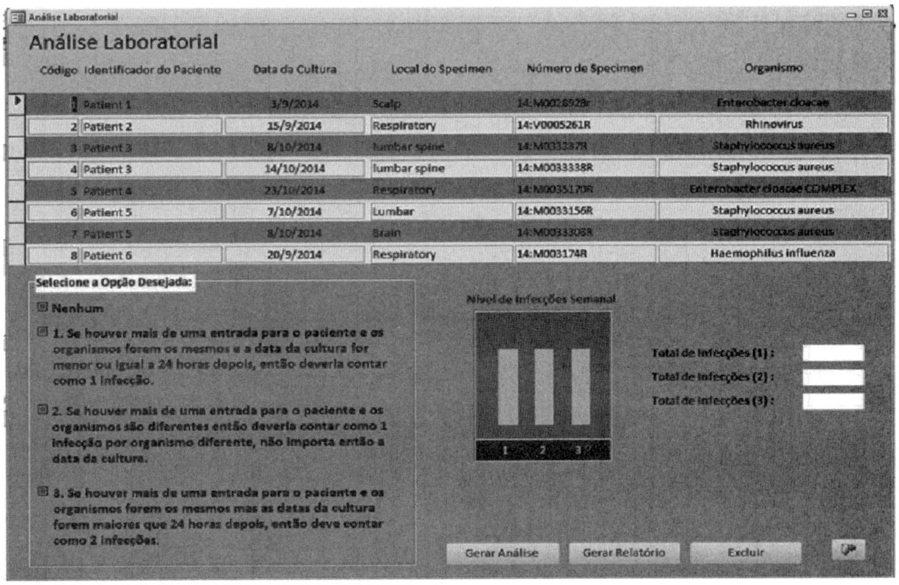

Neste exemplo, temos três condições elencadas à esquerda na figura que precisam ser satisfeitas na análise e que deveremos desenvolver uma soluçãopor meiode código Access VBA.Após clicarmos no botão Gerar Análise, teremos o seguinte resultado do looping*Do While...Loop* gerador aplicado:

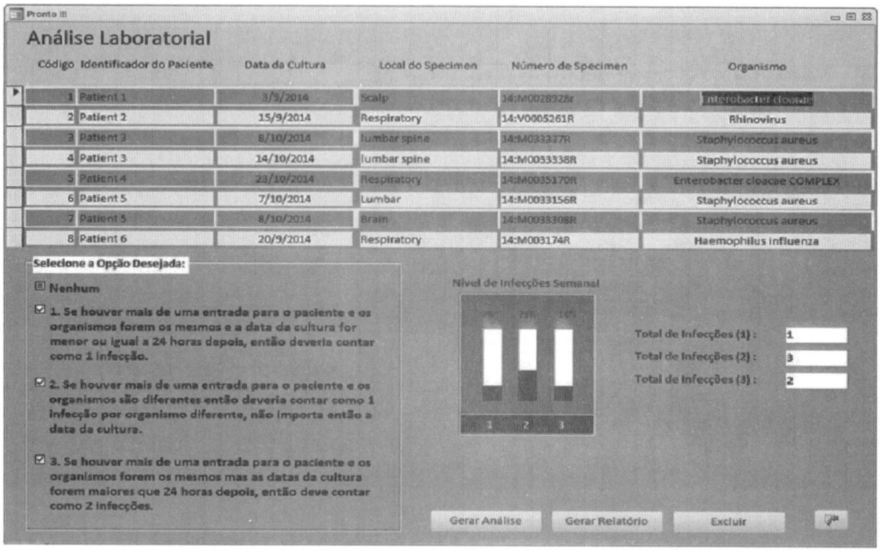

(3) Gerar barra de progresso para elaborar estatísticas de produtividade.

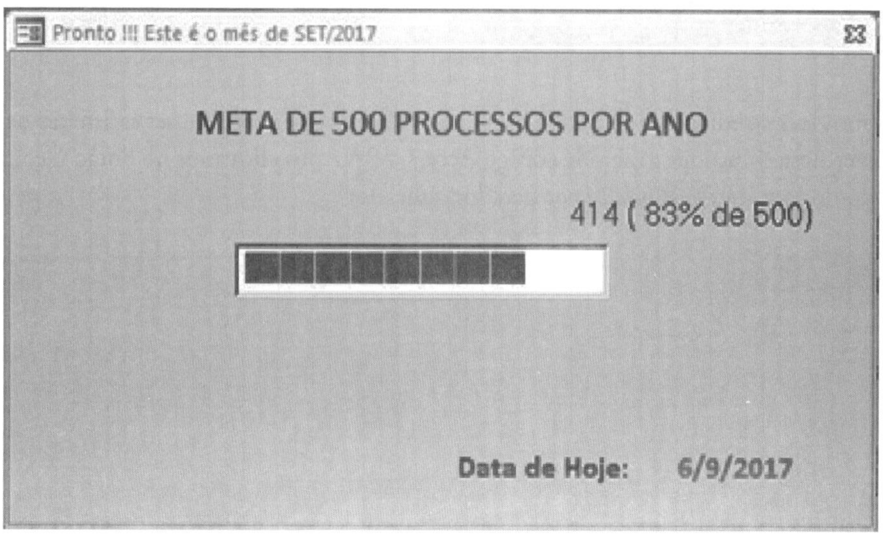

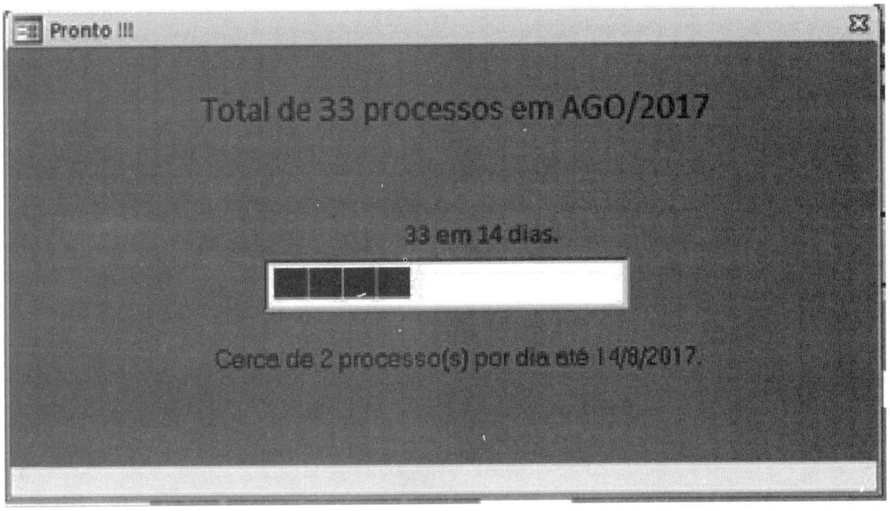

(4) Criar barras de progresso personalizadas dentro do próprio formulário para análise crítica de dados.

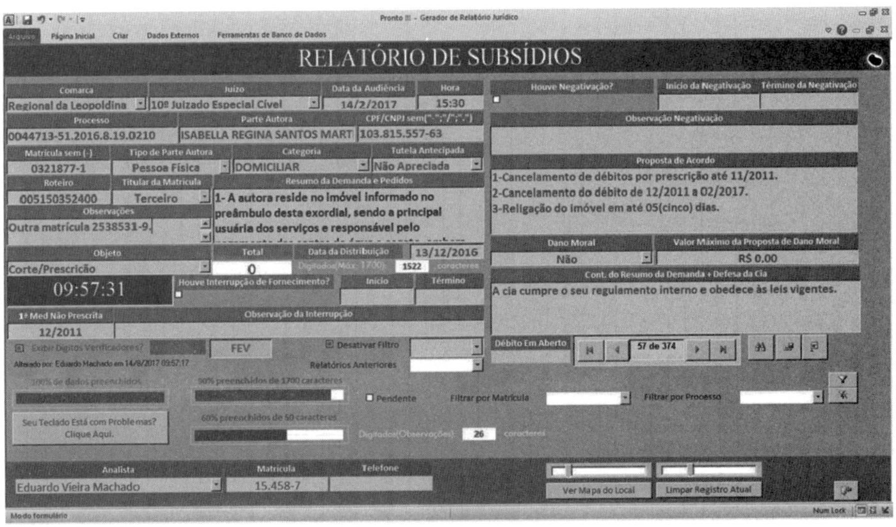

Em foco:

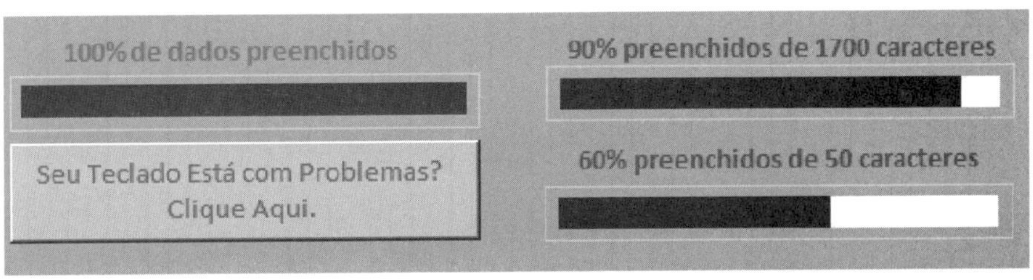

(4.1) A primeira barra de progresso avalia o preenchimento dos principais campos do formulário

(4.2) A segunda barra avalia a quantidade de caracteres e se não ultrapassou o máximo previsto para o campo do tipo Memorando. Quando atingir o máximo determinado, a barra deprogresso atingirá a sua totalidade de 100%. Uma mesma função em Access VBA geradora, mas com critérios diferentes de análise.

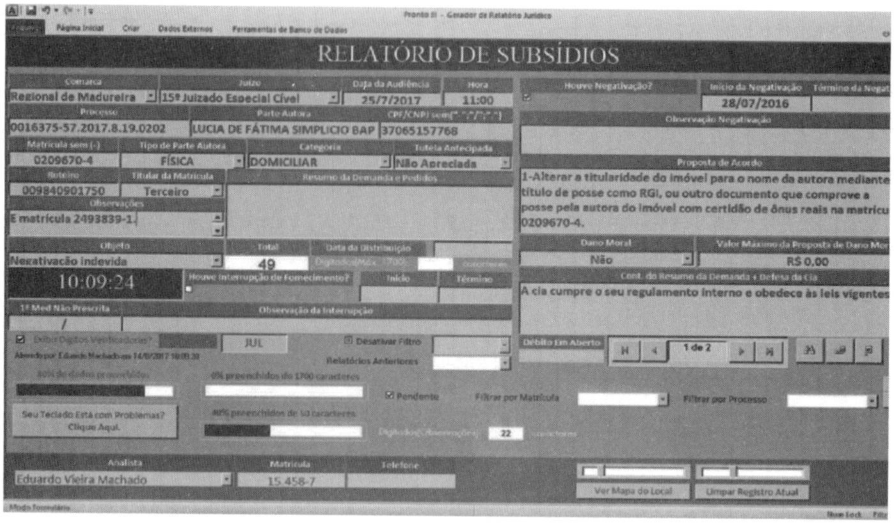

No exemplo acima, vemos uma barra de progresso que indica o preenchimento apenas parcial do total de campos e nenhuma progressão da segunda barra que indica em percentagem, como já disse, a quantidade de caracteres digitados no campo à esquerda do tipo Memorando, chamado Resumo da Demanda e Pedidos.

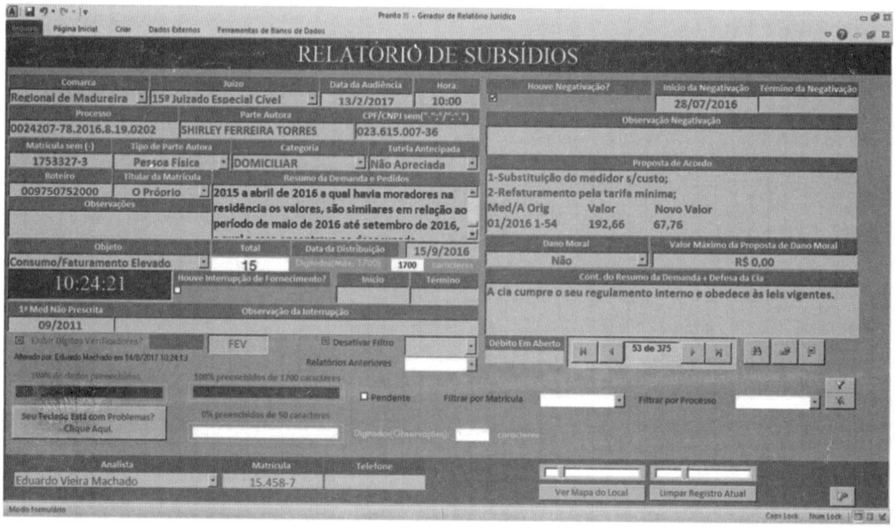

Acima, vemos que, após um preenchimento próximo ao limite máximo de caracteres, a barra de progresso atingiu o seu nível máximo de progressividade.

(5) Indicar quantidade de registros filtrados em porcentagem por mês.

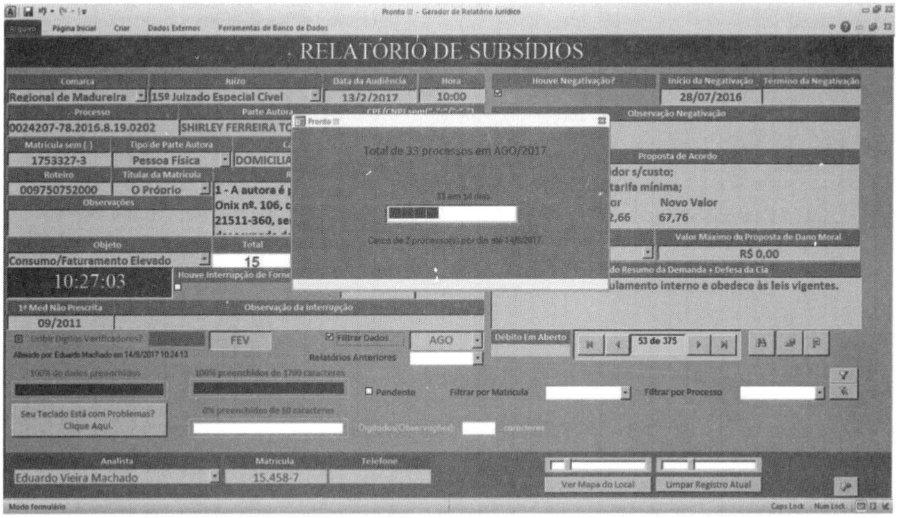

Em foco:

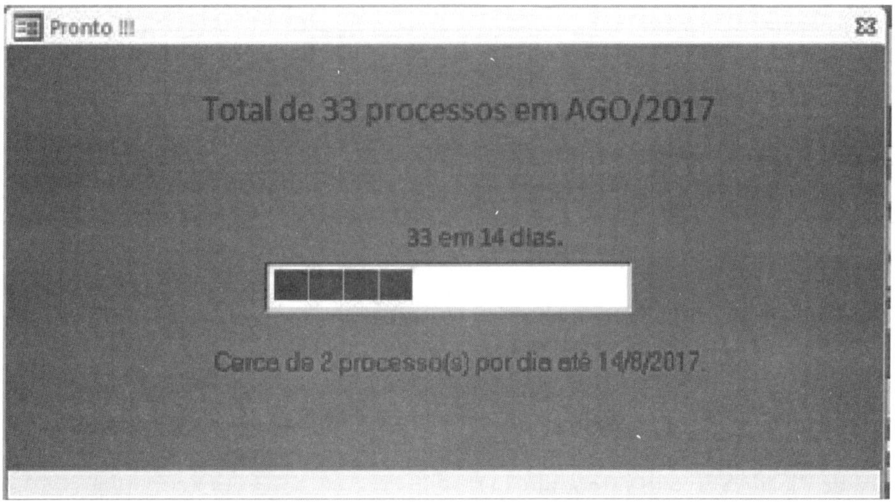

E mais:

Criar barras de progresso para avaliar níveis de crescimento de registros duplicados, registros vazios e até mesmo em âmbito geral, níveis de crescimento de água em um contâiner ou qualquer outra substância, níveis de bactérias em exames de laboratório etc.

Exemplo 1:

Aplicativo-Exemplo: Formulário de FR

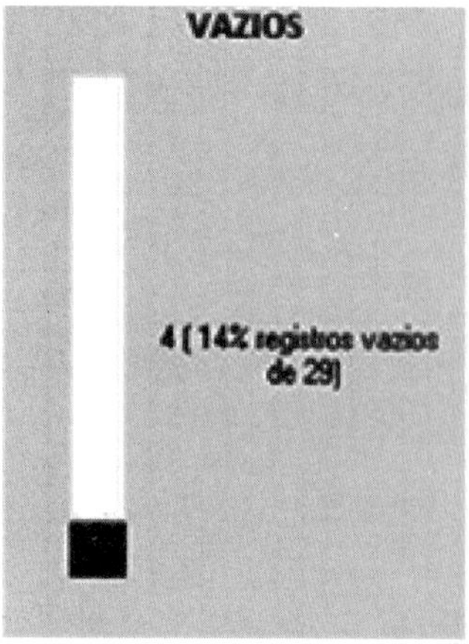

Exemplo 2:

Aplicativo-Exemplo: Análise em Laboratório

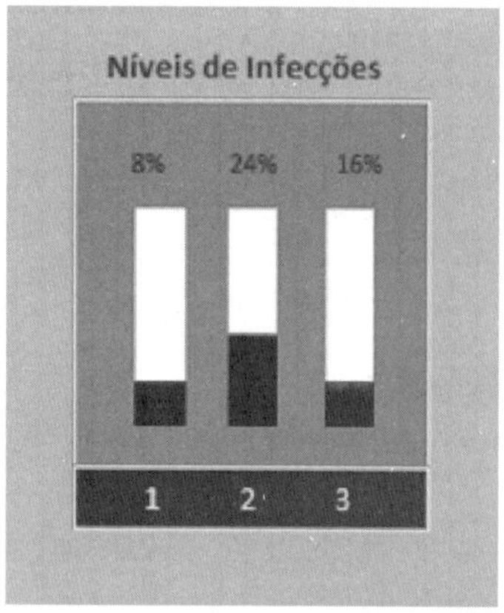

4 - Identificar o DV de PIS/PASEP e RG (módulo 11).

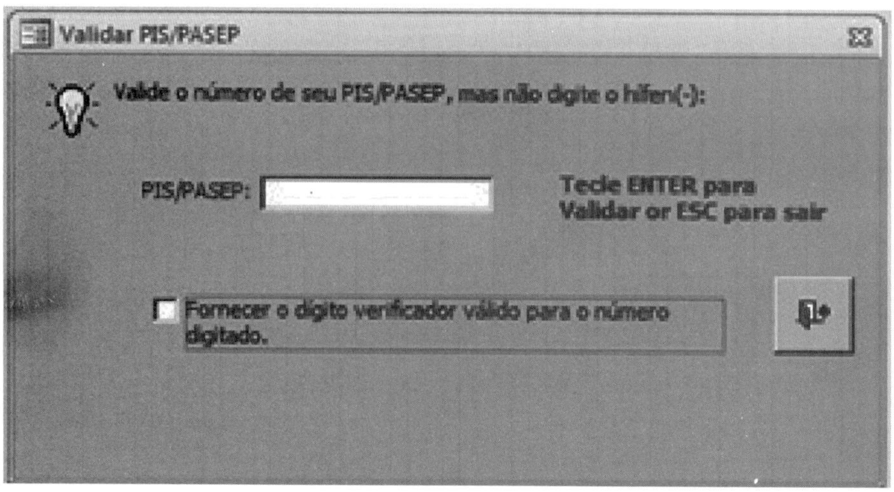

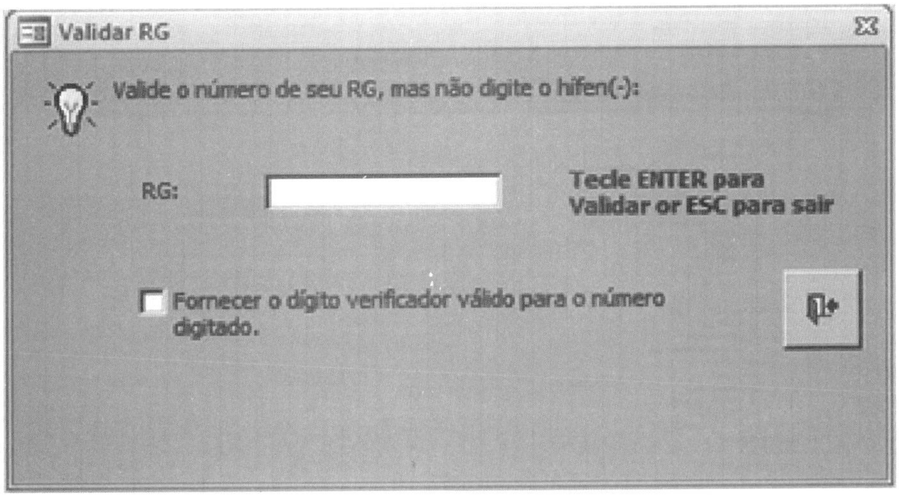

5 – Preparar *treeviews*, isto é, escalonar tópicos de qualquer assunto, exatamente como um diretório do Windows Explorer.

1. Biologia

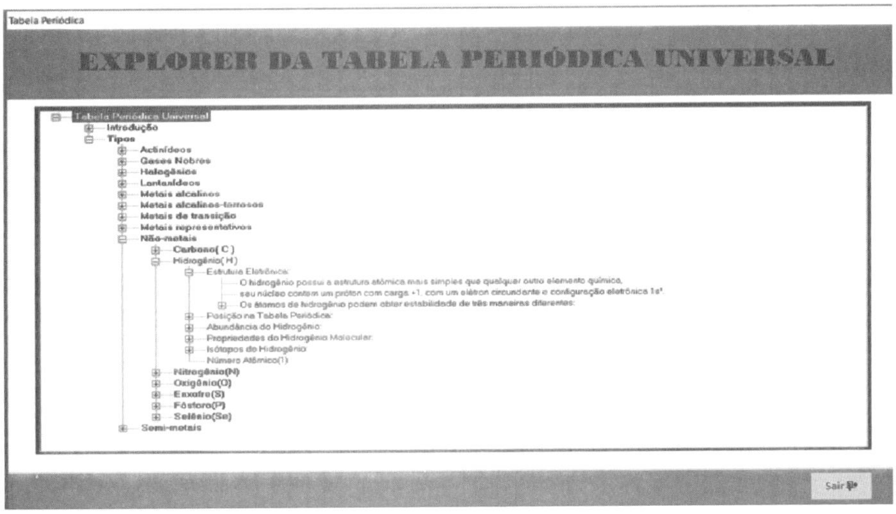

2. Direito

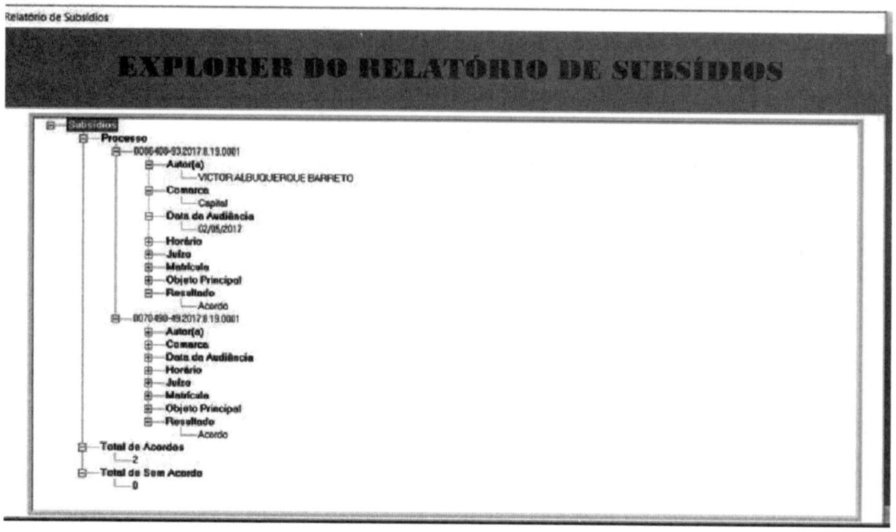

Com ícones de pastas:

1. Biologia

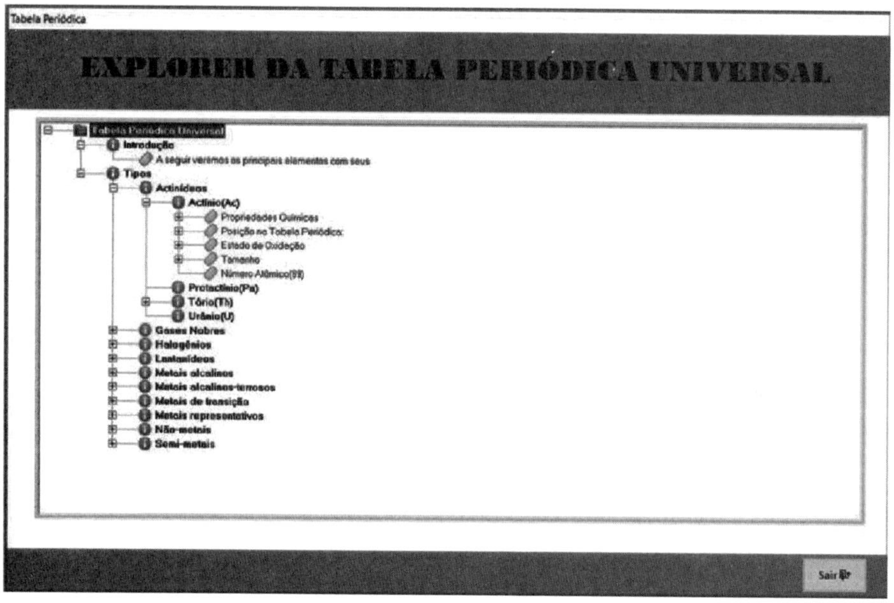

2. Direito

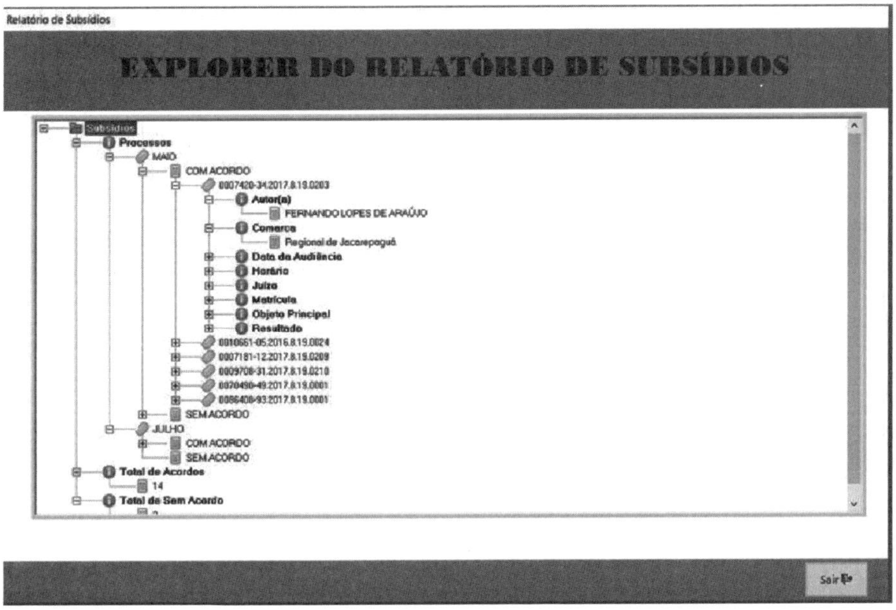

6 – Trabalhar com os métodos *ItemData, ItemsSelected, AddItem* e *RemoveItem.*

Exemplo 1: Adicionando itens

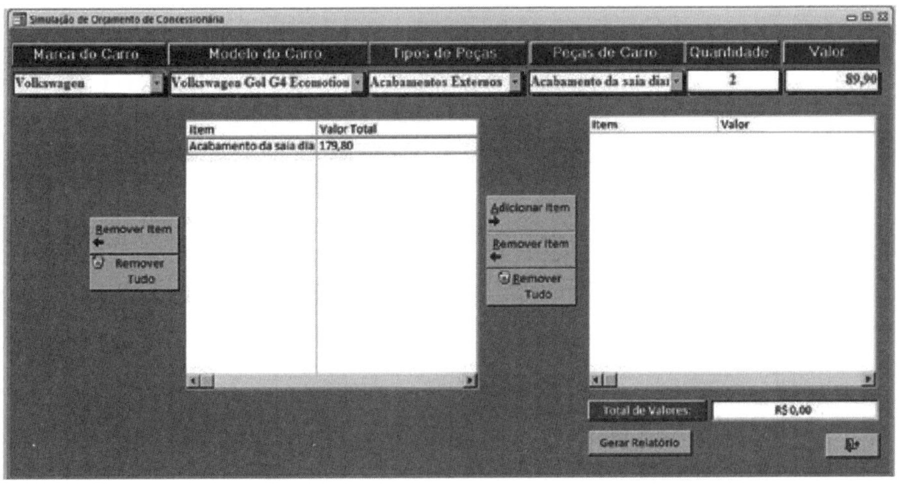

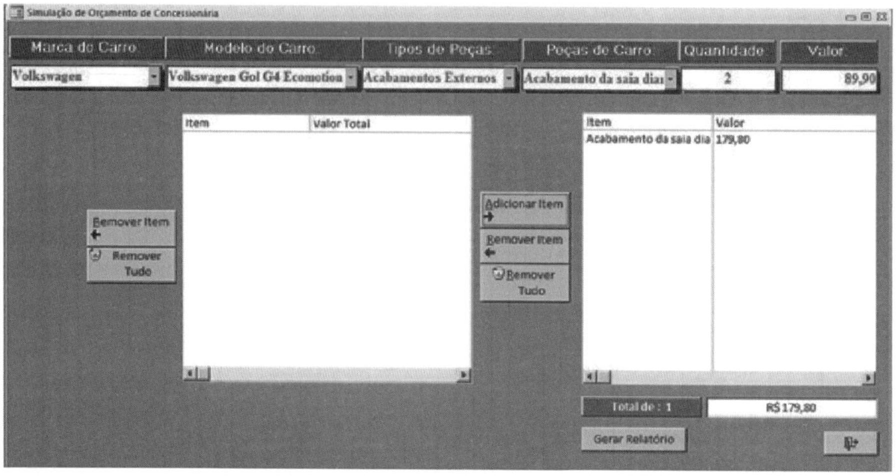

Exemplo 2: Removendo itens

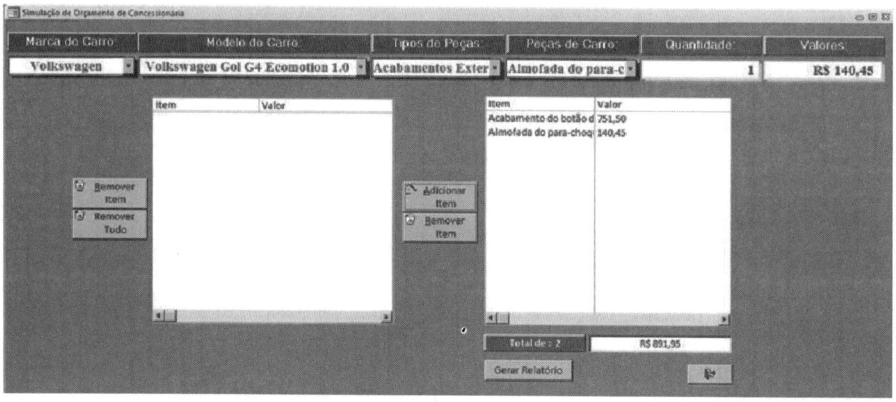

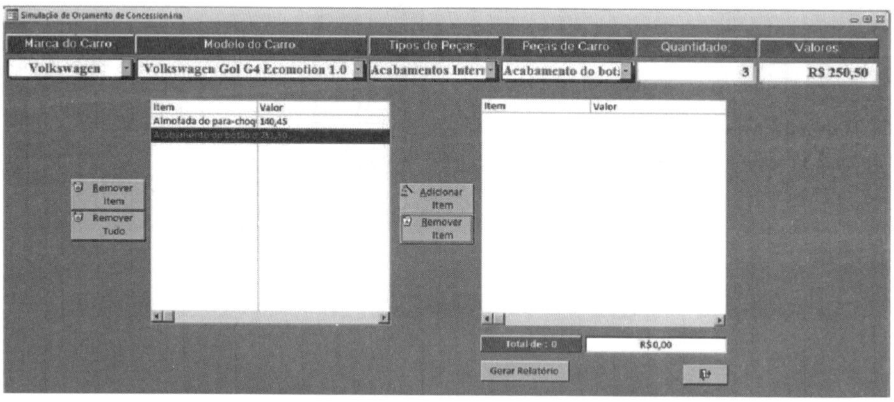

7 – Trabalhar com conversões de valores em extenso.

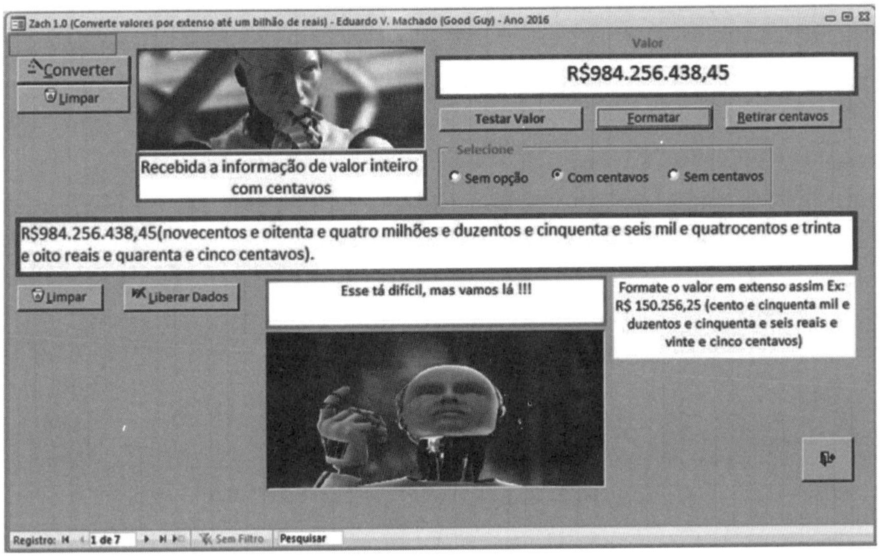

8 – Trabalhar com gráficos empresariais personalizados.

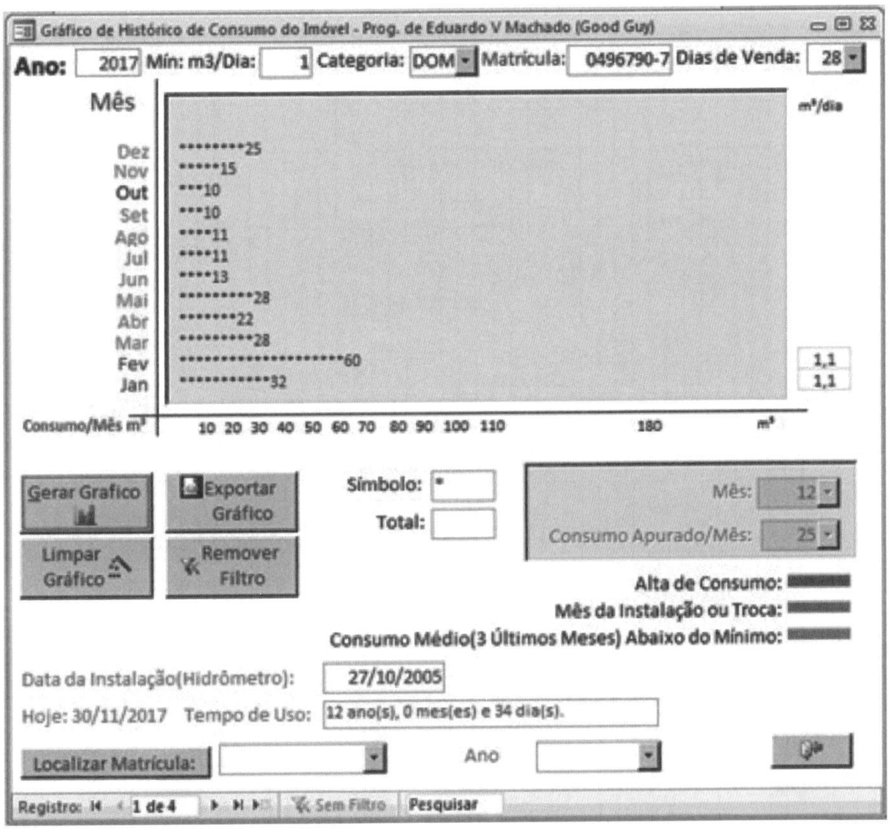

Ao criar um relatório:

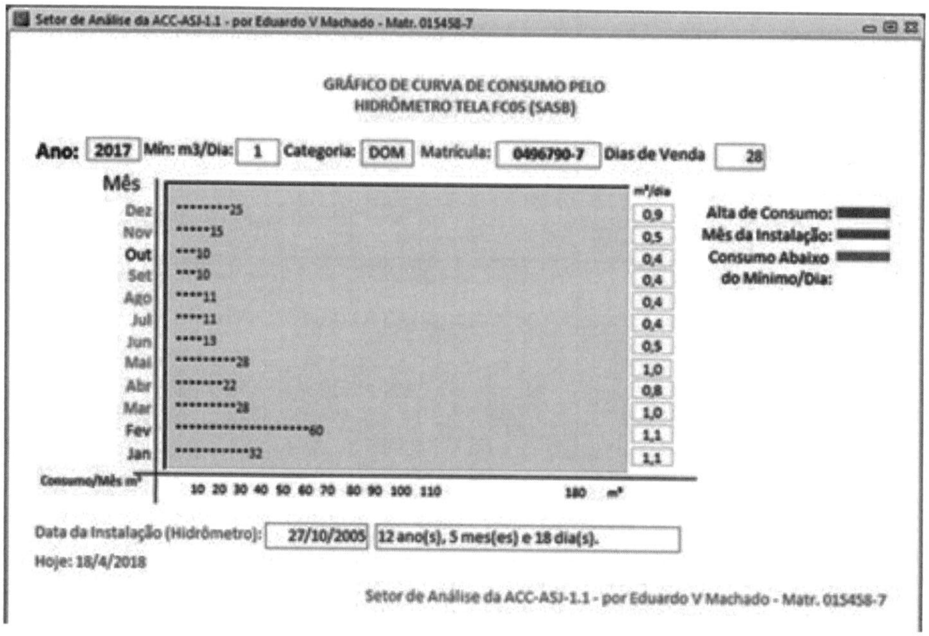

Podemos também alterar o tipo de barra, em vez de asteriscos, vamos disponibilizar a própria barra. Veja o exemplo abaixo:

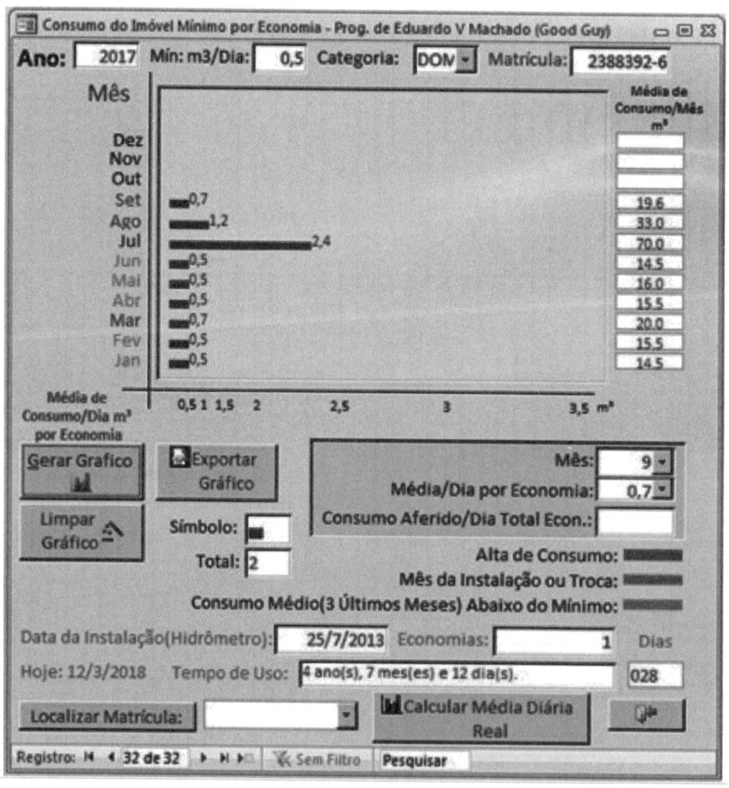

Esses são apenas alguns exemplos do que você aprenderá neste livro.

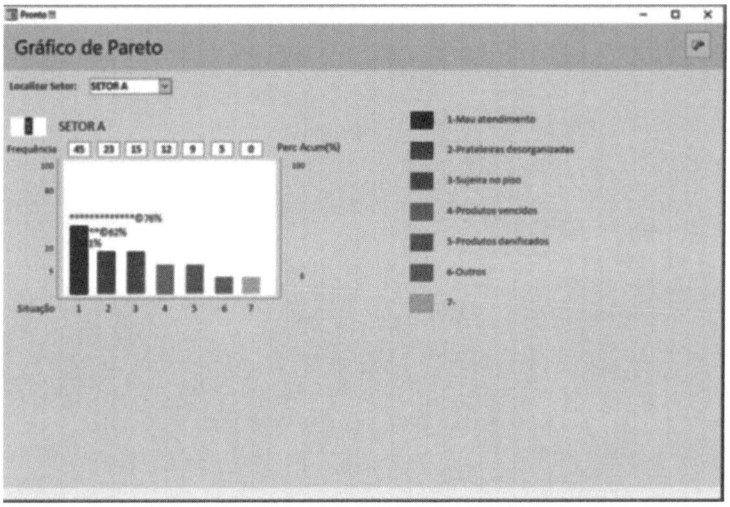
Gráfico de Pareto
SETOR A
1-Mau atendimento
2-Prateleiras desorganizadas
3-Sujeira no piso
4-Produtos vencidos
5-Produtos danificados
6-Outros
7-

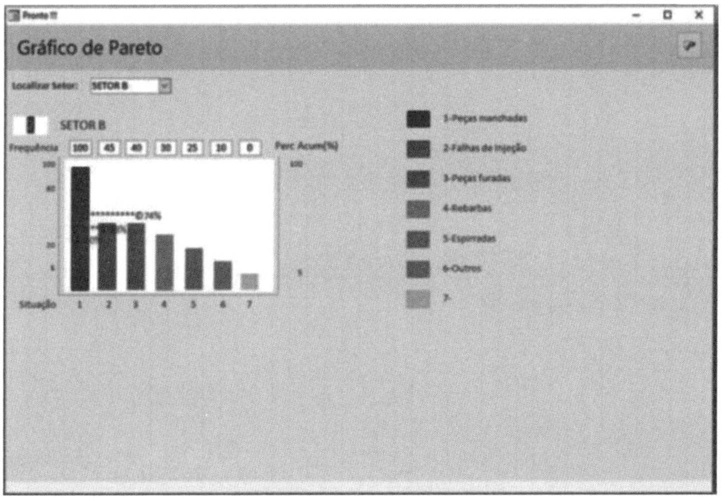
Gráfico de Pareto
SETOR B
1-Peças manchadas
2-Falhas de injeção
3-Peças furadas
4-Rebarbas
5-Espirradas
6-Outros
7-

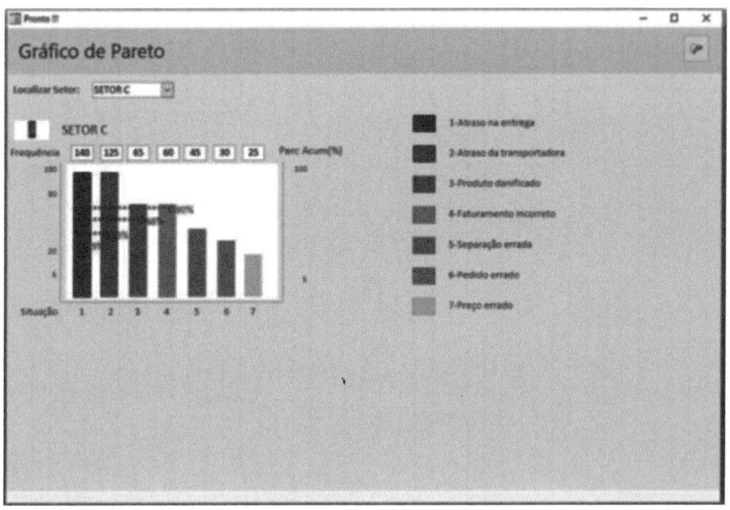
Gráfico de Pareto
SETOR C
1-Atraso na entrega
2-Atraso da transportadora
3-Produto danificado
4-Faturamento incorreto
5-Separação errada
6-Pedido errado
7-Preço errado

CAPÍTULO 1

Trabalhando com as Propriedades *ItemData*, *ItemsSelected* e os métodos *AddItem* e *RemoveItem*

Ao dar início o estudo do segundo volume da série ENGENHARIA DE SOFTWARE com *Access VBA*, vamos aprender a projetar aplicativos comerciais de forma compacta, utilizar objetos do *Access* de nosso arsenal da barra de ferramentas que melhor unifiquem informações, contabilizem valores, etc. Considero o objeto *listbox* muito prático para esse fim. Em nosso primeiro capítulo vamos estudar as funções que trabalham com adição de itens selecionados na *listbox* (Lista1) com pelo menos 2(dois) campos para ficar mais interessante.

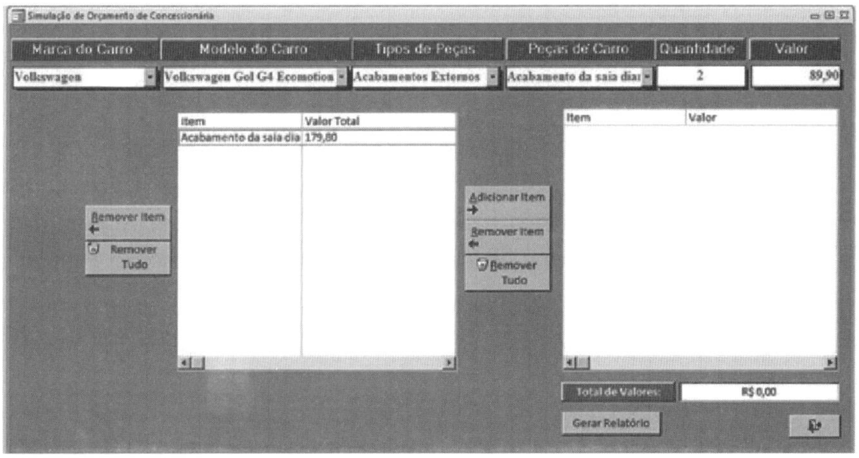

Na primeira função (AdicionarItem) de adição, realmente trabalhamos com a propriedade *ItemsSelected* da Listbox (Lista1) referenciada pela variável*ctl* da coleção *Control.* E quanto à variável *varItm*? Esta variável refere-se ao registro que compõe o item selecionado pelo usuário.

```
Public Function AdicionarItem()
On Error Resume Next
Dim frm As Form, ctl As Control
Dim varItm As Variant
Dim sLista1, sLista2 As Variant

Set frm = Forms!CalculoOrcamento
      Set ctl = frm!Lista1

For Each varItm In ctl.ItemsSelected
sLista1 = ctl.Column(0, varItm) '0 é a primeira coluna onde está o campo Item na
listbox (0,1,2,3)
```

```
        sLista2 = ctl.Column(1, varItm) '1 é a segunda coluna onde está o campo
Valor na listbox (0,1,2,3)

        Lista2.ColumnCount = 1  'Começamos o laço com uma coluna

        Lista2.AddItem Item:=sLista1'O método AddItem adiciona o primeiro item
referenciado pela variável sLista1 que corresponde ao primeiro campo da primeira
coluna

        Lista2.AddItem Item:=Format(sLista2, "#0.00")'O método AddItem adiciona
o segundo item referenciado pela variável sLista2 da segunda coluna

        Lista2.ColumnCount = 2'Incluímos então uma segunda coluna

Next varItm       'Fim do laço For Each

       Me.Lista2.ColumnCount = 2  'Confirmamos as duas colunas
Lista2.RemoveItem Index:=sLista1 'Remove o item selecionado da primeira
listbox(caixa de listagem)

End Function
```

Mas precisamos, depois de "adicionar" o item selecionado para a segunda listbox (caixa de listagem), remover o mesmo item da primeira listbox (caixa de listagem). O que acontece é a clonagem do item para a segunda listbox enquanto o item original permanece na primeira listbox, então é necessária a remoção do item original para criarmos a ilusão de adição de itens.

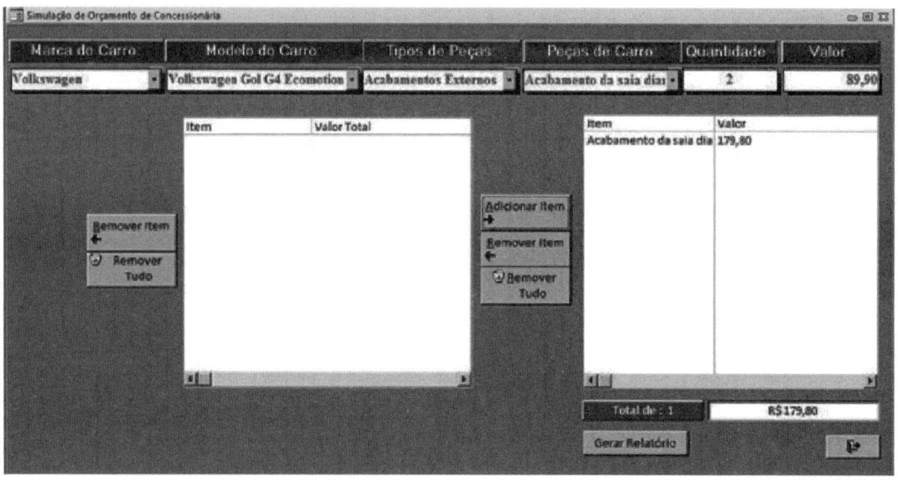

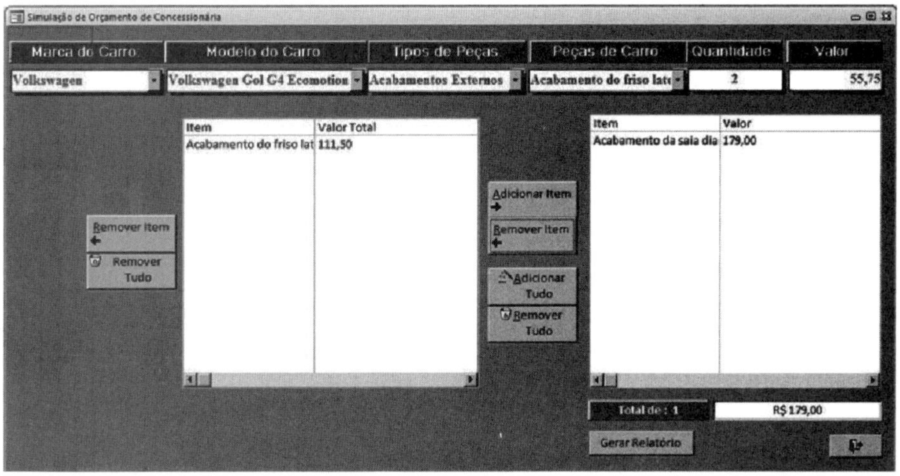

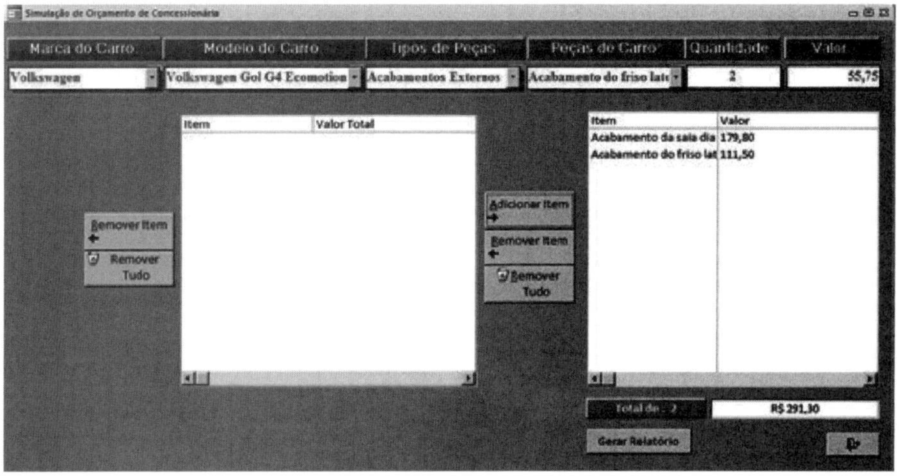

Função de remoção de item da primeira listbox:

```
Public Function RemoverItem()
On Error Resume Next
Dim sCombo As Variant
Dim frm As Form, ctl As Control
Dim varItm, sValor, sValor2 As Variant
Dim sTotal As Integer

Set frm = Forms!CalculoOrcamento
      Set ctl = frm!Lista1
     For Each varItm In ctl.ItemsSelected
sValor = ctl.Column(0, varItm)
       sValor2 = ctl.Column(1, varItm)
Next varItm
     DoCmd.SetWarnings False
     sCombo = "DELETE * FROM cnsOrcamento WHERE Item = '" & sValor & "'"
    CurrentDb.Execute sCombo
```

```
    DoCmd.SetWarnings True
    Me.Lista1.Requery
sTotal = Me.Lista2.ListCount - 1
Me.lblTotal.Caption = "Total de :  " & sTotal
End Function
```

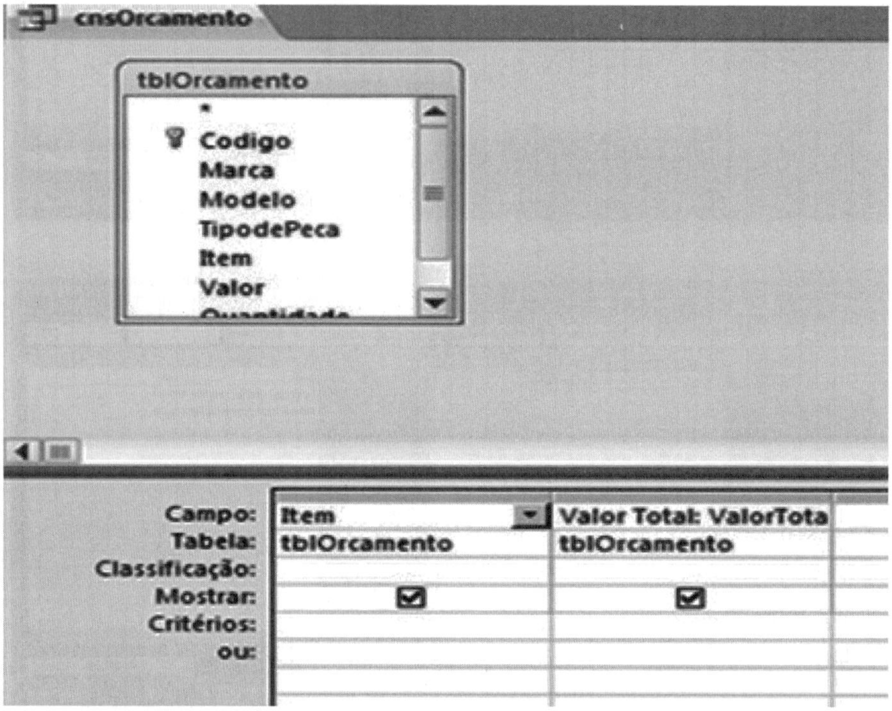

A função *RemoverItem* suprime o item selecionado da *listbox* (caixa de listagem) Lista1e apaga o seu registro da tabela auxiliar **Orcamento,** representada pela sua própria consulta. Esta é a fonte de dados do relatório para impressão. Logo, quando removemos este registro selecionado da segunda *Listbox* Lista2 (este continua figurando no relatório) e, em seguida, pela função *RemoverItem* da primeira *listbox*, finalmente o registro selecionado desaparecerá do relatório. O propósito disto é proteger as inclusões feitas e dar oportunidade ao usuário de confirmá-las ou não.

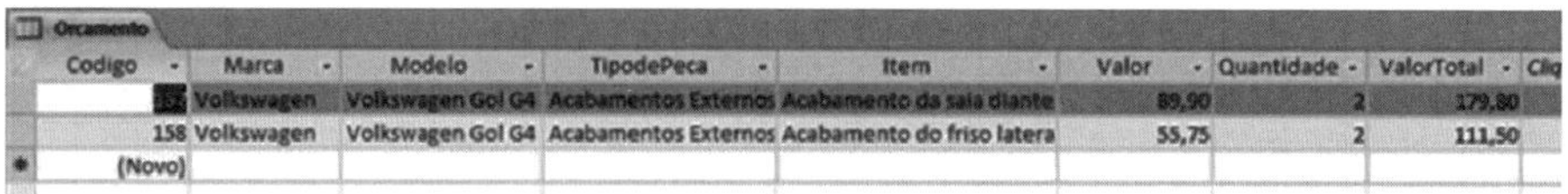

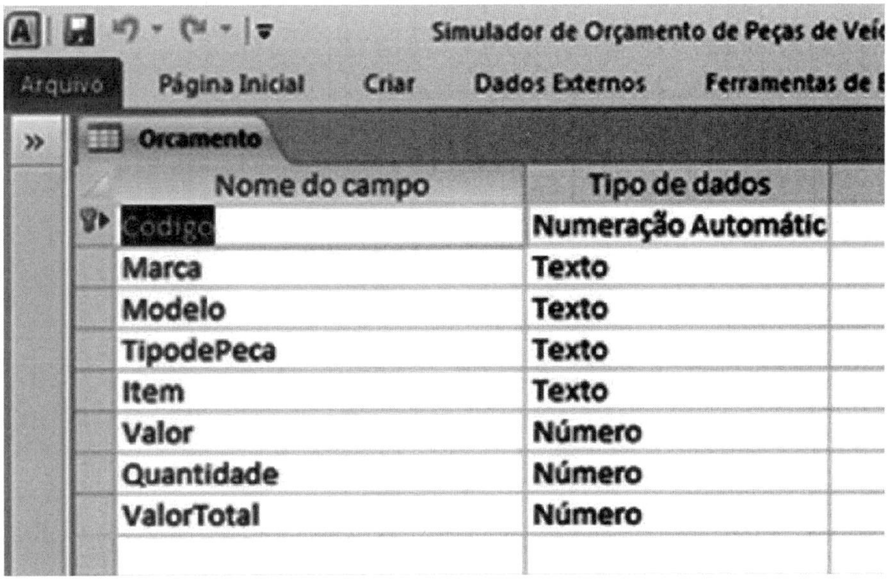

Vamos nos ater agora ao código do botão que faz a chamada a estas funções.

```
Private Sub cmdAdicionar_Click()
Call AdicionarItem
Call RemoverItem
Call SomarTotal  'Chamada à função que soma todos os itens da segunda listbox
(caixa de listagem)
End Sub
```

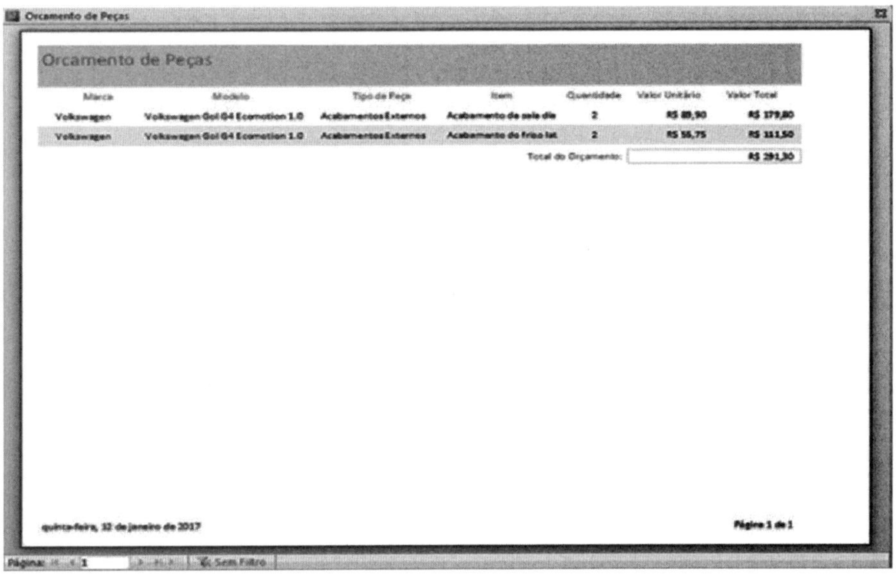

A segunda função (AdicionarItem2) adiciona(clona) itens da segunda *listbox* (caixa de listagem), Lista2, para a *listbox* (caixa de listagem), Lista1, e o registro selecionado é adicionado à tabela auxiliar *tblOrcamento*. A tabela auxiliar serve para possibilitar a visualização dos registros correspondentes aos itens selecionados no relatório para impressão.

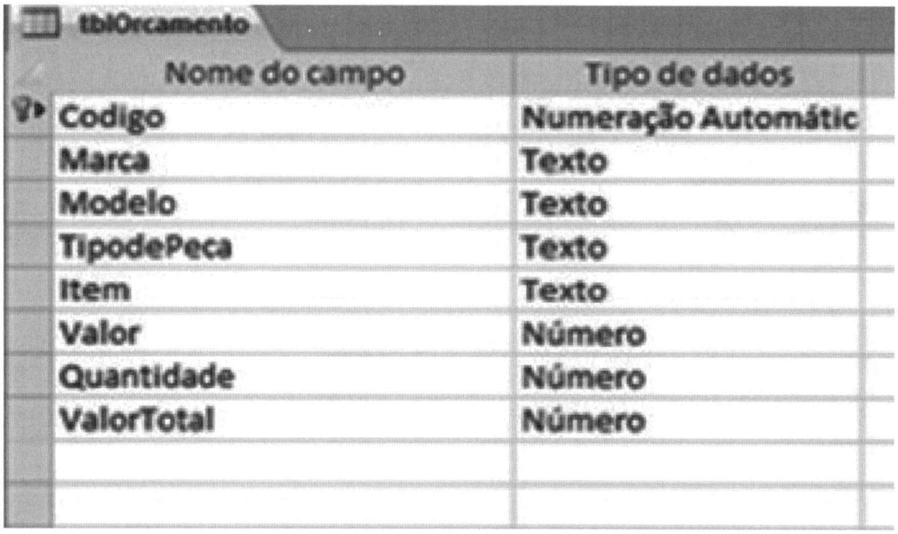

tblOrcamento

Nome do campo	Tipo de dados
Codigo	Numeração Automátic
Marca	Texto
Modelo	Texto
TipodePeca	Texto
Item	Texto
Valor	Número
Quantidade	Número
ValorTotal	Número

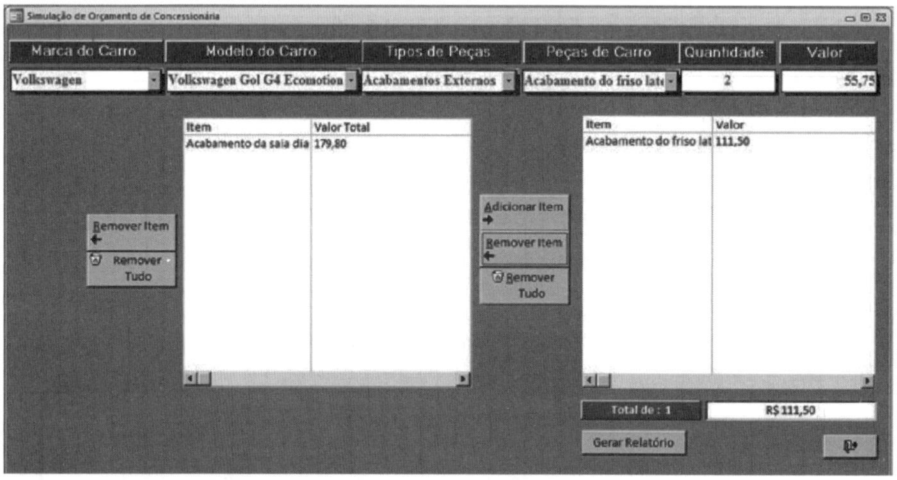

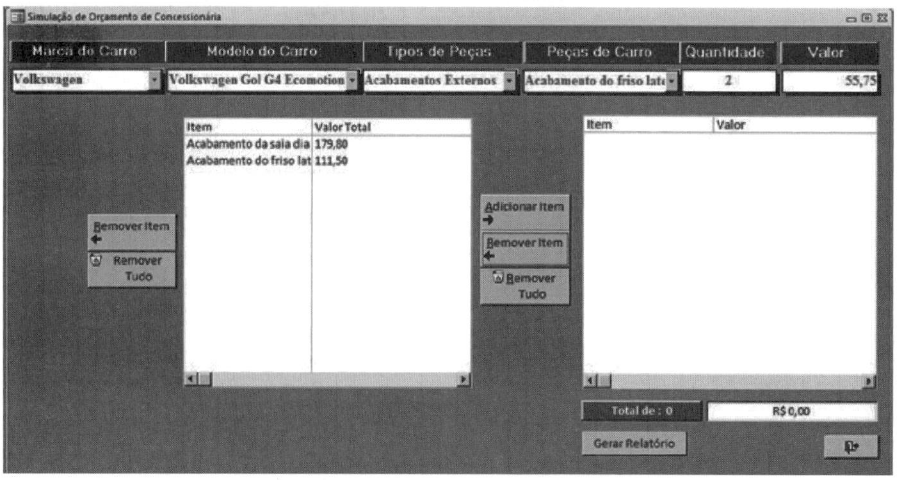

```
Public Function AdicionarItem2()
On Error Resume Next
Dim sItem As String
Dim strInserir, strInserir2 As String
Dim sMarca, sModelo, sTipoPeca As String
Dim sCombo As Variant
Dim frm As Form, ctl As Control
Dim varItm, sValor, sValor2 As Variant

Set frm = Forms!CalculoOrcamento
      Set ctl = frm!Lista2
     For Each varItm In ctl.ItemsSelected
sValor = ctl.Column(1, varItm)  '1 é a primeira coluna onde está o campo Nomeda-
Tabela na listbox (0,1,2,3)
sValor2 = ctl.Column(0, varItm)
     Next varItm

'********************************
sItem = sValor2

strInserir = "INSERT INTO tblOrcamento(Item,ValorTotal) VALUES('" & sItem &
"','" & sValor & "')"

CurrentDb.Execute strInserir

Me.Lista1.Requery
Me.Lista2.Requery
End Function
```

A função *RemoverItem2*,por sua vez, remove da visualização o item selecionado, mas o mantém na relação vista no relatório.

```
Public Function RemoverItem2()
On Error Resume Next
Dim sCombo As Variant
Dim frm As Form, ctl As Control
Dim varItm, sValor As Variant
Dim sTotal As Integer

Set frm = Forms!CalculoOrcamento
      Set ctl = frm!Lista2

 For Each varItm In ctl.ItemsSelected
       sValor = ctl.Column(1, varItm)
Next varItm
```

```
sValor = Lista2
     sCombo = sValor
     Lista2.RemoveItem Index:=sCombo  'Remove o item selecionado
sTotal = Me.Lista2.ListCount - 1

If sTotal = 0 Then
Me.txtResultado = 0
End If
Me.lblTotal.Caption = "Total de :  " & sTotal

End Function
```

Já a função RemoverTudo suprime todos os itens visualizados na segunda *listbox* (caixa de listagem) e apaga todos os registros da tabela auxiliar **Orcamento**. Esta tabela é a fonte de dados do relatório para impressão.

```
Public Function RemoverTudo()
On Error Resume Next
Dim frm As Form, ctl As Control
Dim i As Integer
Dim varItm As Variant
Dim sLista1, sLista2 As Variant

      Set frm = Forms!CalculoOrcamento
      Set ctl = frm!Lista2

     For Each varItm In ctl.ItemsSelected
sLista1 = ctl.Column(0, varItm)
sLista2 = ctl.Column(1, varItm)
Lista1.ColumnCount = 2
      Next varItm

Me.Lista2.ColumnCount = 2
Lista2.RemoveItem Index:=sLista1        Lista2.RemoveItem Index:=sLista2

Call SomarTotal
Dim sCombo As String
DoCmd.SetWarnings False
sCombo = "DELETE * FROM Orcamento"
CurrentDb.Execute sCombo
DoCmd.SetWarnings True
Me.txtContar = 0
Me.Lista1.Requery

DoCmd.Close acForm, "CalculoOrcamento"
DoCmd.OpenForm "CalculoOrcamento"
```

```
End Function
```

A última função a ser estudada é a função *SomarTotal,* que dá o tomfinal pelo cálculo realizado, somando todos os valores selecionados existentes dos itens selecionados, visualizados na segunda *listbox* (caixa de listagem).

```
Private Function SomarTotal()
On Error Resume Next
Dim x As Long
Dim soma As Double
Dim sTotal As Integer
soma = 0

'Looping For .... Next
     For x = 0 To Me.Lista2.ListCount
     soma = soma + Me.Lista2.Column(1, x) '2ª coluna percorrendo do índice 0 até
     o último índice menos 1, pega os valores da coluna Quantidade
     Next x

     sTotal = Me.Lista2.ListCount - 1
     SomarTotal = soma

Me.txtResultado = SomarTotal
Me.lblTotal.Caption = "Total de :  " & sTotal
End Function
```

Vamos agora estudar as subrotinas que filtram os dados por sua respectiva categoria para cada *combobox* do aplicativo.

Combobox da Marca do Carro:

```
Private Sub cboMarca_AfterUpdate()
On Error Resume Next
Dim nMarca As String
Dim nCodMarca As Integer

nMarca = Me.cboMarca.Column(0)

nCodMarca =Nz(DLookup("CodMarca", "MarcasCarro", "MarcadeCarro = '" & nMarca &
"'")
cboModelo.RowSource = "SELECT ModelosCarro.ModelodeCarro FROM ModelosCarro WHERE
ModelosCarro.CodMarca = " & nCodMarca

End Sub
```

1.1 Sub-rotinas dos Comboboxes em cadeia de um aplicativo comercial

Exemplo 1:

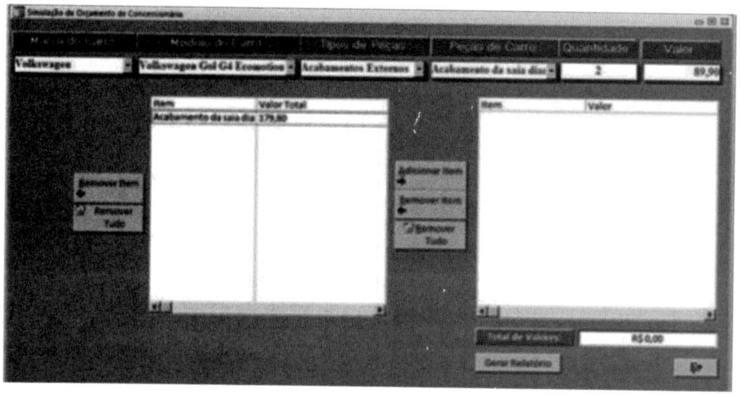

```
Private Sub cboMarca_NotInList(NewData As String, Response As Integer)
On Error Resume Next
 Dim strSQL As String
Dim i As Integer
Dim Msg As String
    Dim NovoCodigo As String

'Exit this sub if the combo box is cleared
If NewData = "" Then Exit Sub

    ' Criamos uma nova variável NovoCodigo (tblComarcas) a partir do item digi-
tado
    ' Ao subtrair os 10 primeiros caracteres da string

    ' Convertendo para Maiúscula e salvando na tabela
    NovoCodigo = UCase(Trim(Left(NewData, 10)))

    Msg = "'" & NewData & "' NÃO ESTÁ NA LISTA DE ITENS." & vbCr & vbCr
    Msg = Msg & "VOCÊ DESEJA ADICIONÁ-LO?"

i = MsgBox(Msg, vbQuestion + vbYesNo, "ITENS...")
    If i = vbYes Then
        strSQL = "Insert Into MarcasCarro([Codigo],[MarcadeCarro]) values ('" &
NovoCodigo& "','" & NewData & "')"
        CurrentDb.Execute strSQL, dbFailOnError
        Response = acDataErrAdded

    Else
        Response = acDataErrContinue
    End If
End Sub
```

Combobox do Modelo de Carro:

```
Private Sub cboModelo_BeforeUpdate(Cancel As Integer)
On Error Resume Next
Dim nCodModelo As Integer
Dim nModelo As String

nModelo = cboModelo.Column(0)
nCodModelo =Nz(DLookup("CodModelo", "ModelosCarro", "ModelodeCarro= '" & nModelo
& "'"")
End Sub

Private Sub cboModelo_NotInList(NewData As String, Response As Integer)
On Error Resume Next
 Dim strSQL As String
Dim i As Integer
Dim Msg As String
Dim NovoCodigo As String

If NewData = "" Then Exit Sub

' Criamos uma nova variável NovoCodigo (tblComarcas) a partir do item digitado
    ' Ao subtrair os 10 primeiros caracteres da 'string'
    ' Convertendo para Maiúscula e salvando na tabela
    NovoCodigo = UCase(Trim(Left(NewData, 10)))

    Msg = "'" & NewData & "' NÃO ESTÁ NA LISTA DE ITENS." & vbCr & vbCr
    Msg = Msg & "VOCÊ DESEJA ADICIONÁ-LO?"

i = MsgBox(Msg, vbQuestion + vbYesNo, "ITENS...")
    If i = vbYes Then
        strSQL = "Insert Into ModelosCarro([Codigo],[ModelodeCarro]) values ('"
& NovoCodigo& "','" & NewData & "')"
        CurrentDb.Execute strSQL, dbFailOnError
        Response = acDataErrAdded

    Else
        Response = acDataErrContinue
    End If
End Sub
```

Combobox do Tipo de Peça:

```
Private Sub cboTiposdeP_AfterUpdate()
On Error Resume Next
Dim nTipo As String
```

```
Dim nCodTipo As Integer

nTipo = Me.cboTiposdeP.Column(0)

nCodTipo =Nz(DLookup("CodTipoPeca", "TiposdePecas", "TipodePeca = '" & nTipo &
"'"")
cboPecas.RowSource = "SELECT cnsPecasCarro.PecadeCarro FROM cnsPecasCarro WHERE
cnsPecasCarro.CodTipoPeca = " & nCodTipo

End Sub
```

A partir da última caixa de texto(txtValores) que recebe o valor do item, iniciamos o processo de adição dos mesmos(valores dos itens)às caixas de listagens Lista1 e Lista2.

```
Private Sub txtValores_BeforeUpdate(Cancel As Integer)
Dim strDeletar, strPergunta As String
Dim intRetVal As Integer

strPergunta = «Novo Item ou Novo Orçamento?»
intRetVal = MsgBox(strPergunta, vbYesNo, «Gerando Novo Relatório»)

Select Case intRetVal
Case vbYes
Exit Sub
Case vbNo
strDeletar = "DELETE * FROM Orcamento"
CurrentDb.Execute strDeletar
End Select
End Sub

Private Sub txtValores_AfterUpdate()
On Error Resume Next
Call AdicionarItem2
End Sub
```

Códigos dos botões que realizam as chamadas às funções:

```
Private Sub cmdAdicionar_Click()
Call AdicionarItem
Call SomarTotal
Call RemoverItem
End Sub

Private Sub cmdCalcular_Click()
```

```
Call SomarTotal
End Sub

Private Sub cmdAdicTudo_Click()
Call AdicionarTudo
Call SomarTotal
Dim strZerar As String

DoCmd.SetWarnings False
strZerar = "DELETE * FROM tblOrcamento"
CurrentDb.Execute strZerar
DoCmd.SetWarnings True
Me.txtContar = 0
Me.Lista1.Requery
End Sub

Private Sub cmdGerarR_Click()

DoCmd.OpenReport "OrcamentodePecas", acViewPreview, , , acDialog
End Sub

Private Sub cmdRemov_Click()
Call RemoverItem
Dim sItem, sCombo As String

sItem = txtItem
DoCmd.SetWarnings False
sCombo = "DELETE * FROM Orcamento WHERE Item = '" & sItem & "'"
CurrentDb.Execute sCombo
DoCmd.SetWarnings True
End Sub

Private Sub cmdRemover_Click()
Call AdicionarItem3
Call RemoverItem2
Call SomarTotal

End Sub

Private Sub cmdRemoverT_Click()
Call RemoverTudo
End Sub

Private Sub cmdZerar_Click()
Dim strZerar As String
```

```
DoCmd.SetWarnings False
strZerar = "DELETE * FROM tblOrcamento"
CurrentDb.Execute strZerar
DoCmd.SetWarnings True
Me.txtContar = 0
Me.Lista1.Requery
End Sub

Private Sub Form_Load()
Me.txtResultado = 0
Me.txtContar = ""
End Sub

Private Sub Form_Unload(Cancel As Integer)
On Error Resume Next
DoCmd.Close acForm, "Orcamento"
Me.Lista1.RowSource = ""
End Sub

Private Sub cmdFechar_Click()
On Error Resume Next
DoCmd.Close acForm, "CalculoOrcamento"
Me.Lista1.RowSource = ""
End Sub
```

Exemplo 2:

Veja agora este aplicativo com três colunas nas listboxes:

DÚVIDA DO FÓRUM:

Bom dia pessoal !

Gostaria de saber o seguinte, tenho uma base de dados, e preciso fazer um formulário com 3 caixas de listagem de seleção múltipla para que, ao selecionar o que desejo, aperte um botão no qual vai abrir uma tabela com todas as informações puxadas de acordo com o filtro que fiz, mas gostaria que, ao selecionar o "estado", que é um campo em uma caixa de listagem, tivesse um código vba para atualizar a outra caixa de listagem com todas as cidades de acordo com o estado que selecionei na outra caixa de listagem, alguém poderia me ajudar?

Minha Resposta:

Olá,

Não entendi muito bem o que você quer. Neste seu exemplo, pela sintaxe SQL abaixo na origem da linha da primeira caixa de listagem, você já tem o resultado pretendido. Selecionar um estado resulta em todas as cidades desse estado.

```
SELECT DISTINCT UF.cd_uf AS codigo, UF.ds_uf_sigla AS UF FROM UF;
```

Retorno do colega:

Então, imagine este cenário, eu tenho uma base de dados, nas quais quero pegar alguns e-mails que contêm nessa base de dados, porém eu quero pegar e-mails só de quem mora em AL(Alagoas) e BA(Baía), porém quero que seja das seguintes cidades em Alagoas, **Taboquinha (Arapiraca) e na Baía, Conde e Itapora(Muritiba)** , ai depois de selecionar as cidades, quero que em outra caixa de listagem apa¬reçam os e-mails junto com o estado e cidade que informei, não sei se ficou claro, mas gostaria de poder filtrar por mais de um estado e mais de uma cidade.

SOLUÇÃO CRIADA:

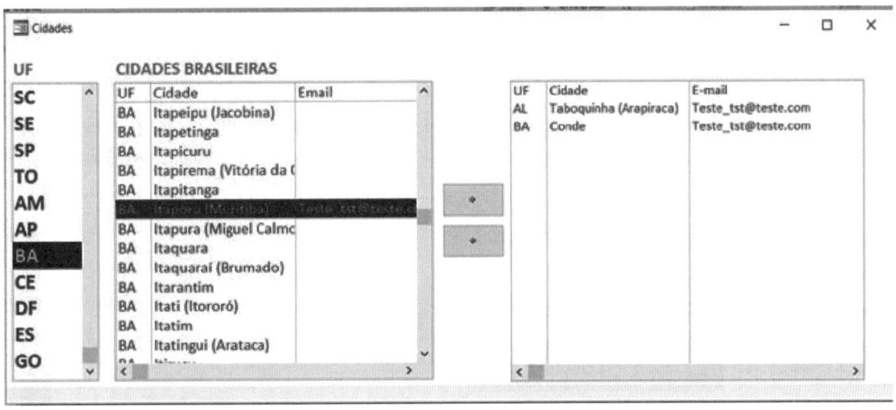

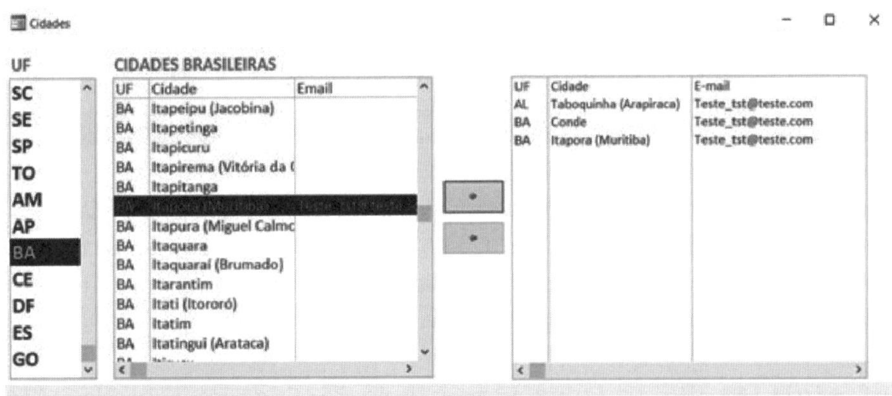

Vamos agora selecionar mais de um item:

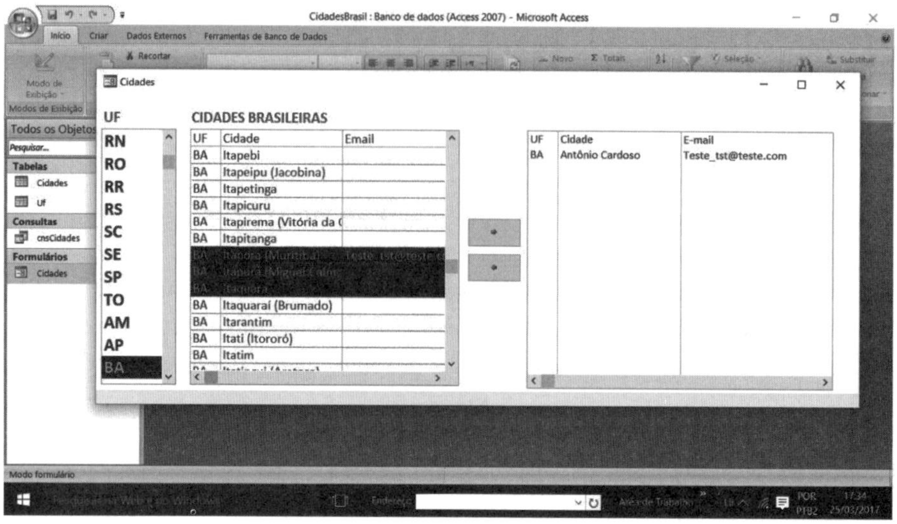

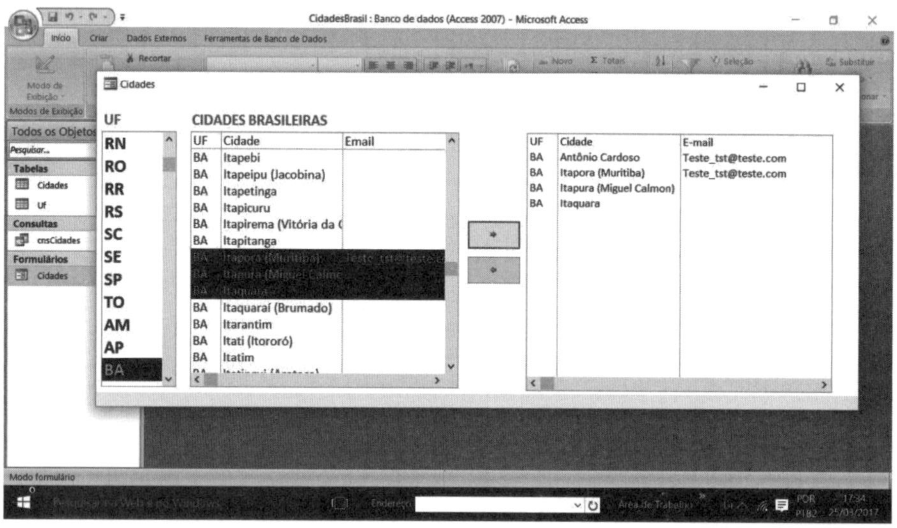

A origem do controle da primeira listbox é uma consulta chamada *cnsCidades* que consiste da união de duas tabelas conforme você pode visualizar no painel de navegação. Como cada tabela possui um campo com a unidade federativa de cada estado, era necessário "ligar" os dois campos-códigos da unidade federativa na sintaxe SQL da consulta *cnsCidades*. Para isso, utilizei a cláusula INNER JOIN... ON.

```
SELECT Uf.ds_uf_sigla AS UF, Cidades.nomecidade AS Cidade, Cidades.email AS
Email
FROM Cidades INNER JOIN Uf ON Cidades.codigouf = Uf.cd_uf
WHERE (((Cidades.codigouf)=[forms]![Cidades]![lista0]))
ORDER BY Cidades.nomecidade;
```

Desenvolvi esta função com base na função do exemplo anterior com a opção Seleções Múltiplas na aba Outras da folha de propriedades da primeira *listbox* definida para Estendida. Dessa forma, posso selecionar mais de um item da *Listbox* (caixa de listagem). Este exemplo é mais simples, embora tenha acrescentado mais uma coluna em ambas as *listboxes*.

```
Public Function AdicionarTudo()
On Error Resume Next
Dim frm As Form, ctl As Control
Dim i As Integer
Dim varItm As Variant
Dim sLista1, sLista2, sLista3 As Variant

Set frm = Forms!Cidades
      Set ctl = frm!Lista2

     For Each varItm In ctl.ItemsSelected
sLista1 = ctl.Column(0, varItm) '0 é a primeira coluna onde está o campo da No-
medaTabela na listbox (0,1,2,3)
        sLista2 = ctl.Column(1, varItm) '1 é a segunda coluna onde está o campo
da NomedaTabela na listbox (0,1,2,3)
        sLista3 = ctl.Column(2, varItm) '2 é a terceira coluna onde está o campo
da NomedaTabela na listbox (0,1,2,3)

        Lista3.ColumnCount = 1

        Lista3.AddItem Item:=sLista1
        Lista3.AddItem Item:=sLista2
        Lista3.AddItem Item:=sLista3

Lista3.ColumnCount = 3
     Next varItm

        Lista3.ColumnCount = 3
End Function
```

Código do botão para adicionar itens:

```
Private Sub cmdTransf_Click()
Call AdicionarTudo
End Sub
```

Função para remover itens:

```
Public Function RemoverItem()
On Error Resume Next
Dim frm As Form, ctl As Control
Dim varItm, sValor, sValor2, sValor3 As Variant
Dim sTotal As Integer
Set frm = Forms!Cidades
      Set ctl = frm!Lista3
     For Each varItm In ctl.ItemsSelected
```

```
sValor = ctl.Column(0, varItm)
       sValor = ctl.Column(1, varItm)
       sValor = ctl.Column(2, varItm)
       Lista2.ColumnCount = 3
     Next varItm
    Lista2.ColumnCount = 3
    Lista3.RemoveItem Index:=sValor   'Remove o item selecionado
    Lista3.RemoveItem Index:=sValor2   'Remove o item selecionado
    Lista3.RemoveItem Index:=sValor3   'Remove o item selecionado
End Function
```

Código do botão para acionar a função RemoverItem:

```
Private Sub cmdRemov_Click()
Call RemoverItem
End Sub
```

1.2 Informar em uma caixa de texto ou *combobox* o valor do item selecionado na *listbox*.

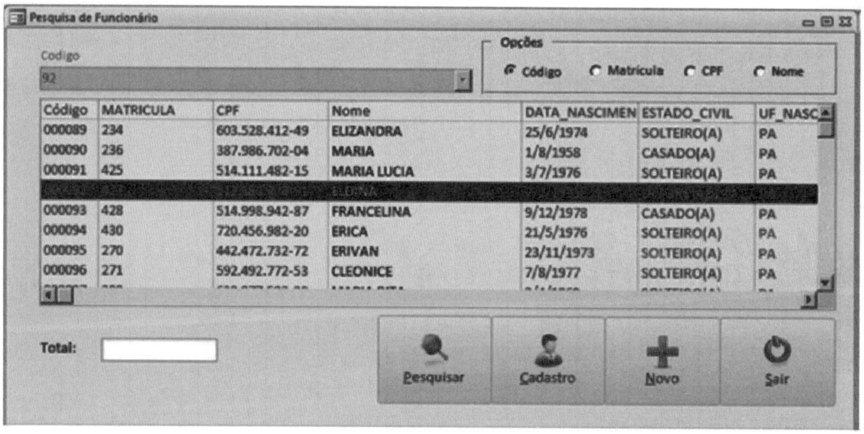

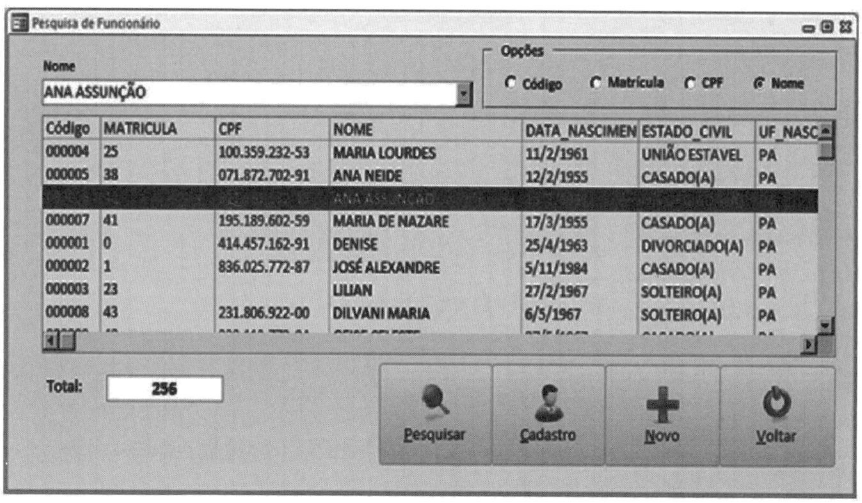

Temos duas opções de código ao clicar na caixa de listagem, obtendo o mesmo resultado:

Opção Nº 1: (Com uma só coluna na *Listbox* ou a primeira coluna de uma série)

Utilizando a propriedade *ItemData*:

```
Private Sub Lista1_Click()
On Error Resume Next
Dim frm As Form, ctl As Control
   Dim varItm As Variant

      Set frm = Forms!CalculoOrcamento
      Set ctl = frm!Lista1
     For Each varItm In ctl.ItemsSelected
Me.txtItem = ctl.ItemData(varItm)
Next varItm
End Sub
```

A utilização da propriedade *Column* produz o mesmo resultado:

```
Private Sub Lista1_Click()
On Error Resume Next
Dim frm As Form, ctl As Control
Dim varItm As Variant
      Set frm = Forms!CalculoOrcamento
      Set ctl = frm!Lista1
     For Each varItm In ctl.ItemsSelected
Me.txtItem = ctl.Column(0,varItm) 'Nesse caso, 0 corresponde à primeira coluna
Next varItm
End Sub
```

Opção Nº 2: (Com mais de uma coluna na *listbox*)

Utilizando a propriedade *Column:*

```
Private Sub lstNome_Click()
On Error Resume Next
Dim frm As Form, ctl As Control
   Dim varItm As Variant
      Set frm = Forms!frmConsulta
      Set ctl = frm!lstNome
     For Each varItm In ctl.ItemsSelected
Me.txtNome = UCase(ctl.Column(3, varItm))    'Informa na combobox ou caixa de
texto a informação de txtNome
Next varItm
End Sub
```

1.3 Informar pela Caixa de Listagem Item e Figura ao Mesmo Tempo

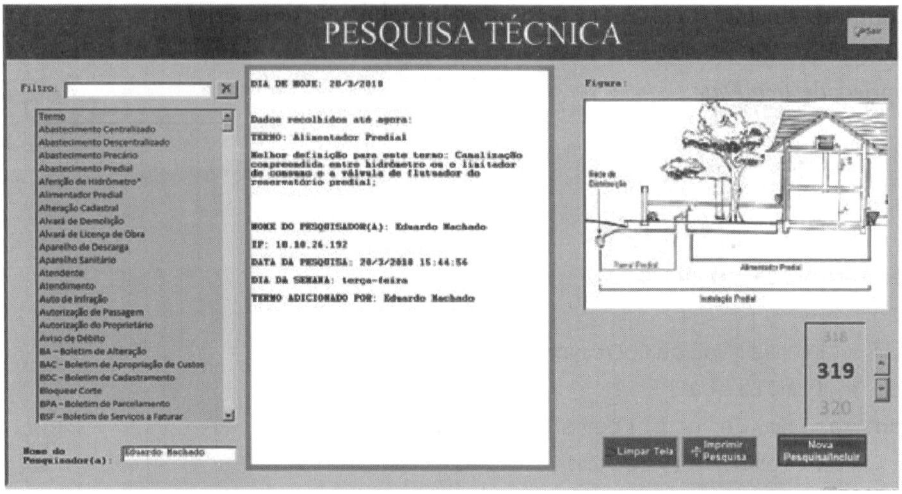

Teremos que apenas fazer algumas alterações em nossa função já estudada, para acrescentarmos o objeto Figura com imagens cuja extensão deverá ser sempre (.bmp), podendo ser alterada com um duplo-clique na imagem. Vamos estudar o código da caixa de listagem(Lista35) no evento Ao Atualizar(*AfterUpdate*)?

```
Private Sub Lista35_AfterUpdate()    'Ou evento Click
On Error Resume Next
Dim frm As Form, ctl As control
Dim varItm As Variant

Set frm = Forms!PesquisaTECNICA
Set ctl = frm!Lista35

    For Each varItm In ctl.ItemsSelected
       Me.txtCodPesq = UCase(ctl.Column(0, varItm))  '0 é a primeira coluna
       onde está o campo Código na listbox (0,1,2,3)

       If Not IsNull(DLookup("Figura", "Glossario", "Código =
       Forms!PesquisaTECNICA!txtCodPesq")) Then
       Me.Figura.visible = True
       Me.Figura = DLookup("Figura", "Glossario", "Código =
       Forms!PesquisaTECNICA!txtCodPesq")
       Else
       Me.Figura.visible = False
       Call ExibeVideo    'Alternando figuras com exibição de vídeos. Ver Apêndice.

       End If
    Next varItm
End Sub
```

1.4 Exibindo Figuras e Videos Alternativamente Conforme Item Selecionado

Poderemos alternar a exibição de figuras com exibição de vídeos, não permitindo que ao selecionar um item da *listbox* exibamos um vídeo ou figura não pertinente ao item selecionado. Para isto, teremos que associar a figura ou vídeo ao código correto do item na tabela de origem, isto é, tabela Glossario com auxílio de um looping *FOR NEXT* que percorra todo o recordset.

NOTA: Verifiquei que o Access não importando sua versão não libera a funcionalidade dos arquivos com extensão .wmv ou .mp4 no Office 365. Até o presente momento, não encontrei uma solução para exibir vídeos pelos formulários criados para uso no Office 365.

```
Private Sub ExibeVideo()
Dim sTermo, x As String
Dim intCod, y As Integer
Dim rs As DAO.Recordset

Set rs = CurrentDb.OpenRecordset("Glossario", dbOpenDynaset)

intCod = Forms!PesquisaTECNICA!txtCodPesq
x = DLookup("Termo", "Glossario", "Código = " & intCod)

For y = 1 To rs.RecordCount
    If y <> intCod Then     'Se a variável y for diferente do código da tabela
então
    Me.MediaShow.visible = False
    Else
    Me.MediaShow.visible = True
    End If
Next y

Select Case x
Case Is = "Atendente"
Me!MediaShow.URL = "D:\Users\Public\Videos\Sample Videos\videoAtendente.wmv"
Me.MediaShow.visible = True
Case Is = "Atendimento"
Me!MediaShow.URL = "D:\Users\Public\Videos\Sample Videos\videoAtendimento.mp4"
Me.MediaShow.visible = True
.......
End Select

End Sub
```

Ao visualizar o vídeo no formulário é natural que não seja possível uma visualização de conteúdo nítida. Para ampliarmos o conteúdo é necessário que façamos uma modificação em duas caixas de propriedades distintas deste controle ActiveX.

1 - Com dois cliques pelo modo Design (Estrutura) do formulário no controle Active X (Windows Media Player) abaixo:

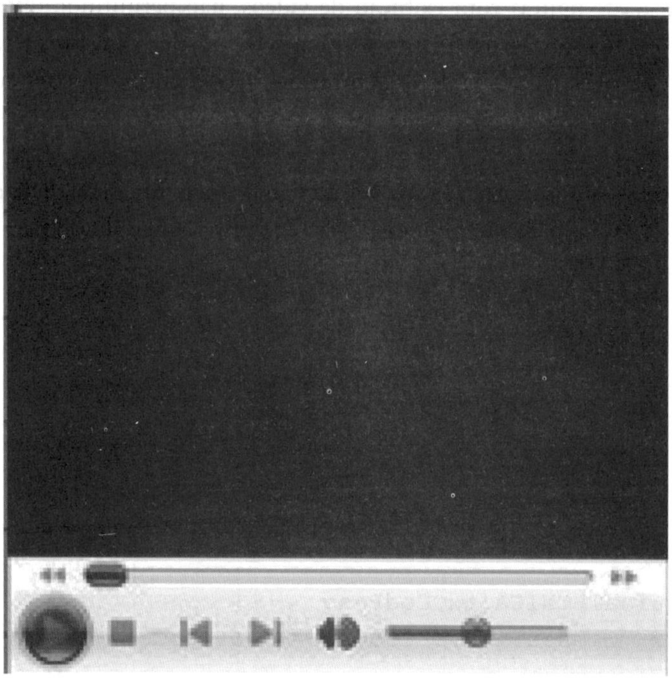

A seguinte caixa de propriedades surgirá:

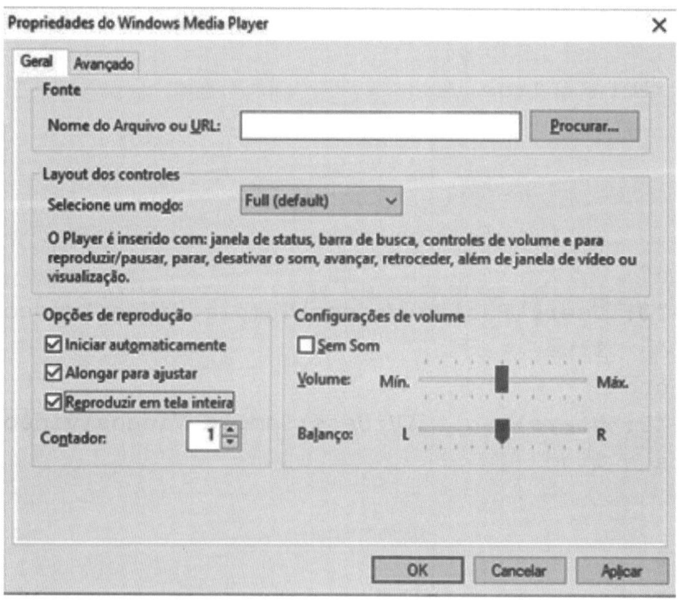

Nesta caixa já dei um clique no Checkbox "Reproduzir em tela inteira", mas você terá que fazê-lo no seu formulário. Agora toda vez que você desejar visualizar o vídeo em tela inteira (ou cheia) é só dar um duplo-clique no vídeo. Para sair do modo tela cheia é só pressionar a tecla ESC (Escapar, do inglês Escape).

2 - Com o botão direito do mouse, selecione o modo Propriedade do controle ActiveX e selecione fullScreen como Não.

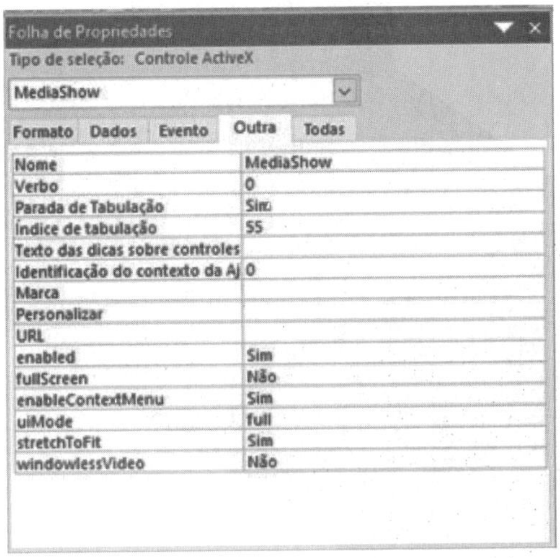

Ao selecionar um item na caixa de listagem, o vídeo será exibido, a princípio em tamanho pequeno. Para o usuário exibir em tela inteira (ou cheia) terá que dar um duplo-clique no vídeo, baseado na primeira configuração de propriedade.

1 - Pesquisa com um clique no item selecionado.

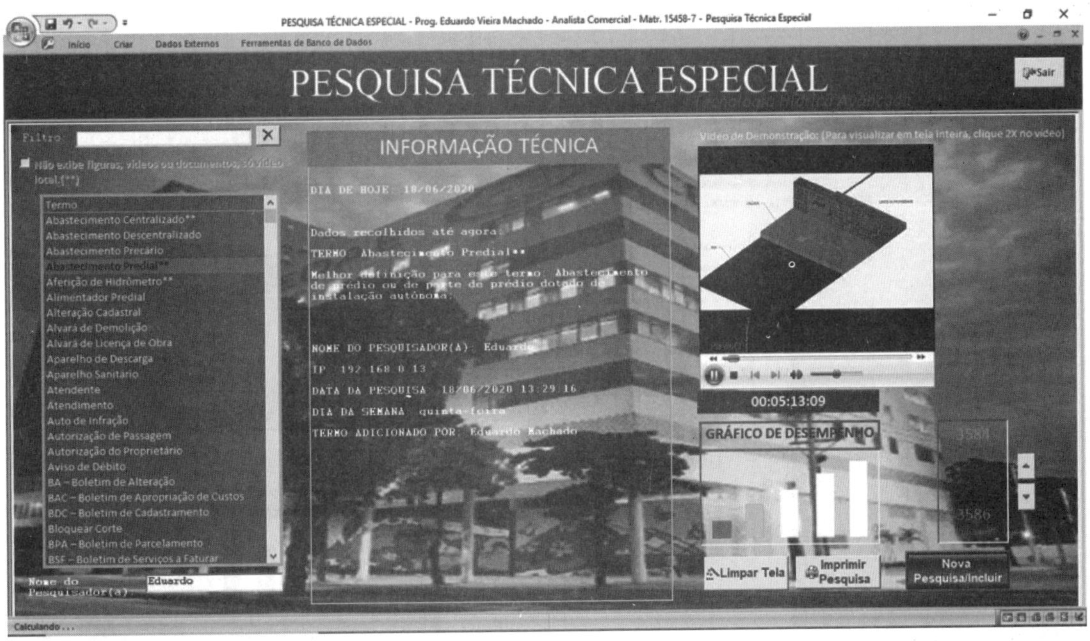

2 - Pesquisa com um duplo-clique no vídeo.

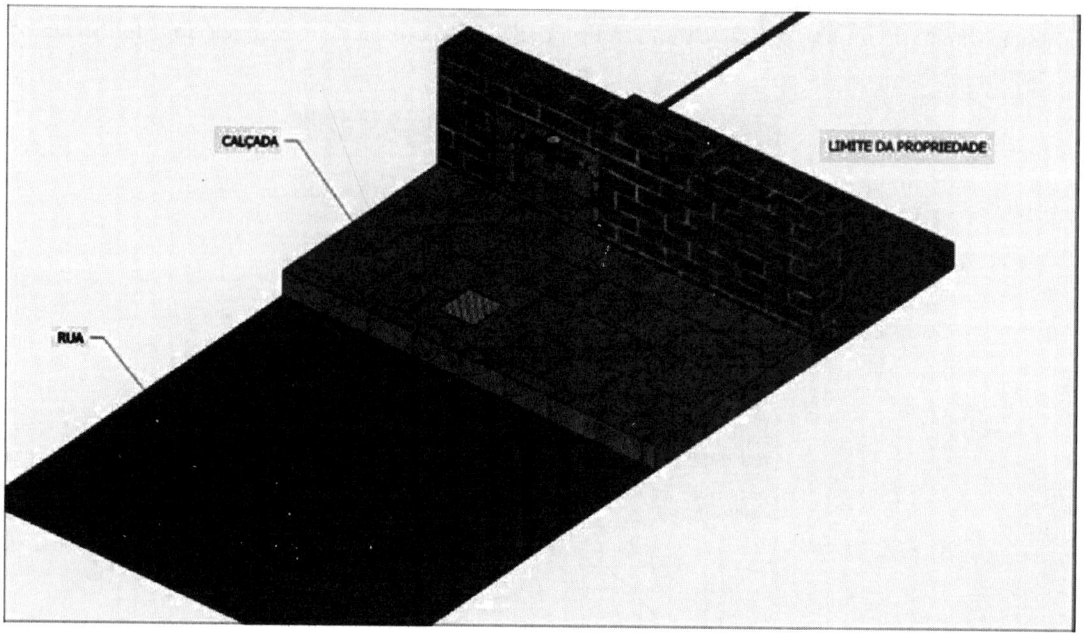

Mas agora vamos supor que o usuário queira mais informações acerca do item selecionado na *Listbox* (Caixa de Listagem). Por mais informações, podemos imaginar informações textuais, vídeos ou figuras. Nesse caso, o usuário poderá dar um duplo-clique no item selecionado e obter nesse nosso exemplo abaixo, um formulário com vários vídeos que abordem o mesmo tema do item selecionado.

1 - Pesquisa com um duplo-clique no item selecionado.

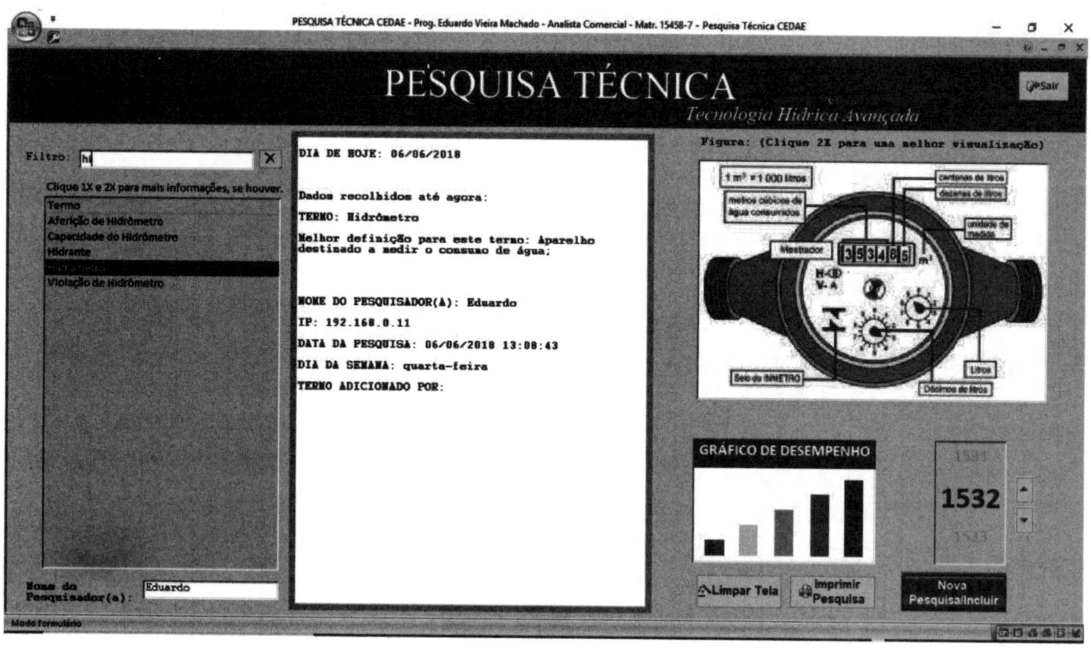

2 - Pesquisa com um duplo-clique no item selecionado.

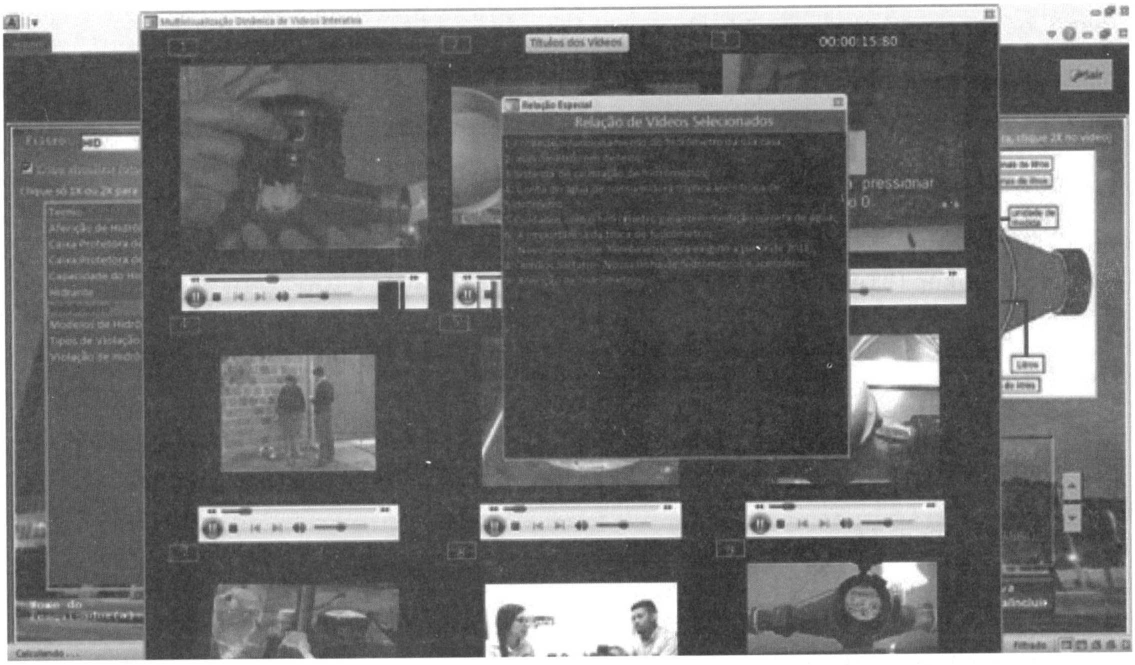

Devemos, no entanto, evitar através de código que o usuário obtenha a mesma informação para outro item selecionado. O que não acontece aqui porque utilizo uma matrix de dados que informará com base no código de cada item selecionado na tabela. Na matrix, um novo formulário será aberto com todos os vídeos correspondentes ao item selecionado. Portanto, itens selecionados com um duplo-clique que não estejam na matrix não exibirão outros vídeos, ou melhor, não abrirão o formulário com videos não correspondentes ao item selecionado.

```
Private Sub Lista35_DblClick(Cancel As Integer)
On Error Resume Next
Dim frm As Form, ctl As control
Dim varItm As Variant
Dim sVideo As Variant
Dim y As Long
Dim rs As DAO.Recordset
Dim intCod, i As Long
Dim meuArray, x As Variant

Set rs = CurrentDb.OpenRecordset("Glossario", dbOpenDynaset)

      Set frm = Forms!PesquisaTECNICA
      Set ctl = frm!Lista35

 intCod = frm!txtCodPesq

'Array ou Matrix com os nomes dos vídeos existentes para os temas do Array

'****************************************************************************
 meuArray = Array("Hidrômetro", "Violação de Hidrômetro") 'Na minha matrix só
tenho outros vídeos com o mesmo tema para estes temas em meu Array
'****************************************************************************

For Each varItm In ctl.ItemsSelected
        Me.txtCodPesq = UCase(ctl.Column(0, varItm))  '0 é a primeira coluna
onde está o campo Código na listbox (0,1,2,3)

        If Not IsNull(DLookup("Figura", "Glossario", "Código = " & intCod)) And
DLookup("Figura", "Glossario", "Código = " & intCod) > 0 Then

        For i = LBound(meuArray) To UBound(meuArray)
         x = meuArray(i)

        If DLookup("Termo", "Glossario", "Código = " & intCod) = x Then
                lblVideo.visible = False
                DoCmd.OpenForm "MultivisualizacaoDinamicaInterativa", , , , ,
acDialog
                Else
                lblVideo.visible = False
                DoCmd.Close acForm, "MultivisualizacaoDinamicaInterativa", ac-
SaveYes
                End If

        Next i
Else
        DoCmd.Close acForm, "MultivisualizacaoDinamicaInterativa", acSaveYes
        Exit Sub
        End If
     Next varItm


End Sub
```

Observe no código acima que nossa matrix sempre vem acompanhada de um looping FOR ... NEXT com as funções LBound e UBound que delimitam o início e o fim da matrix no looping, isto é, o item inferior e o superior, respectivamente.

Mas, como seria o código do formulário("MultivisualizacaoDinamicaInterativa") que exibe outros vídeos pertinentes ao item selecionado na Listbox (Caixa de Listagem)?

```
Private Sub MultiExibeVideo()
On Error Resume Next
Dim sTermo, x As String
Dim intCod, y As Integer
Dim rs As DAO.Recordset
Dim frm As Form
Set rs = CurrentDb.OpenRecordset("Glossario", dbOpenDynaset)
Set frm = Forms!PesquisaTÉCNICA
intCod = frm!txtCodPesq
x = DLookup("Termo", "Glossario", "Código = " & intCod)
Select Case x
Case Is = "Hidrômetro"
```

'Use a propriedade *CurrentProject.Path* para padronizar o caminho onde se localiza o arquivo de vídeo ou figura. Com o uso desta propriedade não importará onde está localizado o arquivo no computador. Somente deixe como acréscimo ao código o nome da pasta e o arquivo propriamente dito com sua extensão.

```
Me!wmp1.URL = CurrentProject.Path & "\Videos\Entenda o funcionamento do
hidrômetro da sua casa.mp4"
Me!wmp2.URL = CurrentProject.Path & "\Videos\Hidrometro com defeito.mp4"
Me!wmp3.URL = CurrentProject.Path & "\Videos\Sistema de calibração de
hidrometros.mp4"
.......................................
Case Is = "Violação de Hidrômetro"
Me!wmp1.URL = CurrentProject.Path & "\Videos\Mulher é presa ao furtar água
em Botucatu; Sabesp orienta clientes contra essa prática.mp4"
Me!wmp2.URL = CurrentProject.Path & "\Videos\Hidrometro com defeito.mp4"
Me!wmp3.URL = CurrentProject.Path & "\Videos\Sistema de calibração de
hidrometros.mp4"
.......................................
End Select
```

Como saber de imediato o título dos vídeos para selecionar o que melhor convir no momento? A princípio, o título é exibido no início, mas em alguns segundos desaparece. Teremos que criar um formulário que ao ativar um botão exiba todos os títulos possíveis de serem exibidos para cada item da caixa de listagem que possua através de programação um ou mais vídeos para serem exibidos. Vamos ver o código do botão então:

```
Private Sub cmdAbrir_Click()
On Error Resume Next
Dim sTermo, X As String
Dim intCod, y As Integer
Dim rs As DAO.Recordset
```

```
Set rs = CurrentDb.OpenRecordset("Glossario", dbOpenDynaset)

intCod = Forms!PesquisaCEDAE!txtCodPesquisa
X = DLookup("Termo", "Glossario", "Código = " & intCod)
    Select Case X
        Case Is = "Hidrômetro*"
        DoCmd.OpenForm "frmRelVideos", , , "Termo = '" & X & "'", , acDialog
        Case Is = "Violação de Hidrômetro*"
        DoCmd.OpenForm "frmRelVideos", , , "Termo = '" & X & "'", , acDialog
        Case Is = "CEDAE e Seu Funcionamento*"
        DoCmd.OpenForm "frmRelVideos", , , "Termo = '" & X & "'", , acDialog
        Case Is = "Caixa ou Coluna Piezométrica*"
        DoCmd.OpenForm "frmRelVideos", , , "Termo = '" & X & "'", , acDialog
        Case Is = "Vazamento em Tubulação de Água*"
        DoCmd.OpenForm "frmRelVideos", , , "Termo = '" & X & "'", , acDialog
        Case Is = "Modelos de Hidrômetro*"
        DoCmd.OpenForm "frmRelVideos", , , "Termo = '" & X & "'", , acDialog
        Case Is = "Caixa de Inspeção*"
        DoCmd.OpenForm "frmRelVideos", , , "Termo = '" & X & "'", , acDialog
        Case Is = "Instalação Primária de Esgoto*"
        DoCmd.OpenForm "frmRelVideos", , , "Termo = '" & X & "'", , acDialog
        Case Is = "Abastecimento Predial*"
        DoCmd.OpenForm "frmRelVideos", , , "Termo = '" & X & "'", , acDialog
        Case Is = "Esgoto Sanitário*"
        DoCmd.OpenForm "frmRelVideos", , , "Termo = '" & X & "'", , acDialog
        Case Is <> "CEDAE e Seu Funcionamento" Or X <> "Violação de Hidrômetro"
Or X <> "Hidrômetro" Or X <> "Caixa ou Coluna Piezométrica" Or X <> "Vazamento
em Tubulação de Água" _
        Or X <> "Como detectar vazamento de água em uma residencia.mp4" Or X <>
"Vazamento em Tubulação de Água" _
        Or X <> "Modelos de Hidrômetro" Or X <> "Caixa de Inspeção" Or X <>
"Instalação Primária de Esgoto"
        DoCmd.Close acForm, "MultivisualizacaoDinamicadeVideos", acSaveYes

    End Select

End Sub
```

Obviamente, este formulário a ser aberto possui uma caixa de texto onde será exibida a lista de títulos de acordo com o item selecionado da caixa de listagem, a partir de uma tabela com todos os títulos.

	Nome do campo	Tipo de dados
🔑	CodVideos	Numeração Automátic
	Termo	Texto
	Titulos	Memorando

Mas ainda existe a opção de exibir para o usuário um formulário com fotos. Como seria o código da sub-rotina que exibe fotos?

```
Private Sub MultiExibeFoto()
On Error Resume Next
Dim sTermo, x As String
Dim intCod, y As Integer
Dim rs As DAO.Recordset
Dim frm As Form

Set rs = CurrentDb.OpenRecordset("Glossario", dbOpenDynaset)
Set frm = Forms!PesquisaTECNICA

intCod = frm!txtCodPesq

x = DLookup("Termo", "Glossario", "Código = " & intCod)

'*******************************************************
'Deveremos incluir primeiro objetos do tipo Imagem no formulário e utilizaremos
a propriedade Picture para trazer as imagens de uma pasta no Windows conforme o
caminho abaixo:
'*******************************************************

    Select Case x
        Case Is = "Hidrômetro"
        Me!img1.Picture = CurrentProject.Path & "\Fotos\Hidrometro1.bmp"
        Me!img2.Picture = CurrentProject.Path & "\Fotos\Hidrometro2.bmp"
        Me!img3.Picture = CurrentProject.Path & "\Fotos\Hidrometro3.bmp"
        Case Is = "Violação de Hidrômetro"
        Me!img1.Picture = CurrentProject.Path & "\Fotos\ClipenaCupula1.bmp"
        Me!img2.Picture = CurrentProject.Path & "\Fotos\ClipenaCupula2.bmp"
        Me!img3.Picture = CurrentProject.Path & "\Fotos\ClipenaCupula3.bmp"

    End Select

End Sub
```

Assim, você há de compreender que com esta propriedade *Path* referente ao objeto *CurrentProject*, isto é, "CurrentProject.path" , não importa onde o aplicativo seja instalado, você poderá abrí-lo a partir de um ícone na área de trabalho, desde que as pastas de Fotos ou Vídeos estejam no mesmo local onde está o arquivo do aplicativo.

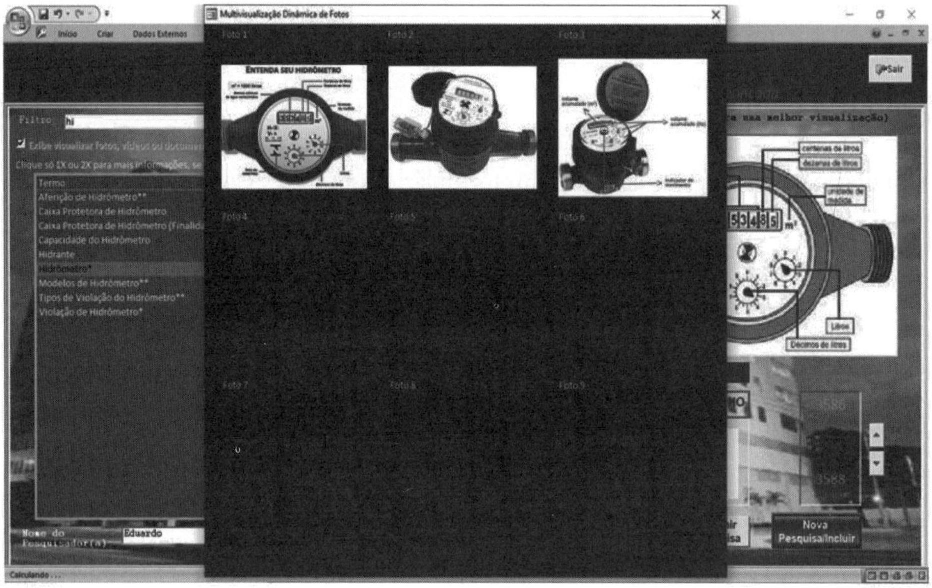

Para finalizar, vamos aprender como abrir um arquivo a partir de outro arquivo, utilizando esta linha de código "CurrentProject.path" (Caminho do Projeto Atual). Suponhamos que em meu aplicativo eu tenha um formulário com um campo chamado "Hidrômetro" e esteja interessado em saber mais detalhes sobre este aparelho, mas que estão em outro arquivo Access.

Vamos incluir no primeiro formulário um objeto *checkbox:*

```
Private Sub chkAnalisar_AfterUpdate()
On Error Resume Next
If Me.chkAnalisar = False Then
Exit Sub
Else
Call ExibirFormulário
End If
End Sub
```

Ao selecionarmos o *checkbox* acionaremos uma sub-rotina que permite a exibição do arquivo Access (NÃO importa a sua extensão .mdb ou .accdb) com a abertura instantânea do segundo formulário que possui esta informação desejada.

1. Utilizaremos na sub-rotina a linha de código "*CurrentProject.path*".
2. Criaremos uma instância Access através da função "*CreateObject*".
3. Utilizaremos o método "*Application.OpenCurrentDatabase*" para abrir o banco de dados desejado.

```
Sub ExibirFormulário()
On Error Resume Next
Dim appAccess As Access.Application
Dim strDB As String
```

```
strDB = CurrentProject.path & "\Identificar Hidrômetro\CadastroHidrometro.mdb"
Set appAccess = CreateObject("Access.Application")
appAccess.OpenCurrentDatabase strDB
appAccess.DoCmd.OpenForm "Identificação de Hidrômetro"
End Sub
```

1.5 Exercícios Propostos

1. Desenvolva um aplicativo PDV de pequeno porte em cuja interface inicial o caixa selecione os itens comprados pelo cliente em uma listbox e em outra listbox gere um orçamento de sua compra com os itens selecionados.

2. Desenvolva um sistema demo de informação multivisual para um stand de uma livraria, com os setores divididos por categoria de literatura através de comboboxes e com uma única listbox para pesquisa pelo item selecionado.

CAPÍTULO 2

Aprendendo a Trabalhar com Medidas de Tempo Utilizando Access VBA

2.1 Desenvolvendo uma Função para Contar Dias Úteis em um Mês e entre Vários Meses sem Feriados

No meu livro *Técnicas Especiais de Access VBA*, estudamos a função *DateSerial*para calcular o tempo em dias que faltavam para a chegada do aniversário de alguém. Vejamos agora um outro caso interessante.

Estudo de Caso:

Preciso que o programa calcule quantos dias haveráa partir dadata 10/03/2014, por exemplo, até o final do mesmo mês, e se possível acrescido de mais 4(quatro) dias. No final, a quantidade de vales transporte que será entregue.

Para trazer uma solução para este cálculo, vamos primeiro criar um algoritmo:

1 - Calcular o número de dias úteis a partir da data fornecida
2 - Somar o número de dias úteis aos dias de acréscimo.
3 - Apresentar o total de vales-refeição.

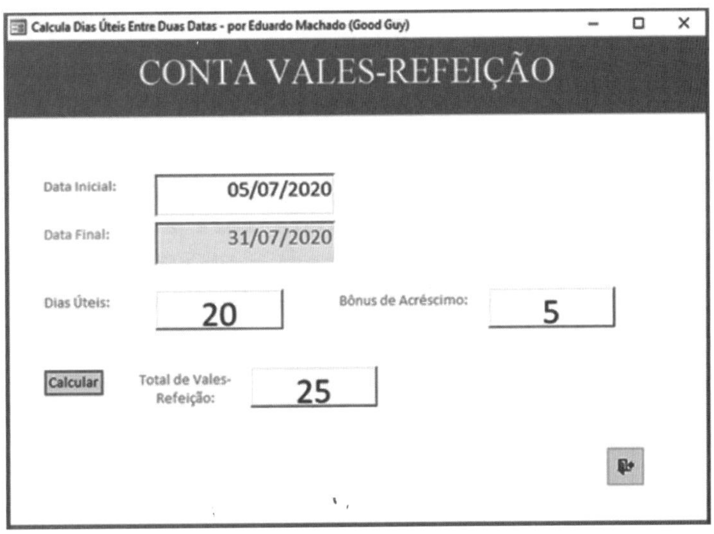

A primeira fase do projeto conforme o algoritmo será desenvolver a função que retorne ou forneça o total de dias úteis:

```
Public Function ValesRefeicao()
On Error Resume Next
Dim cont, count As Integer
Dim contData As Date
Dim DiaSemanaD, DiaSemanaS As Date
Dim intDias As Integer
Dim dtaDataInicial, dtaDataFinal As Date

dtaDataInicial = Me.txtDataInicio
dtaDataFinal = DateSerial(Year(txtDataInicio), Month(txtDataInicio) + 1, 1)
'Informa o último dia do mês corrente
Me.txtDataFinal = dtaDataFinal - 1
intDias = DateDiff("d", dtaDataInicial, dtaDataFinal) 'intDias será a variável
que nos fornecerá o total de dias entre duas datas com sábados e domingos

'Agora passemos à segunda fase, subtrair os sábados e domingos nesse intervalo

For cont = 0 To intDias 'Em um intervalo de looping, será mais exato o cálculo,
começando com zero o vetor inicial

'Função DateAdd que adiciona o valor referenciado no primeiro argumento dessa
função, nesse caso será "d"(número de dias)à Data Inicial, na sequência da con-
tagem pela variável cont do looping For... Next

contData = DateAdd("d", cont, dtaDataInicial) 'A variável do tipo Date irá
acrescentar à data inicial uma data, um dia de cada vez até completar o total de
dias do intervalo entre as datas pela variável intDias do looping For...Next

count = count + 1  'count é a variável Contador que fará a contagem do número de
dias nesse processo

    DiaSemanaD = Weekday(contData, vbSunday) 'DiaSemana é uma variável do tipo
Date que revelará qual dia da semana cada data será até encontrar um domingo.
    DiaSemanaS = Weekday(contData, vbSaturday)  'DiaSemana2 é uma variável do
tipo Date que revelará qual dia da semana cada data será até encontrar um sába-
do.

    If DiaSemanaD = 1 Then  'Se o dia da semana for domingo indicado pelo número
1, a variável Contador subtrairá um dia
    count = count - 1
    End If
    If DiaSemanaS = 7 Then 'Se o dia da semana for sábado indicado pelo número
7, a variável Contador subtrairá um dia
      count = count - 1
    End If
```

```
Next cont
Me.txtDias = count  'Essa caixa de texto nos fornecerá o total de dias úteis.

'Contando os vales-refeição
Dim sDataInicial As Date
Dim sDataFinal As Date
Dim sDias As Integer
Dim sAcrescimo As Integer

If Not IsNull(txtAcrescimo) Then
sAcrescimo = Nz(txtAcrescimo) 'Caixa de texto dos acréscimos de dias. Se digitar
4, como você quer, somará com a variável sDias
sDias = Val(txtDias) + Val(sAcrescimo)
txtVales = sDias 'Caixa de texto que informa o número de vales transporte

Else
MsgBox "Informe o número de dias de acréscimo !!!", vbCritical, "Não Informa-
do..."
Me.txtAcrescimo.SetFocus
End If

End Function
```

Por fim, invocamos essa função pelo botão Calcular:

```
Private Sub cmdCalcular_Click()
Call ContaValesRefeicao
End Sub
```

Nessa mesma linha de raciocínio vamos estudar uma função para contar os dias úteis entre duas datas DE MESES DIFERENTES, excluindo-se os finais de semana e feriados

Ao analisarmos o primeiro feriado dia 08/03, verificamos que este cai no domingo. Portanto, ele não entra no cômputo geral de dias úteis. Vamos então desfazer a seleção e calcular novamente:

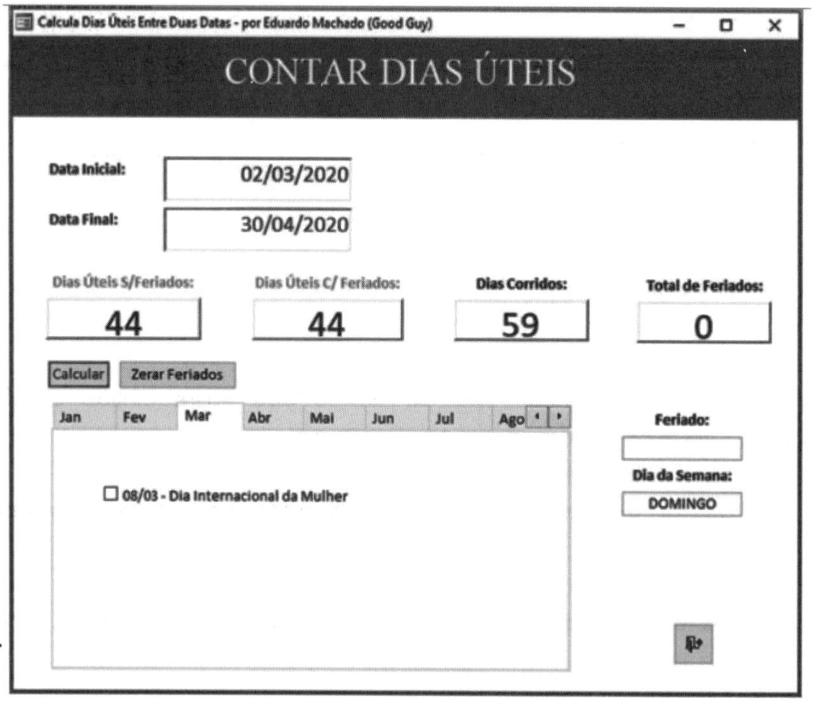

Vamos testar agora os feriados existentes em Abril e testar se caem em um domingo.

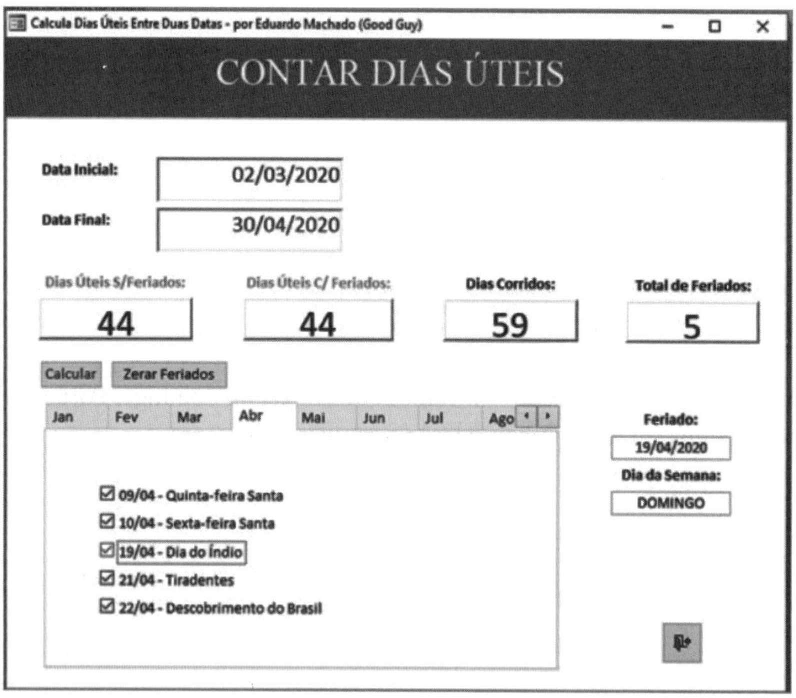

Ao testar cada data, verifiquei que só na data em referência na figura que caiu no domingo. Portanto, devo também desfazer a sua seleção e recalcular o total de dias úteis.

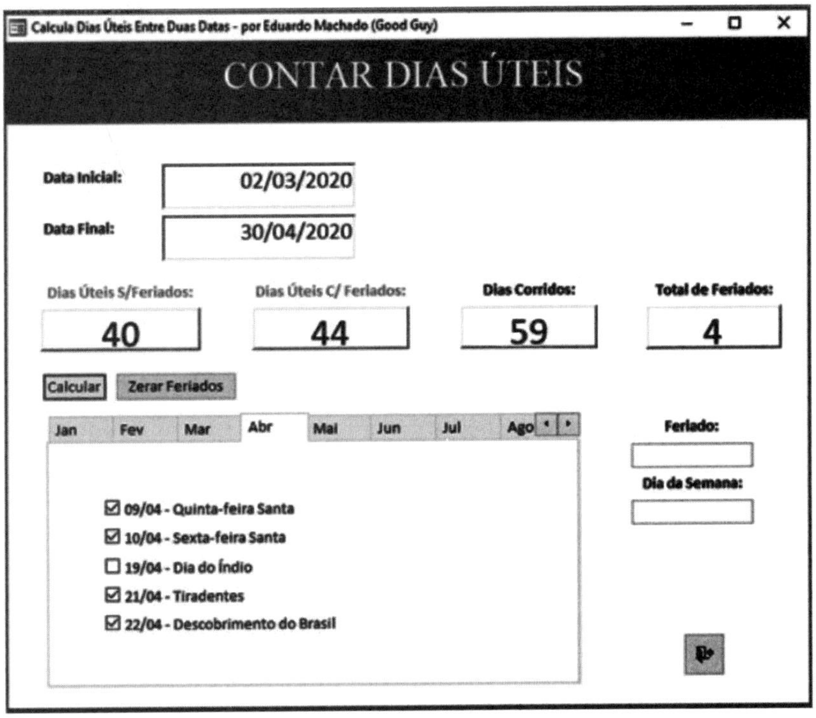


```
Public Function ContaDiasUteis(dtaDataInicial As Date, dtaDataFinal As Date)
On Error Resume Next
Dim cont, count As Integer
Dim contData As Date
Dim DiaSemana, DiaSemana2 As Variant
Dim intDiasCorridos As Integer
Dim intDias As Integer
Dim intContaFer As Integer

dtaDataInicial = Me.txtDataInicio
dtaDataFinal = Me.txtDataFinal
intDias = DateDiff("d", dtaDataInicial, dtaDataFinal)
intContaFer = Me.txtFeriados

For cont = 0 To intDias
contData = DateAdd("d", cont, dtaDataInicial)
    DiaSemana = Weekday(contData, vbSunday)
    DiaSemana2 = Weekday(contData, vbSaturday)
    count = count + 1
    If DiaSemana = 1 Then
    count = count - 1
    End If
    If DiaSemana2 = 7 Then
    count = count - 1
    End If
```

```
Next cont

'Conta dias corridos
intDiasCorridos = DateDiff("d", dtaDataInicial, dtaDataFinal)

'Exibe Dias Úteis Sem Feriados, Dias Úteis Com Feriados, Corridos, Total de Fe-
riadas entre Duas Datas
With Me
.txtDiasUteis = count - intContaFer
.txtDiasUteisCFeriados = count
.txtDCorridos = intDiasCorridos
.txtFeriados = intContaFer
End With

End Function
```

Veja o código do botão que fará a chamada à função *ContaDiasUteis*:

```
Private Sub cmdCalcular_Click()
On Error Resume Next
Call ContaDiasUteis(txtDataInicio, txtDataFinal)

End Sub
```

Vamos agora analisar os outros códigos do aplicativo:

(1) Função de identificação do dia da semana de cada feriado

```
Public Sub IdentDiaSemana()
On Error Resume Next
Dim DataX As String
Dim DiaSemanaX As String
Dim lngYear As Integer
'Identificando o dia da semana
'*******************************

DataX = Me.txtDataFeriado
'Criamos uma variável(DataX) agora para capturar o dia da semana desta data do
feriado
DiaSemanaX = Format(Weekday(DataX), "dddd")  'Descobre o dia da semana baseada
no campo txtFeriado pela variável DataX
Me.txtDiaSemana = UCase(DiaSemanaX) 'Coloque uma caixa de texto chamada txtDia-
Semana para receber a variável DiaSemanaX

End Sub
```

```
(2) Código que contabiliza cada feriado, basta alterar o nome da subrotina no
laço condicional If... Then

Private Sub chkFerQFSanta_AfterUpdate()
On Error Resume Next
Dim intContaFer As Integer
intContaFer = Me.txtFeriados

If chkFerQFSanta = -1 And Not IsNull(txtFeriados) Then
intContaFer = intContaFer + 1     'Soma um dia de feriado ao selecionar a caixa
Me.txtFeriados = intContaFer
Me.txtDataFeriado = "09/04/" & Year(Date)     'Ao alterar o ano a data pode apre-
sentar um dia de semana diferente
Call IdentDiaSemana
Else
intContaFer = intContaFer - 1    'Diminui um dia de feriado ao deselecionar a
caixa
Me.txtFeriados = intContaFer
Me.txtDataFeriado = ""
End If

End Sub
```

2.2 Tabela de Utilizações com a Função *DateSerial*

Para apresentar datas específicas, pode-se utilizar a função *DateSerial()* para manipular as partes relativas ao dia, mês e ano de uma data. Por exemplo, podemos utilizar as seguintes expressões na propriedade "Origem doControle" de uma caixa de texto ou na janela *Verificação Imediata* para retornar datas específicas:

```
• O mês atual:
DateSerial(Year(Date()), Month(Date()), 1)
• O mês seguinte:
DateSerial(Year(Date()), Month(Date()) + 1, 1)
• O último dia do mês atual:
DateSerial(Year(Date()), Month(Date()) + 1, 0)
• O último dia do mês seguinte:
DateSerial(Year(Date()), Month(Date()) + 2, 0)
• O primeiro dia do mês anterior:
DateSerial(Year(Date()), Month(Date())-1,1)
• O último dia do mês anterior:
DateSerial(Year(Date()), Month(Date()),0)
• O primeiro dia do trimestre atual:
DateSerial(Year(Date()), Int((Month(Date()) - 1) / 3) * 3 + 1, 1)
• O último dia do trimestre atual:
DateSerial(Year(Date()), Int((Month(Date()) - 1) / 3) * 3 + 4, 0)
• O primeiro dia da semana atual (pressupondo que domingo = dia 1):
Date() - WeekDay(Date()) + 1
• O último dia da semana atual:
Date() - WeekDay(Date()) + 7
• O primeiro dia da semana atual (utilizando definições da caixa de diálogo Op-
```

```
ções):
Date() - WeekDay(Date(), 0) + 1
• O último dia da semana atual:
Date() - WeekDay(Date(), 0) + 7
```

2.3 Algoritmo para Calcular a Previsão de Chegada de uma Viagem de Carro

Vamos pegar para estudar uma solução para essa proposta o meu aplicativo *Planeja Viagem.*

Observe na figura abaixo o campo Previsão de Chegada. Após obtermos todas as variáveis como Distância Percorrida, Distância Restante, Hora Inicial, Velocidade Média e Hora Atual, chegou o momento de desenvolvermos uma função que fará um cálculo o mais aproximado possível da chegada do veículo em seu destino final.

Naturalmente, você pode transportar cientificamente este cálculo para outras situações que envolvam outros bólidos (veículos velozes ou outros objetos em movimento com velocidade constante), mas tenha em mente a possibilidade de uma gama maior de variáveis que precisarão ser consideradas para incluir em seus cálculos como resistência do ar e força de atrito para o desenvolvimento de sua função em Access VBA.

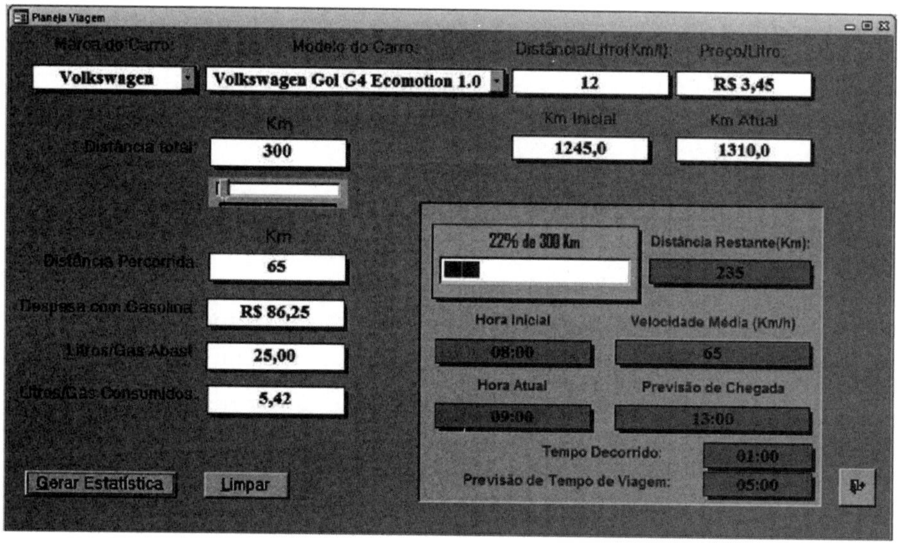

ALGORITMO DA PREVISÃO DE CHEGADA

Vamos levantar as variáveis:

1. Distância Restante
2. Hora Atual
3. Velocidade Média

Primeiro,separamosas duas primeiras variáveis. Essas variáveis são casuais, isto é, dependem do momento e logicamente interferirão no resultado final à medida que o tempo passa.

Calculamos a velocidade média, pois sua variação ou pra mais ou pra menos à medida que o tempo passaé que determinará o cálculo da previsão de chegada. Vejamos a fórmula da Física:

```
Velocidade(V)= Distância(S)/ Tempo(T)
```

Dessa fórmula, concluímos que:

Tempo = Distância/ Velocidade Média

2.4 Função em Access VBA da Previsão de Chegada a partir de um Determinado Momento do Tempo

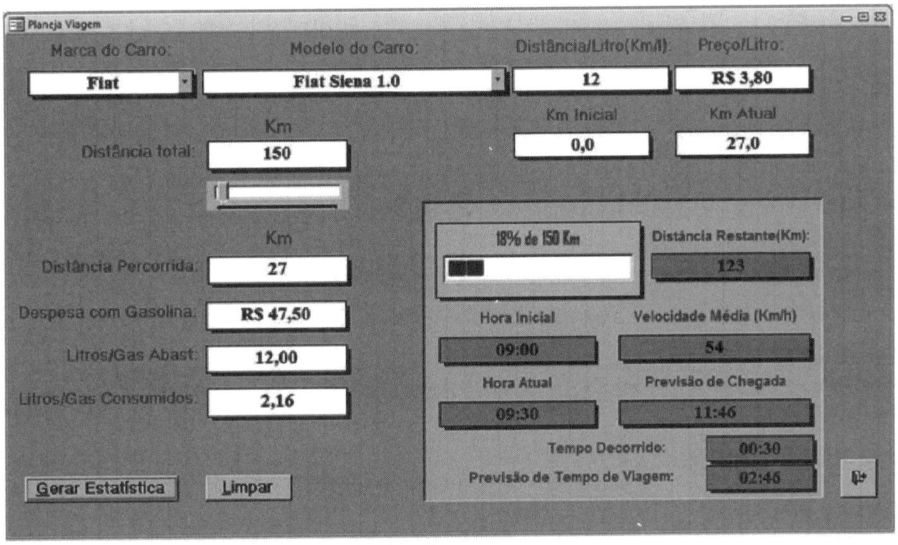

Observe no formulário acima que, após transcorridos 30 minutos desde o início da viagem, o veículo alcançou ou percorreu 27km, conquistando 18% da distância total, 150km. Faltam agora 123km, sendo que a velocidade média do veículo é de 54km/h.

A previsão de chegada é às 11:46h, ou seja, mais 02:46h.

SAÍDA	CHEGADA
09:00	11:46

Esaas são as variáveis que nos ajudarão a calcular a hora de chegada.

HORA INICIAL	HORA ATUAL (OU HORA FINAL)
09:00	09:30

Desenvolvimento da função *Previsao* em Access VBA

```
Public Function Previsao()
On Error Resume Next
Dim sTempo, xTempo, pTempo, mTempo, wTempo, k As Long
Dim sDist, sDist2 l
Dim intHora, intMin As Long
Dim sHora As Long

sTempo = Val(Me.txtHoras2) - Val(Me.txtHoras)'Dessas duas caixas de texto capturamos o valor em horas final menos a inicial na variável sTempo

If sTempo <> 0 Then

mTempo = sTempo * 60   'mTempo é a variável em minutos da variável sTempo em horas

pTempo = Val(Me.txtMinutos) + Val(Me.txtMinutos2) 'pTempo é a variável fruto da soma dos valores em minutos da hora inicial mais a hora final ou atual, capturadas nas caixas de texto txtMinutos e txtMinutos2

'**********************************************
'A medida de tempo total pode ser Km/h ou m/s. Em nosso caso será Km/h, daí a conversão para horas
'**********************************************

'CÁLCULO DO TEMPO EM HORAS

wTempo = (Val(pTempo) + Val(mTempo)) / 60'wTempo é a variável em horas do tempo resultante ou dispendido na viagem

'DISTÂNCIA EM KM

sDist = Nz(txtValor)'sDist é a variável da distância percorrida no momento da parada
sDist2 = txtDistAPercorrer 'sDist2 é a variável da distância ainda a percorrer

'***************************************
'VELOCIDADE MÉDIA

'Cálculo da velocidade média. Considerada como grandeza vetorial, isto é, possui um valor numérico e é unidimensional. Porém, para o fim a que propomos aqui a trataremos como uma grandeza escalar (como um valor numérico crescente ou decrescente)

txtVeloc = Format(sDist / wTempo, "#,00")
```

```
sHora = Format(txtHoraA, "hh")    'txtVeloc é a caixa de texto que define a velo-
cidade média

'*****************************************

'Cálculo para a previsão de chegada
k = CInt((sDist2 * wTempo) / txtValor)

l = CInt((sDist2 * wTempo) Mod txtValor) / 60

'HORA FINAL DE CHEGADA


Me.txtHoraF = Format(Val(k) + Val(sHora) & ":" & Val(l), "hh:nn")

Else

pTempo = Val(Me.txtMinutos) + Val(Me.txtMinutos2)

wTempo = Val(pTempo) / 60

sDist = Nz(txtValor)
sDist2 = txtDistAPercorrer
txtVeloc = CInt(sDist / wTempo)

sHora = Format(txtHoraA, "hh")
```

'Cálculo para a previsão de chegada

```
k = Format(CInt((sDist2 * wTempo) / txtValor), "00")

l = Format(CInt((sDist2 * wTempo) Mod txtValor) * 60, "00")

   If Val(l) >= 60 Or Val(l) <= 90 Then

   'HORA FINAL DE CHEGADA

   Me.txtHoraF = Format(Val(k) + Val(sHora) & ":" & Val((txtMinutos2 * sDist2) /
   txtValor + Val(txtMinutos2)) Mod 60, "hh:nn")

   Else
   'HORA FINAL DE CHEGADA

   Me.txtHoraF = Format(Val(k) + Val(sHora) & ":" & Abs((Val((txtMinutos2 *
```

```
    sDist2) / txtValor)) + Val(txtMinutos2)), "hh:nn")
    End If

    End If

End Function
```

2.5 Desenvolvendo a Barra de Progresso da Distância Percorrida

Primeiro temos que preencher todos os dados que comporão o desenvolvimento da barra de progresso.

```
Private Sub txtValor2_BeforeUpdate(Cancel As Integer)
On Error Resume Next
Me.txtGasto = [txtValor2] * [PrecoL] / [DisLitro]
Me.QuantGas = [txtGasto] * 1 / [PrecoL]
Me.txtValor = [KmFinal] - [KmInicial]
Me.txtDistAPercorrer = [txtValor2] - [txtValor]
Me.QuantGasCons = ([txtValor] * [QuantGas]) / [txtValor2]
End Sub

Public Function BarraProgresso(n As Long, y As Long) As String  'n e y são os
argumentos da função
On Error Resume Next
Dim i, k As Integer
Dim ctl As control
Dim bl As Variant

n = Me.txtValor'Distância percorrida
y = Me.txtValor2'Distância total

x = CInt((n * 100) / y)

k = x * 10 / 100

If n <= y Then

    For Each ctl In Me.Controls
        For i = 1 To k
            If ctl.ControlType = acTextBox Then
If ctl.Tag = -1 Then'Em cada caixa de texto da barra, em propriedades, marca
igual a -1
ctl.enabled = True

            ctl = bl & k
            ctl.BackColor = 16711680
```

```
If k = 0 Then
            bl1.BackColor = 16777215
            bl2.BackColor = 16777215
            bl3.BackColor = 16777215
            bl4.BackColor = 16777215
            bl5.BackColor = 16777215
            bl6.BackColor = 16777215
            bl7.BackColor = 16777215
            bl8.BackColor = 16777215
            bl9.BackColor = 16777215
            bl10.BackColor = 16777215
ElseIf k = 1 Then
            bl2.BackColor = 16777215
            bl3.BackColor = 16777215
            bl4.BackColor = 16777215
            bl5.BackColor = 16777215
            bl6.BackColor = 16777215
            bl7.BackColor = 16777215
            bl8.BackColor = 16777215
            bl9.BackColor = 16777215
            bl10.BackColor = 16777215
ElseIf k = 2 Then
            bl3.BackColor = 16777215
            bl4.BackColor = 16777215
            bl5.BackColor = 16777215
            bl6.BackColor = 16777215
            bl7.BackColor = 16777215
            bl8.BackColor = 16777215
            bl9.BackColor = 16777215
            bl10.BackColor = 16777215
ElseIf k = 3 Then
            bl4.BackColor = 16777215
            bl5.BackColor = 16777215
            bl6.BackColor = 16777215
            bl7.BackColor = 16777215
            bl8.BackColor = 16777215
            bl9.BackColor = 16777215
            bl10.BackColor = 16777215
ElseIf k = 4 Then
            bl5.BackColor = 16777215
            bl6.BackColor = 16777215
            bl7.BackColor = 16777215
            bl8.BackColor = 16777215
            bl9.BackColor = 16777215
            bl10.BackColor = 16777215
ElseIf k = 5 Then
```

```
            bl6.BackColor = 16777215
            bl7.BackColor = 16777215
            bl8.BackColor = 16777215
            bl9.BackColor = 16777215
            bl10.BackColor = 16777215
ElseIf k = 6 Then
            bl7.BackColor = 16777215
            bl8.BackColor = 16777215
            bl9.BackColor = 16777215
            bl10.BackColor = 16777215
ElseIf k = 7 Then
            bl8.BackColor = 16777215
            bl9.BackColor = 16777215
            bl10.BackColor = 16777215
ElseIf k = 8 Then
            bl9.BackColor = 16777215
            bl10.BackColor = 16777215
            ElseIf k = 9 Then
            bl10.BackColor = 16777215

Else
            bl1.BackColor = 16711680
            bl2.BackColor = 16711680
            bl3.BackColor = 16711680
            bl4.BackColor = 16711680
            bl5.BackColor = 16711680
            bl6.BackColor = 16711680
            bl7.BackColor = 16711680
            bl8.BackColor = 16711680
            bl9.BackColor = 16711680
            bl10.BackColor = 16711680
          End If

            ctl = Null
            End If
End If
        Next i
    Next ctl
 Else
 With Me
  .txtValor.SetFocus
  .txtValor = Null
  .txtValor2 = Null
  .txtGasto = Null
  .DisLitro = Null
  .PrecoL = Null
  .QuantGas = Null
  .lblPerc.visible = False
```

```
 End With

 For Each ctl In Me.Controls

     If ctl.ControlType = acTextBox Then
            ctl.Tag = -1
            ctl.BackColor = 16777215
            ctl.ForeColor = 0
     End If
Next ctl

 MsgBox "Valor a ser calculado o percentual tem que ser menor ou igual ao valor
total!!!", vbCritical, "Gerar Estatística"

 End If

End Function
```

Para utilizarmos esta função, porém, vamos precisar de uma subrotina especial para acioná-la como resultado da obtenção da distância percorrida.

```
Public Sub GerarBarra()
On Error Resume Next
Dim k As String
Dim i As Integer
Dim y, w, z As Long
Dim ctl As control
Dim v As Currency

n = Me.txtValor
y = Me.txtValor2
w = Me.DisLitro
z = Me.QuantGas
v = Me.txtGasto

If Not IsNull(txtValor) Or txtValor <> "" And Not IsNull(txtValor2) Or txtValor2
<> "" Then
Me.frmBarra.enabled = True
'*********************
'ACIONAMENTO DA BARRA DE PROGRESSO
Call BarraProgresso(txtValor, txtValor2)
'*********************

x = (n * 100) / y
```

```
For i = 1 To x
k = i & "%"
    If i = 100 + 1 Then
    Exit For
    End If
Me.lblPerc.Caption = k & " de " & y & " Km"

Next i

With Me
.txtValor = n
.txtValor2 = y
.QuantGas = z
.txtGasto = v
.DisLitro = w
.lblPerc.visible = True
.txtValor.BackColor = 16777215
.txtValor.ForeColor = 0
.txtValor2.BackColor = 16777215
.txtValor2.ForeColor = 0
.DisLitro.BackColor = 16777215
.DisLitro.ForeColor = 0
.txtGasto.BackColor = 16777215
.txtGasto.ForeColor = 0
.QuantGas.BackColor = 16777215
.QuantGas.ForeColor = 0
.PrecoL.BackColor = 16777215
.PrecoL.ForeColor = 0
.cboMarca.BackColor = 16777215
.cboMarca.ForeColor = 0
.cboMarca.BackColor = 16777215
.cboMarca.ForeColor = 0
.cboModelo.BackColor = 16777215
.cboModelo.ForeColor = 0
.KmFinal.BackColor = 16777215
.KmFinal.ForeColor = 0
.KmInicial.BackColor = 16777215
.KmInicial.ForeColor = 0
.QuantGasCons.BackColor = 16777215
.QuantGasCons.ForeColor = 0
End With
Else
Me.frmBarra.enabled = False

MsgBox "Um ou todos os campos está(ão) em branco !!!", vbCritical, "Cálculo Es-
tatístico"
```

```
Exit Sub
End If

End Sub
```

2.6 Campos-Chave de Acionamento da Subrotina para Geração da Barra de Progresso da Distância Percorrida

```
Private Sub KmFinal_AfterUpdate()
On Error Resume Next

If Me.txtDistAPercorrer < 0 Then
  MsgBox "Erro de dados inseridos. Distância percorrida é maior que a distância
inicial de viagem!!!", vbCritical, "Planeja Viagem"
Else
  Call GerarBarra
  Exit Sub
End If

End Sub

Private Sub KmFinal_Change()
On Error Resume Next
Me.txtValor = [KmFinal] - [KmInicial]
Me.txtDistAPercorrer = [txtValor2] - [txtValor]
Me.QuantGasCons = ([txtValor] * [QuantGas]) / [txtValor2]
If Me.txtDistAPercorrer < 0 Then
  MsgBox "Erro de dados inseridos. Distância percorrida é maior que a distância
inicial de viagem!!!", vbCritical, "Planeja Viagem"
Else
  Call GerarBarra
  Exit Sub
End If

End Sub
```

2.7 Função em Access VBA para a Previsão do Tempo de Viagem

A previsão do tempo de viagem é a hora mais provável de chegada ao destino em horas e minutos da viagem completa do início ao fim. Para obtermos este cálculo, vamos depender da hora atual, isto é, a hora no momento do cálculo. Em função desse momento de tempo, acionaremos as funções Previsao e SomaHoras. Antes de tudo, precisamos saber se a velocidade média no momento do cálculo da previsão é compatível com a distância a percorrer pelo tempo proposto de chegada. .

```
Private Sub txtHoraA_BeforeUpdate(Cancel As Integer) 'txtHoraA é a caixa de tex-
to referente à hora atual ou hora final de chegada
On Error Resume Next
Call Previsao
Call SomaHoras(txtTempoDec, txtPrevTDec)

If Me.txtVeloc > 100 Or txtValor > 100 And Me.txtTempoDec < #1:00:00 AM# Then
   MsgBox "Velocidade média incompatível com distância percorrida em menos de
1(uma) hora !!!", vbCritical, "Planeja Viagem"
   Me.txtHoraA = ""
   Me.cmdAcionar.enabled = False

   ElseIf Me.txtVeloc < 0 Then
   MsgBox "Valor negativo para a velocidade média. Provável erro em dados inse-
ridos ou campo vazio !!!", vbCritical, "Planeja Viagem"
   Me.cmdAcionar.enabled = False
   ElseIf Me.txtVeloc = 0 Or Me.txtVeloc = "" Or IsNull(Me.txtVeloc) Then
   MsgBox "Velocidade média zerada ou não calculada. Provável erro em dados in-
seridos ou campo vazio !!!", vbCritical, "Planeja Viagem"
   Me.cmdAcionar.enabled = False

   Else
   MsgBox "Velocidade média compatível !!!", vbCritical, "Planeja Viagem"
   Me.cmdAcionar.enabled = True
End If
End Sub
```

A função SomaHoras abaixo é responsável por calcular o tempo decorrido de viagem(txtTempoDec) e o tempo de previsão da viagem(txtPrevTDec), isto é, desde a hora do início da viagem até a possível hora de chegada ao destino

```
Public Function SomaHoras(nHoras As Variant, xHoras As Variant)
On Error Resume Next
Dim sMinutoTotal, sMinutoTotal2, sMinutoTotal3 As Variant
Dim sHoraTotal, sHoraTotal2, sHoraTotal3 As Variant
Dim SomaH, SomaH2, SomaH3 As Variant
Dim SomaM, SomaM2, SomaM3 As Variant
Dim sHorasTrabalhadas, sHorasTrabalhadas2, sHorasTrabalhadas3 As Variant
Dim TotalHoras, TotalHoras2, TotalHoras3 As Variant
Dim SomaHM, SomaHM2, SomaHM3 As Variant

'Variáveis referentes às caixas de texto que somam as horas e os minutos.
Deixá¬-las com propriedade visible = False

'*******************************************
```

```
sHoraTotal = Me.txtHoras 'Na fonte de controle fica assim: =Soma(Format([Horatrab
alhada];"hh"))

sMinutoTotal = Me.txtMinutos 'Na fonte de controle fica assim: =Soma(Format([Hora
trabalhada];"nn"))

'*******************************************
sHoraTotal2 = Me.txtHoras2
sMinutoTotal2 = Me.txtMinutos2
sHoraTotal3 = Me.txtHoras3
sMinutoTotal3 = Me.txtMinutos3
SomaH = Format(sHoraTotal, "00")
SomaHM = Format(sMinutoTotal / 60, "#.00")
SomaM = Format(sMinutoTotal Mod 60, "00")
'*******************************************
If SomaM <> 0 Then
SomaHM = Mid(SomaHM, 1, 1)
TotalHoras = Val(SomaH) + Val(SomaHM)
Else
TotalHoras = Val(SomaH) + Val(SomaHM)
End If
'*******************************************
SomaH2 = Format(sHoraTotal2, "00")
SomaHM2 = Format(sMinutoTotal2 / 60, "#.00")
SomaM2 = Format(sMinutoTotal2 Mod 60, "00")
'*******************************************
If SomaM2 <> 0 Then
SomaHM2 = Mid(SomaHM2, 1, 1)
TotalHoras2 = Val(SomaH2) + Val(SomaHM2)
Else
TotalHoras2 = Val(SomaH2) + Val(SomaHM2)
End If
'*******************************************
SomaH3 = Format(sHoraTotal3, "00")
SomaHM3 = Format(sMinutoTotal3 / 60, "#.00")
SomaM3 = Format(sMinutoTotal3 Mod 60, "00")
'*******************************************
If SomaM3 <> 0 Then
SomaHM3 = Mid(SomaHM3, 1, 1)
TotalHoras3 = Val(SomaH3) + Val(SomaHM3)
Else
```

```
TotalHoras3 = Val(SomaH3) + Val(SomaHM3)
End If
'*************************************
sHorasTrabalhadas = Val(TotalHoras2 - TotalHoras) & ":" & Val(SomaM2 - SomaM) &
sHorasTrabalhadas2 = Val(TotalHoras3 - TotalHoras) & ":" & Val(SomaM3 - SomaM) &
Me.txtTempoDec = Format(sHorasTrabalhadas, "hh:nn")
Me.txtPrevTDec = Format(sHorasTrabalhadas2, "hh:nn")
End Function
```

Essa função é evocada no evento AntesdeAtualizar(BeforeUpdate) da caixa de texto Hora Atual (txtHoraA) conforme demonstrado em assunto análogo logo atrás deste mesmo capítulo.

2.8 Algoritmo e Função em Access VBA para Conversão de Tempo em Minutos Acima de 60 Minutos em Horas e Minutos

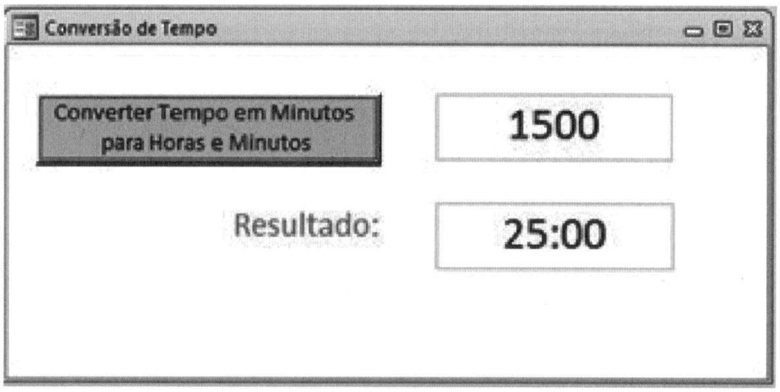

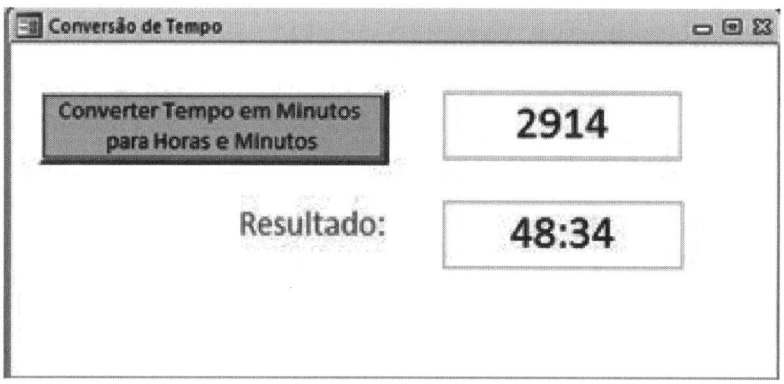

ALGORITMO:

(1) Pega-se o total em minutos e divide por 60
(2) O quociente é o total em horas
(3) O resto dessa divisão é o total em minutos

FUNÇÃO EM ACCESS VBA:

```
Public Function CalculaHoras(nHoras As Variant)
On Error Resume Next
Dim sMinutoTotal As Variant
Dim SomaH As Variant
Dim sHorasTrabalhadas As Variant
Dim TotalHoras As Variant
Dim SomaM As Double

sMinutoTotal = Me.txtMinutosTotal
SomaH = Format(sMinutoTotal / 60, "##.00")
SomaM = Format(sMinutoTotal Mod 60, "00")

If SomaM <> 0 Then
TotalHoras = Val(SomaH)
sHorasTrabalhadas = Format(TotalHoras, "00") & ":" & Format(SomaM, "00") & ""
Else
TotalHoras = Val(SomaH)
sHorasTrabalhadas = Format(TotalHoras, "00") & ":" & Format(SomaM, "00") & ""
End If
txtResultado = sHorasTrabalhadas
End Function
```

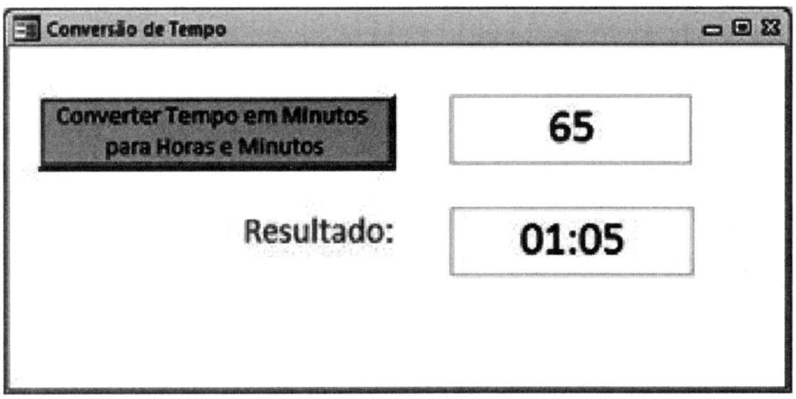

2.9 Testando a Conversão de Tempo pela Inversão (Engenharia Reversa)

Vamos verificar agora por meioda função *SomaHoras* (acima de 24 horas) se o programa funciona de fato para valores muito grandes em minutos ou total de horas muito grandes.

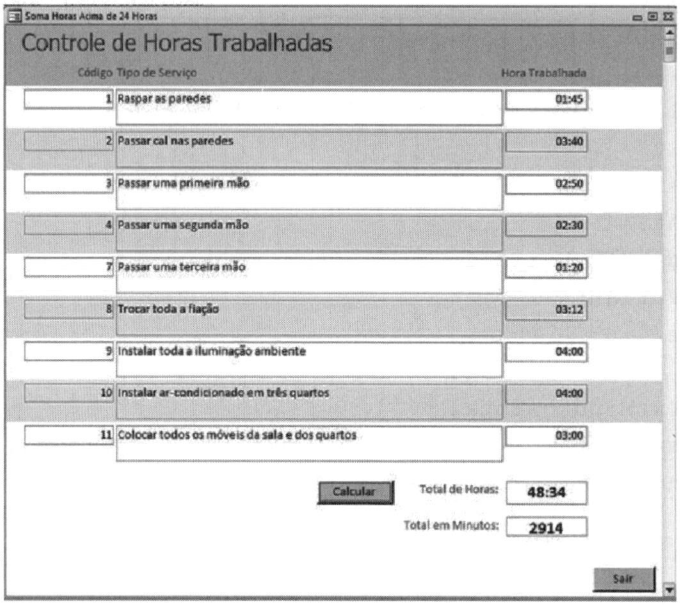

Veja a função SomaHoras que soma todos os valores de tempo acima de 24 horas, junto com a conversão em minutos desse mesmo tempo.

Você pode encontrar o algoritmo desse cálculo no meu livro TÉCNICAS ESPECIAIS EM ACCESS VBA pela Editora Ciência Moderna.

```
Public Function SomaHoras(nHoras As Variant)
On Error Resume Next
Dim sMinutoTotal As Variant
Dim sHoraTotal As Variant
Dim SomaH As Variant
Dim SomaM As Variant
Dim sHorasTrabalhadas As Variant
Dim TotalHoras As Variant
Dim SomaHM As Double

'Variáveis referentes às caixas de texto que somam as horas e os minutos. Deixá-
-las com propriedade visible = False
'*********************************
sHoraTotal = txtHoras
'Na fonte de controle fica assim: =Soma(Format([Horatrabalhada];"hh"))
sMinutoTotal = txtMinutos  'Na fonte de controle fica assim: =Soma(Format([Horatr
abalhada];"nn"))
'*********************************
SomaH = Format(sHoraTotal, "00")
SomaHM = Format(sMinutoTotal / 60, "#.00")
SomaM = Format(sMinutoTotal Mod 60, "00")

If SomaM <> 0 Then
```

```
SomaHM = Mid(SomaHM, 1, 1)

TotalHoras = Val(SomaH) + Val(SomaHM)
sHorasTrabalhadas = TotalHoras & ":" & SomaM & ""
Else
TotalHoras = Val(SomaH) + Val(SomaHM)
sHorasTrabalhadas = TotalHoras & ":" & SomaM & ""
End If

Me.txtSomaHoras = sHorasTrabalhadas

'Converte o total em horas e minutos para total em 'minutos
Me.txtTotalMinutos = Val(SomaM) + Val(TotalHoras) * 60    'Pegue o total em mi-
nutos e some com o total de horas vezes 60 minutos
End Function
```

Vamos por à prova agora a nossa função e trabalhar na inversão do cálculo:

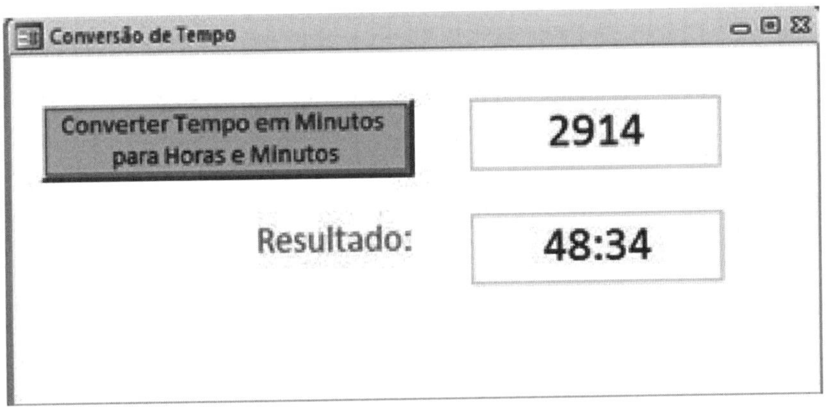

Como você observa, o resultado é o mesmo obtido no formulário inicial de soma das horas.

2.10 Exercícios Propostos

1. Com base nas funções estudadas desenvolva um programa que faça a previsão de chegada de um trem que parta do Rio de Janeiro até São Paulo com base na sua velocidade média.

2. Utilizando o programa de exemplo e fazendo quaisquer alterações necessárias no código, calcule quantas horas um ciclista levaria para chegar até Brasília, partindo do Rio de janeiro, (Cerca de 1.162 Km) dentro do espaço de tempo de 8 horas/dia, sabendo que deverá fazer 1 (uma) parada por dia para descanso de 2 horas e meia, já incluído o tempo do almoço, sem contar o tempo de descanso noturno. Velocidade média do ciclista de 20 Km/hora.

CAPÍTULO 3

Manipulação de Strings II

3.1 Criando Acrósticos

Desenvolvi um jogo para facilitar o entendimento da função **Mid** ao se trabalhar com *strings*. Chama-se *Jogo de Acrósticos*. Mas o que é Acróstico? A resposta mais simples, segundo a Wikipedia,é esta:

Quando se juntam as letras iniciais de cada verso para formar a palavra ou frase desejada, tem-se o *acróstico propriamente dito*, que se lê na vertical, de cima para baixo ou no sentido inverso. Exemplo:

Leitor não levantei falso **E**screvi o que se deu, **A**quelle grande sucesso **N**a Bahia aconteceu, **D**a forma que o velho cão, **R**olou morto sobre o chão **O**nde o seu senhor morreu.	”
	— Última estrofe do cordel “O cachorro dos mortos”[4]

Algoritmo do Jogo de Acrósticos:

-Coleta-se a informação da palavra dada quer seja um substantivo, adjetivo ou um nome próprio;

1. Cria-se uma tabela com dois campos, letra do alfabeto e a palavra denotativa ou conotativa correspondente a esta letra ou que se inicia com uma letra do alfabeto.
2. Pesquisa-se a palavra denotativa ou conotativa correspondente a cada letra da palavra dada.
3. Exibe-se a palavra na vertical e o restante da palavra correspondente a cada letra da palavra.

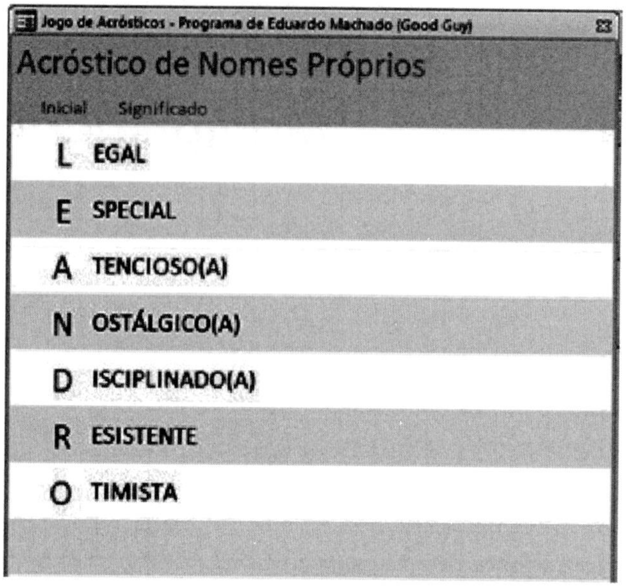

Vamos criar a subrotina que receberá a palavra dada e pesquisará a palavra denotativa ou conotativa correspondente a cada letra da palavra. Logo depois incluiremos tanto a letra quanto a palavra pesquisada em uma tabela especial.

```
Public Sub CriarAcrostico()
Dim strLetra, strBuf  As String
Dim i, y, x As Integer
Dim strNome As String
Dim strDescricao As String
Dim strSQL As String

strNome = InputBox(“Digite o seu nome:”, “Acróstico de Nomes Próprios”)
y = Len(strNome)

‘*******************************************
‘Laço For…Next com a função Mid que percorrerá cada letra do nome ou palavra
fornecida
‘*******************************************

For i = 1 To y

strLetra = UCase(Mid(strNome, i, 1))
strDescricao = Nz(DLookup(“Descricao”, “tblSignificado”, “Inicial = ‘” & strLetra
& “’”))


    strBuf = strLetra & “:::” & strDescricao

‘Você pode deixar a opção de uma MsgBox que exibirá cada letra e o seu significa-
do.
```

```
    'MsgBox UCase(strBuf), vbInformation, "Acróstico de Nomes Próprios"

      DoCmd.SetWarnings False
    strSQL = "INSERT INTO tblSelecao(Inicial,Significado) VALUES('" & strLetra &
"','" & strDescricao & "')"
    CurrentDb.Execute strSQL
    DoCmd.SetWarnings True

DoCmd.Close acForm, "AcrosticodeNomesProprios"

Next i
DoCmd.OpenForm "Selecao", acNormal

End Sub
```

Na abertura do formulário principal, acionaremos a subrotina acima:

```
Private Sub Form_Load()
Call CriarAcrostico
End Sub
```

Vamos agora examinar a função que exibirá o acróstico no formulário auxiliar*Selecao*:

Primeiramente, teremos que ter a subrotina *PercorrerRegistros*com o looping*Do While...Loop* que acionará a função *InformaLI* em cada registro da tabela *tblSelecao* durante seu percurso. A princípio,esta tabela deverá estar vazia, isto é, sem quaisquer dados, até o momento que receberá informação oriunda da subrotina *CriarAcrostico.*

```
Public Sub PercorrerRegistros()
On Error Resume Next
Dim rs As DAO.Recordset

Set rs = CurrentDb.OpenRecordset("tblSelecao", dbOpenDynaset)

rs.MoveFirst
Do While Not rs.EOF

If Not IsNull(Significado) Then    'Com a estrutura de controle de fluxo If… Then
Else … End If crio uma condição para gerar o posicionamento do cursor para o re-
gistro seguinte enquanto durar o laço Do While...Loop

Call InformaLI
    DoCmd.RunCommand acCmdRecordsGoToNext

    Else 'Caso a condição de preenchimento do campo Significado não seja satis-
```

```
feita. Um campo nulo, por exemplo, o laço Do While termina e o cursor para de
percorrer os registros.
Exit Do
    End If
Loop
rs.MoveLast
End Sub
```

Na abertura do formulário auxiliar *Selecao*

```
Private Sub Form_Load()
Call PercorrerRegistros
End Sub

Public Function InformaLI()
On Error Resume Next
Dim strSignificado, sSignificado As String
Dim rs As DAO.Recordset
Dim Complemento As String
Dim i As Integer

Set rs = CurrentDb.OpenRecordset("tblSelecao", dbOpenTable)

sSignificado = Nz(Forms!Selecao!Significado)'Variável referente ao campo Significa-
do presente no formulário Selecao.
    If Len(Significado) > 0 Then
    Inicial.ForeColor = 255

    Me.Significado.ForeColor = 0
'*****************************************
'Pois bem, a variável Complemento capturará a variável sSignificado referente ao
termo Significado que é um campo da tabela tblSignificado, a partir da 2ª letra.
Veja novamente esta referência na subrotina CriarAcrostico
'*****************************************
    Complemento = Mid(sSignificado, 2, Len(Significado)) 'A função Len tem como
argumento o campo Significado presente no formulário e retorna o número de carac-
teres da String deste campo, ou mais tecnicamente pela Microsoft, "ou o número
de bytes necessários para armazenar uma variável."

    Me.Significado = Complemento


'*************************************************
'2ª Opção
        'For i = 1 To Len(Significado)
        'strSignificado = Inicial & Mid(Significado, 1, i)
```

```
        'MsgBox strSignificado, vbExclamation, "Jogo de Acrósticos"
        'Next i
'*************************************************
    End If

End Function
```

A função acima estará presente no formulário auxiliar(Selecao), cuja fonte de registro é a tabela *tblSelecao,* que receberá a informação da **string SQL de inserção** da subrotina *CriarAcrostico* do formulário principal. Ao término da exibição do acróstico, será necessário zerarmos a tabela *tblSelecao* para trabalharmos na formação de um novo acróstico.

```
Private Sub Form_Unload(Cancel As Integer)
On Error Resume Next
Dim strSQL As String
DoCmd.SetWarnings False
strSQL = "DELETE * FROM tblSelecao"
CurrentDb.Execute strSQL
DoCmd.SetWarnings True
DoCmd.OpenForm "Jogo de Acrósticos"
End Sub
```

Tabela *tblSignificado:*

tblSignificado

Código	Inicial	Descricao	Clique para Adicionar
1	A	ALERTA	
2	B	BOM(A)	
3	C	CARINHOSO(A)	
4	D	DEDICADO(A)	
5	E	ELEGANTE	
6	F	FAMOSO(A)	
7	G	GENTIL	
8	H	HILÁRIO(A)	
9	I	INTELIGENTE	
10	J	JOVEM	
11	K	KISSER(BEIJOQUEIRO(A))	
12	L	LUMINOSO(A)	
13	M	MARAVILHOSO(A)	
14	N	NORMAL	
15	O	OUSADO(A)	
16	P	PACÍFICO(A)	
17	Q	QUERIDO(A)	
18	R	RESPEITOSO(A)	
19	S	SIMPÁTICO(A)	
20	T	TÍMIDO(A)	
21	U	ULTRA-RADICAL	
22	V	VAIDOSO(A)	
23	X	XODÓ	
24	W	WINNER(VENCEDOR(A))	
25	Y	YELLER (ESCANDALOSO(A))	
26	Z	ZONZO	
(Novo)			

3.2 Identificando Siglas Alfanuméricas com A Função *Mid*

Observe a figura abaixo de um aplicativo cuja interface se utiliza de uma imagem e a partir dela identifique detalhes de um aparelho industrial, aqui como exemplo um hidrômetro que registra o consumo de água de uma residência.

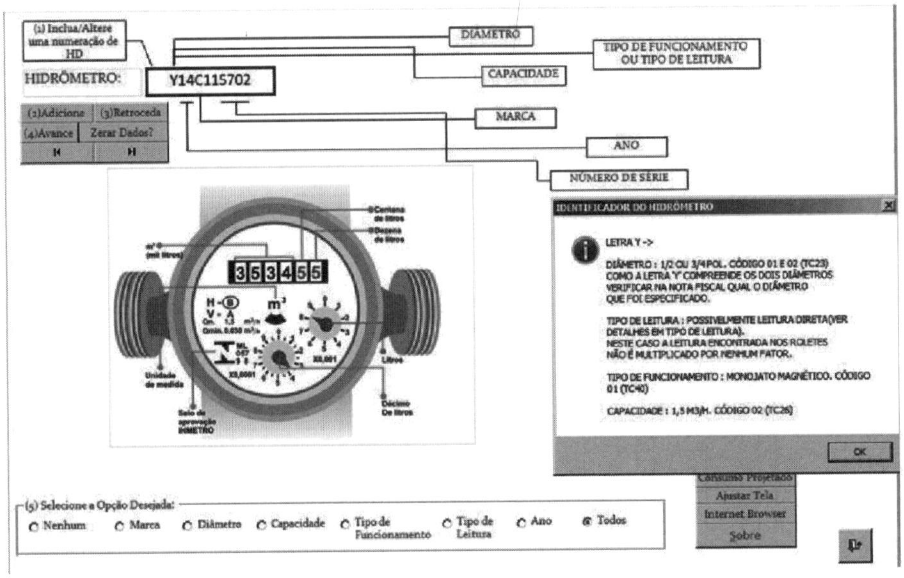

Vejamos mais de perto:

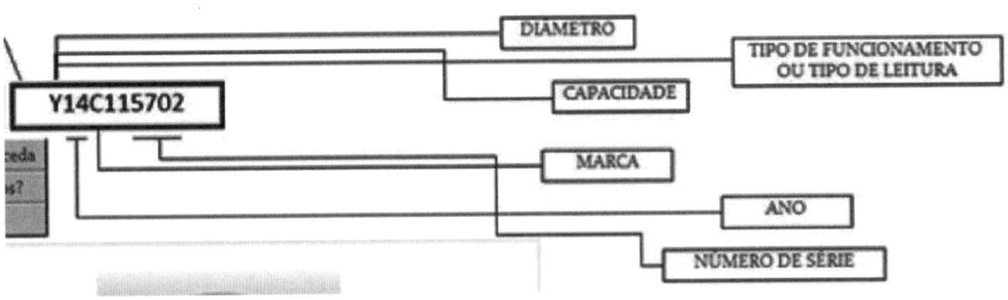

Verifique que a numeração consta de 10 (dez) dígitos alfanuméricos. Cada um deles ou uma série de dígitos significa algo:

1. Diâmetro
2. Tipo de Funcionamento ou Tipo de Leitura
3. Capacidade
4. Ano
5. Marca
6. Número de Série

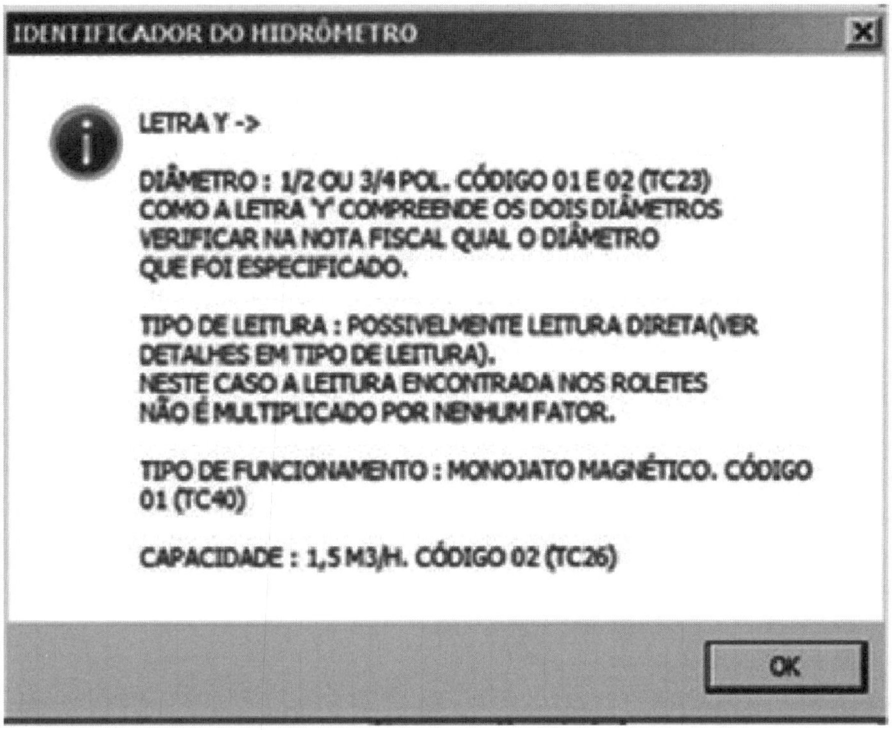

A partir do grupo de opções, desenvolvemos o código abaixo:

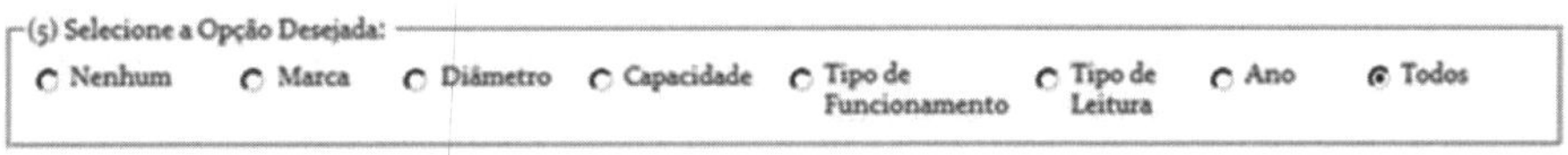


```
Private Sub frmOpcao_AfterUpdate()
On Error Resume Next
Dim Medidor As String
Dim resultado As String
Dim rs As DAO.Recordset
Dim db As DAO.Database

Const i = 1
Const j = 2
Const k = 3

Select Case frmOpcao
Case Is = 1
'Eval ("MsgBox ('Nenhum item selecionado !!!' " & "& chr(13)&chr(10)&" & " '@" &
"IDENTIFICAÇÃO DE HIDRÔMETRO @ ',0,'EMPRESA DE SANEAMENTO')")
Case Is = 2

Set db = CurrentDb()
```

```
Set rs = db.OpenRecordset("Select * from Marca Where Hidrometro='" &
Me.Hidrometro & "'")  'Pesquisa na tabela Marca valor do campo Hidrometro

Do While Not rs.EOF  'Faz a pesquisa enquanto não chega ao final do arquivo
Medidor = rs.Fields("Hidrometro")
If Len(Hidrometro) = 10 Then
resultado = Mid(Medidor, 4, 1) 'Pesquisa uma letra a partir da quarta
Else
Exit Sub
End If

Select Case resultado
Case Is = "N"
MsgBox "LETRA N -> MARCA NANSEN;ABB;ELSTER, COD 03 (TC15)" & vbCrLf & "IDENTIFI-
CAÇÃO NOS 2(DOIS) LADOS DO CORPO DO HIDRÔMETRO " & vbCrLf & "E TAMBÉM NA TAMPA
PARA HIDRÔMETROS NOVOS.", vbInformation, "IDENTIFICAÇÃO DE HIDRÔMETRO"

Case Is = "L"
MsgBox "LETRA L -> MARCA LAO, COD 01 (TC15)" & vbCrLf & "IDENTIFICAÇÃO NOS
2(DOIS) LADOS DO CORPO DO HIDRÔMETRO " & vbCrLf & "E TAMBÉM NA TAMPA PARA HIDRÔ-
METROS NOVOS.", vbInformation, "IDENTIFICAÇÃO DE HIDRÔMETRO"

Case Is = "S"
MsgBox "LETRA S -> MARCA SCHLUMBERGER, COD 02 (TC15)" & vbCrLf & "IDENTIFICAÇÃO
NOS 2(DOIS) LADOS DO CORPO DO HIDRÔMETRO " & vbCrLf & "E TAMBÉM NA TAMPA PARA
HIDRÔMETROS NOVOS.", vbInformation, "IDENTIFICAÇÃO DE HIDRÔMETRO"

Case Is = "I"
MsgBox "LETRA I -> MARCA INVENSYS, COD 04 (TC15)" & vbCrLf & "IDENTIFICAÇÃO NOS
2(DOIS) LADOS DO CORPO DO HIDRÔMETRO " & vbCrLf & "E TAMBÉM NA TAMPA PARA HIDRÔ-
METROS NOVOS.", vbInformation, "IDENTIFICAÇÃO DE HIDRÔMETRO"

Case Is = "T"
MsgBox "LETRA T -> MARCA TECNOBRAS, COD 05 (TC15)" & vbCrLf & "IDENTIFICAÇÃO NOS
2(DOIS) LADOS DO CORPO DO HIDRÔMETRO " & vbCrLf & "E TAMBÉM NA TAMPA PARA HIDRÔ-
METROS NOVOS.", vbInformation, "IDENTIFICAÇÃO DE HIDRÔMETRO"

Case Is = "F"
MsgBox "LETRA F -> MARCA FAE, COD 06 (TC15)" & vbCrLf & "IDENTIFICAÇÃO NOS
2(DOIS) LADOS DO CORPO DO HIDRÔMETRO " & vbCrLf & "E TAMBÉM NA TAMPA PARA HIDRÔ-
METROS NOVOS.", vbInformation, "IDENTIFICAÇÃO DE HIDRÔMETRO"

Case Is = "A"
MsgBox "LETRA A -> MARCA ARAD, COD 07 (TC15)" & vbCrLf & "IDENTIFICAÇÃO NOS
2(DOIS) LADOS DO CORPO DO HIDRÔMETRO " & vbCrLf & "E TAMBÉM NA TAMPA PARA HIDRÔ-
METROS NOVOS.", vbInformation, "IDENTIFICAÇÃO DE HIDRÔMETRO"
```

```
Case Is <> "A" Or "B" Or "C" Or "D" Or "E" Or "F" Or "G" Or "H" Or "I" Or "J" Or
"K" Or "L" Or "Z"
MsgBox "MARCA DESCONHECIDA, COD 09 (TC15)" & vbCrLf & "IDENTIFICAÇÃO NOS 2(DOIS)
LADOS DO CORPO DO HIDRÔMETRO " & vbCrLf & "E TAMBÉM NA TAMPA PARA HIDRÔMETROS
NOVOS.", vbInformation, "IDENTIFICAÇÃO DE HIDRÔMETRO"

Case Is = Null
Eval ("MsgBox ('ESTE ESPAÇO DA LETRA IDENTIFICADORA ESTÁ EM BRANCO OU É MARCA
DESCONHECIDA, COD 09 (TC15) !!!' " & "& chr(13)&chr(10)&" & " '@" & "IDENTIFICA-
ÇÃO DE HIDRÔMETRO @ ',0,'EMPRESA DE SANEAMENTO')")

End Select
rs.MoveNext
Loop
rs.Close
db.Close
Set rs = Nothing
Set db = Nothing

Case Is = 3

Set db = CurrentDb()
Set rs = db.OpenRecordset("Select * from Marca Where Hidrometro='" &
Me.Hidrometro & "'")  'Pesquisa na tabela Capacidade valor do campo Hidrometro

Do While Not rs.EOF  'Faz a pesquisa enquanto não chega ao final do arquivo
Medidor = rs.Fields("Hidrometro")

If Len(Hidrometro) = 10 Then
resultado = Mid(Medidor, 1, 1) 'Pesquisa uma letra a partir da primeira
Else
Exit Sub
End If

Select Case resultado

Case Is = "A"

MsgBox "LETRA A -> 1/2 OU 3/4 POL. CÓDIGO 01 E 02 (TC23)" & vbCrLf & "COMO A LE-
TRA 'A' COMPREENDE OS DOIS DIÂMETROS " & vbCrLf & "VERIFICAR NA NOTA FISCAL QUAL
O DIÂMETRO " & vbCrLf & "QUE FOI ESPECIFICADO. ", vbInformation, "DIÂMETRO"

Case Is = "B"
MsgBox "LETRA B -> 3/4 POL. CÓDIGO 02 (TC23)" & vbCrLf & "GERALMENTE O DIÂMETRO
DO MEDIDOR É ENCONTRADO " & vbCrLf & "NA NOTA FISCAL", vbInformation, "DIÂMETRO"
```

```
Case Is = "C"
MsgBox "LETRA C -> 1 POL. CÓDIGO 03 (TC23)" & vbCrLf & "GERALMENTE O DIÂMETRO DO
MEDIDOR É ENCONTRADO " & vbCrLf & "NA NOTA FISCAL", vbInformation, "DIÂMETRO"

............

Case Is = "Z"
MsgBox "LETRA Z -> 6 POL(150 mm). CÓDIGO 08 (TC23)" & vbCrLf & "FLANGEADO" _
& vbCrLf & "GERALMENTE O DIÂMETRO DO MEDIDOR É ENCONTRADO NA NOTA FISCAL.",
vbInformation, "DIÂMETRO"

Case Is <> "A" Or "B" Or "C" Or "D" Or "E" Or "F" Or "G" Or "H" Or "I" Or "J" Or
"K" Or "L" Or "Z"
MsgBox "SEM DEFINIÇÃO -> 8 POL(150 mm). CÓDIGO 09 (TC23) OU " & vbCrLf & "10
POL(250 mm). CÓDIGO 10(TC23) OU " & vbCrLf & "12 POL(300 mm). CÓDIGO 11(TC23) OU
" & vbCrLf & "MAIOR QUE 12 POL. CÓDIGO 12(TC23)" & vbCrLf & "FLANGEADO" & _
vbCrLf & "GERALMENTE O DIÂMETRO DO MEDIDOR É ENCONTRADO NA NOTA FISCAL.", vbIn-
formation, "DIÂMETRO"

Case Is = Null
Eval ("MsgBox ('ESTE ESPAÇO DA LETRA IDENTIFICADORA ESTÁ EM BRANCO !!!' " & "&
chr(13)&chr(10)&" & " '@" & "IDENTIFICAÇÃO DE HIDRÔMETRO @ ',0,'EMPRESA DE SANE-
AMENTO')")
'Me.lblMensagem.Visible = False

End Select

rs.MoveNext
Loop
rs.Close
db.Close
Set rs = Nothing
Set db = Nothing

Case Is = 4

Set db = CurrentDb()
Set rs = db.OpenRecordset("Select * from Marca Where Hidrometro='" &
Me.Hidrometro & "'")  'Pesquisa na tabela Capacidade valor do campo Hidrometro

Do While Not rs.EOF  'Faz a pesquisa enquanto não chega ao final do arquivo
Medidor = rs.Fields("Hidrometro")

If Len(Hidrometro) = 10 Then
resultado = Mid(Medidor, 1, 1) 'Pesquisa uma letra a partir da primeira
Else
```

```
Exit Sub
End If
DoCmd.Save acForm
Select Case resultado
Case Is = "Y"
MsgBox "LETRA Y -> 1,5 M3/H. FONTE: LABORATÓRIO DE MEDIDORES - GGC-6.2", vbIn-
formation, "CAPACIDADE"

Case Is = "A"
MsgBox "LETRA A -> 3 M3/H. CÓDIGO 02 (TC26)", vbInformation, "CAPACIDADE"

Case Is = "B"
MsgBox "LETRA B -> 5 M3/H. CÓDIGO 03 (TC26)", vbInformation, "CAPACIDADE"

Case Is = "C"
MsgBox "LETRA C -> 7 M3/H. CÓDIGO 04 (TC26)", vbInformation, "CAPACIDADE"

.........

Case Is = "Z"
MsgBox "LETRA Z -> 4000 M3/DIA. CÓDIGO 11 (TC26)", vbInformation, "CAPACIDADE"

Case Is <> "A" Or "B" Or "C" Or "D" Or "E" Or "F" Or "G" Or "H" Or "I" Or "J" Or
"K" Or "L" Or "Z"
MsgBox "O CÓDIGO PARA ESTA LETRA OU CARACTER NÃO CONSTA NA TABELA TC26", vbCri-
tical, "CAPACIDADE"

Case Is = Null
Eval ("MsgBox ('ESTE ESPAÇO DA LETRA IDENTIFICADORA ESTÁ EM BRANCO !!!' " & "&
chr(13)&chr(10)&" & " '@" & "IDENTIFICAÇÃO DE HIDRÔMETRO @ ',0,'EMPRESA DE SANE-
AMENTO')")

End Select
rs.MoveNext
Loop
rs.Close
db.Close
Set rs = Nothing
Set db = Nothing

Case Is = 5

Set db = CurrentDb()
Set rs = db.OpenRecordset("Select * from Marca Where Hidrometro='" &
Me.Hidrometro & "'")  'Pesquisa na tabela Capacidade valor do campo Hidrometro
```

```
Do While Not rs.EOF  'Faz a pesquisa enquanto não chega ao final do arquivo
Medidor = rs.Fields("Hidrometro")

If Len(Hidrometro) = 10 Then
resultado = Mid(Medidor, 1, 1) 'Pesquisa uma letra a partir da primeira
Else
Exit Sub
End If
DoCmd.Save acForm
Select Case resultado
Case Is = "A"
MsgBox "LETRA A ->  TIPO : MONOJATO MAGNÉTICO. CÓDIGO 01 (TC40) OU " & vbCrLf &
"MULTIJATO", vbInformation, "TIPO DE FUNCIONAMENTO"

Case Is = "Y"
MsgBox "LETRA Y ->  TIPO : MONOJATO MAGNÉTICO. CÓDIGO 01 (TC40)", vbInformation,
"TIPO DE FUNCIONAMENTO"

Case Is = "B"
MsgBox "LETRA B ->  TIPO : MULTIJATO. CÓDIGO 02 (TC40)", vbInformation, "TIPO DE
FUNCIONAMENTO"

Case Is = "C"
MsgBox "LETRA C ->  TIPO : MULTIJATO. CÓDIGO 02 (TC40)", vbInformation, "TIPO DE
FUNCIONAMENTO"

........

Case Is = "Z"
MsgBox "LETRA Z ->  TIPO : WOLTMANN. CÓDIGO 03 (TC40)", vbInformation, "TIPO DE
FUNCIONAMENTO"

Case Is <> "A" Or "B" Or "C" Or "D" Or "E" Or "F" Or "G" Or "H" Or "I" Or "J" Or
"K" Or "L" Or "Z"
MsgBox "ESTA LETRA OU CARACTER NÃO CONSTA NA TABELA TC40", vbCritical, "TIPO DE
FUNCIONAMENTO"

End Select
rs.MoveNext
Loop
rs.Close
db.Close
Set rs = Nothing
Set db = Nothing
```

```
Case Is = 6
Set db = CurrentDb()
Set rs = db.OpenRecordset("Select * from Marca Where Hidrometro='" &
Me.Hidrometro & "'")  'Pesquisa na tabela Marca valor do campo Hidrometro

Do While Not rs.EOF  'Faz a pesquisa enquanto não chega ao final do arquivo
Medidor = rs.Fields("Hidrometro")

If Len(Hidrometro) = 10 Then
resultado = Mid(Medidor, 1, 1) 'Pesquisa uma letra a partir da primeira
Else
Exit Sub
End If
DoCmd.Save acForm
Select Case resultado
Case Is = "A"
MsgBox "LETRA A -> LEITURA DIRETA. NESTE CASO A LEITURA ENCONTRADA NOS ROLETES
NÃO É MULTIPLICADO POR NENHUM FATOR.", vbInformation, "TIPO DE LEITURA"
Case Is = "B"
MsgBox "LETRA B -> LEITURA DIRETA. NESTE CASO A LEITURA ENCONTRADA NOS ROLETES
NÃO É MULTIPLICADO POR NENHUM FATOR.", vbInformation, "TIPO DE LEITURA"

Case Is = "C"
MsgBox "LETRA C -> LEITURA DIRETA. NESTE CASO A LEITURA ENCONTRADA NOS ROLETES
NÃO É MULTIPLICADO POR NENHUM FATOR.", vbInformation, "TIPO DE LEITURA"

........

Case Is = "Z"
MsgBox "LETRA Z -> LEITURA DIRETA OU COM MULTIPLICADOR DE 10 (VER NO CORPO DO
HIDRÔMETRO) " & vbCrLf & _
"FAVOR PROCEDER A UMA VISTORIA NO HIDRÔMETRO, " & vbCrLf & "MAIS PRECISAMENTE NO
MOSTRADOR, " & vbCrLf & "PARA QUE SEJA VERIFICADO SE O MEDIDOR " & vbCrLf & "É
MULTIPLICADOR DE 10(DEZ) OU NÃO." & vbCrLf & vbCrLf & _
"ATENÇÃO: Caso haja erro no cadastramento de um hidrômetro " & vbCrLf & _
"no item tipo de leitura na tela FA05," & vbCrLf & _
"o mesmo pode ocasionar uma conta com valor excessivo ou " & vbCrLf & _
"com valor muito pequeno.", vbCritical, "TIPO DE LEITURA"

Case Is <> "A" Or "B" Or "C" Or "D" Or "E" Or "F" Or "G" Or "H" Or "I" Or "J" Or
"K" Or "L" Or "Z"
MsgBox "LETRA DESCONHECIDA -> LEITURA DIRETA OU COM MULTIPLICADOR DE 10 (VER NO
CORPO DO HIDRÔMETRO) " & vbCrLf & _
"FAVOR PROCEDER A UMA VISTORIA NO HIDRÔMETRO, " & vbCrLf & "MAIS PRECISAMENTE NO
MOSTRADOR, " & vbCrLf & "PARA QUE SEJA VERIFICADO SE O MEDIDOR " & vbCrLf & "É
MULTIPLICADOR DE 10(DEZ) OU NÃO." & vbCrLf & vbCrLf & _
```

```
"ATENÇÃO: Caso haja erro no cadastramento de um hidrômetro " & vbCrLf & _
"no item tipo de leitura na tela FA05," & vbCrLf & _
"o mesmo pode ocasionar uma conta com valor excessivo ou " & vbCrLf & _
"com valor muito pequeno. Os hidrômetros compreendidos " & vbCrLf & _
"entre 200 e 300mm de diâmetro, isto é, acima de 6 pol. são do tipo " & vbCrLf &
_
"de Leitura Direta com Multiplicador de 10", vbCritical, "TIPO DE LEITURA"

Case Is = Null
Eval ("MsgBox ('ESTE ESPAÇO DA LETRA IDENTIFICADORA ESTÁ EM BRANCO !!!' " & "&
chr(13)&chr(10)&" & " '@" & "IDENTIFICAÇÃO DE HIDRÔMETRO @ ',0,'EMPRESA DE SANE-
AMENTO')")

End Select
rs.MoveNext
Loop
rs.Close
db.Close
Set rs = Nothing
Set db = Nothing

Case Is = 7

Eval ("MsgBox ('Indica o ano de fabricação do hidrômetro !!!' " & "&
chr(13)&chr(10)&" & " '@" & "IDENTIFICAÇÃO DE HIDRÔMETRO @ ',0,'EMPRESA DE SANE-
AMENTO')")

Case Is = 8

Set db = CurrentDb()
Set rs = db.OpenRecordset("Select * from Marca Where Hidrometro='" &
Me.Hidrometro & "'")  'Pesquisa na tabela Capacidade valor do campo Hidrometro

Do While Not rs.EOF  'Faz a pesquisa enquanto não chega ao final do arquivo
Medidor = rs.Fields("Hidrometro")

If Len(Hidrometro) = 10 Then
resultado = Mid(Medidor, 1, 1) 'Pesquisa uma letra a partir da primeira
Else
Exit Sub
End If
DoCmd.Save acForm

Select Case resultado

Case Is = "A"
```

```
MsgBox "LETRA A -> " & vbCrLf & vbCrLf & "DIÂMETRO : 1/2 OU 3/4 POL. CÓDIGO 01 E
02 (TC23)" & vbCrLf & "COMO A LETRA 'A' COMPREENDE OS DOIS DIÂMETROS " & vbCrLf
& "VERIFICAR NA NOTA FISCAL QUAL O DIÂMETRO " & vbCrLf & "QUE FOI ESPECIFICADO.
" &vbCrLf & vbCrLf & "TIPO DE LEITURA : LEITURA DIRETA. NESTE CASO A LEITURA EN-
CONTRADA NOS ROLETES " & vbCrLf & "NÃO É MULTIPLICADO POR NENHUM FATOR." _
& vbCrLf & vbCrLf & "TIPO DE FUNCIONAMENTO : MONOJATO MAGNÉTICO. CÓDIGO 01
(TC40) OU MULTIJATO. CÓDIGO 02 (TC40)" & vbCrLf & vbCrLf & "CAPACIDADE : 3 M3/H.
CÓDIGO 02 (TC26)", vbInformation, "IDENTIFICADOR DO HIDRÔMETRO"

Case Is = "B"
MsgBox "LETRA B -> " & vbCrLf & vbCrLf & "DIÂMETRO : 3/4 POL. CÓDIGO 02 (TC23)"
& vbCrLf & "GERALMENTE O DIÂMETRO DO MEDIDOR É ENCONTRADO " & vbCrLf & "NA NOTA
FISCAL" & vbCrLf & vbCrLf & "TIPO DE LEITURA : LEITURA DIRETA. NESTE CASO A LEI-
TURA ENCONTRADA NOS ROLETES " & vbCrLf & "NÃO É MULTIPLICADO POR NENHUM FATOR."
_
& vbCrLf & vbCrLf & "TIPO DE FUNCIONAMENTO : MULTIJATO. CÓDIGO 02 (TC40)" & vb-
CrLf & vbCrLf & "CAPACIDADE : 5 M3/H. CÓDIGO 03 (TC26)", vbInformation, "IDENTI-
FICADOR DO HIDRÔMETRO"
Me.lblMensagem.visible = False

Case Is = "C"
MsgBox "LETRA C -> " & vbCrLf & vbCrLf & "DIÂMETRO : 1 POL. CÓDIGO 03 (TC23)" &
vbCrLf & "GERALMENTE O DIÂMETRO DO MEDIDOR É ENCONTRADO " & vbCrLf & "NA NOTA
FISCAL" & vbCrLf & vbCrLf & "TIPO DE LEITURA : LEITURA DIRETA. NESTE CASO A LEI-
TURA ENCONTRADA NOS ROLETES " & vbCrLf & "NÃO É MULTIPLICADO POR NENHUM FATOR."
_
& vbCrLf & vbCrLf & "TIPO DE FUNCIONAMENTO : MULTIJATO. CÓDIGO 02 (TC40)" & vb-
CrLf & vbCrLf & "CAPACIDADE : 7 M3/H. CÓDIGO 04 (TC26)", vbInformation, "IDENTI-
FICADOR DO HIDRÔMETRO"


.......
Case Is = "Z"
MsgBox "LETRA Z -> " & vbCrLf & vbCrLf & "DIÂMETRO : 6 POL(150 mm). CÓDIGO 08
(TC23)" & vbCrLf & "FLANGEADO" _
& vbCrLf & "GERALMENTE O DIÂMETRO DO MEDIDOR É ENCONTRADO NA NOTA FISCAL." &
vbCrLf & vbCrLf & "TIPO DE LEITURA : LEITURA DIRETA OU COM MULTIPLICADOR DE 10
(VER NO CORPO DO HIDRÔMETRO) " & vbCrLf & _
"FAVOR PROCEDER A UMA VISTORIA NO HIDRÔMETRO, " & vbCrLf & "MAIS PRECISAMENTE NO
MOSTRADOR, " & vbCrLf & "PARA QUE SEJA VERIFICADO SE O MEDIDOR " & vbCrLf & "É
MULTIPLICADOR DE 10(DEZ) OU NÃO." & vbCrLf & vbCrLf & _
"ATENÇÃO: Caso haja erro no cadastramento de um hidrômetro " & vbCrLf & _
"no item tipo de leitura na tela FA05," & vbCrLf & _
"o mesmo pode ocasionar uma conta com valor excessivo ou " & vbCrLf & _
"com valor muito pequeno." & vbCrLf & vbCrLf & "TIPO DE FUNCIONAMENTO : WOLT-
MANN. CÓDIGO 03 (TC40)" & vbCrLf & vbCrLf & "CAPACIDADE : 4000 M3/DIA. CÓDIGO 11
(TC26)", vbInformation, "IDENTIFICADOR DO HIDRÔMETRO"
```

```
Me.lblMensagem.visible = False

Case Is <> "A" Or "B" Or "C" Or "D" Or "E" Or "F" Or "G" Or "H" Or "I" Or "J" Or
"K" Or "L" Or "Z"
MsgBox "LETRA DESCONHECIDA : " & vbCrLf & vbCrLf & "DIÂMETRO : SEM DEFINIÇÃO ->
8 POL(150 mm). CÓDIGO 09 (TC23) OU " & vbCrLf & "10 POL(250 mm). CÓDIGO 10(TC23)
OU " & vbCrLf & "12 POL(300 mm). CÓDIGO 11(TC23) OU " & vbCrLf & "MAIOR QUE 12
POL. CÓDIGO 12(TC23)" & vbCrLf & "FLANGEADO" & _
vbCrLf & "GERALMENTE O DIÂMETRO DO MEDIDOR É ENCONTRADO NA NOTA FISCAL." & vb-
CrLf & vbCrLf & "TIPO DE FUNCIONAMENTO : -------" & vbCrLf & vbCrLf & "TIPO DE
LEITURA : LEITURA DIRETA OU COM MULTIPLICADOR DE 10 (VER NO CORPO DO HIDRÔMETRO)
" & vbCrLf & _
"FAVOR PROCEDER A UMA VISTORIA NO HIDRÔMETRO, " & vbCrLf & "MAIS PRECISAMENTE NO
MOSTRADOR, " & vbCrLf & "PARA QUE SEJA VERIFICADO SE O MEDIDOR " & vbCrLf & "É
MULTIPLICADOR DE 10(DEZ) OU NÃO." & vbCrLf & vbCrLf & _
"ATENÇÃO: Caso haja erro no cadastramento de um hidrômetro " & vbCrLf & _
"no item tipo de leitura na tela FA05," & vbCrLf & _
"o mesmo pode ocasionar uma conta com valor excessivo ou " & vbCrLf & _
"com valor muito pequeno. Os hidrômetros compreendidos " & vbCrLf & _
"entre 200 e 300mm de diâmetro, isto é, acima de 6 pol. são do tipo " & vbCrLf &
_
"de Leitura Direta com Multiplicador de 10." _
& vbCrLf & vbCrLf & "CAPACIDADE: -------", vbInformation, "IDENTIFICADOR DO HI-
DRÔMETRO"

Case Is = Null
Eval ("MsgBox ('ESTE ESPAÇO DA LETRA IDENTIFICADORA ESTÁ EM BRANCO !!!' " & "&
chr(13)&chr(10)&" & " '@" & "IDENTIFICAÇÃO DE HIDRÔMETRO @ ',0,'EMPRESA DE SANE-
AMENTO')")

End Select
rs.MoveNext
Loop
rs.Close
db.Close
Set rs = Nothing
Set db = Nothing

End Select
End Sub
```

3.3 Verificação de Campos Vazios com FOR EACH...NEXT

Função Access VBA:

```
Public Function VerificarCamposVazios()As Boolean
On Error Resume Next
Dim strMsg As String
Dim intRetVal As Integer
Dim ctl As control
Dim sCampoX As Variant


strMsg = "Verificar dados?"
intRetVal = MsgBox(strMsg, vbQuestion + vbYesNo, "Impressão de Relatório")
Select Case intRetVal
Case Is = vbYes

Const conVinculado = -1      'Colocar -1 na propriedade Marca da aba Outra de
cada campo do formulário que deseja verificar

For Each ctl In Me.Controls
    If ctl.Tag = conVinculado Then
        Select Case ctl.ControlType
        Case acTextBox, acComboBox
        If ctl.Value = "" Or Or IsNull(ctl.Value) Then

        sCampoX = ctl.Name

        MsgBox "O campo " & sCampoX & " está vazio. Verifique !!!",
vbInformation, "Checa Campos"  'Ou, com vbCritical
        End If
        End Select
    End If
Next ctl
Case Is = vbNo
DoCmd.RunCommand acCmdSaveRecord
MsgBox "OK", vbExclamation, "Fim da Verificação"
End Select

End Function
```

3.4 Gerando Sequência Alfanumérica com o Looping For ... Next

Observe a figura

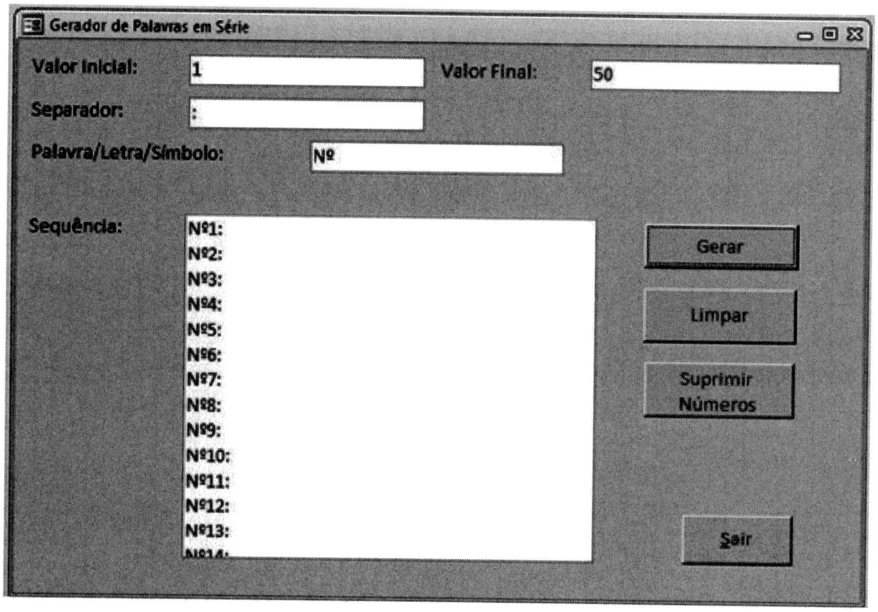

Estude a função:

```
Public Function CriarSequencia(ValorInicial As Long, ValorFinal As Long) 'Os ar-
gumentos estabelecem os limites inferior e superior
On Error Resume Next
Dim i As Long 'O tipo Long possibilita a inserção de valores acima dos limites
de Integer (Sem estouro)
Dim sSimb As Variant
Dim LetraPalavra As Variant
LetraPalavra = Nz(txtPalavra)
ValorInicial = Nz(txtValorInicial) 'Caixa de texto para inserir o valor inicial
ValorFinal = Nz(txtValorFinal)'Caixa de texto para inserir o valor final
sSimb = Nz(txtSimbolo)'Caixa de texto com o símbolo separador (Ex.: 1-2-3-;
1.2.3.;)
For i = ValorInicial To ValorFinal
txtSequencia = txtSequencia & LetraPalavra & i & sSimb & vbNewLine 'Caixa de
texto grande onde se desenvolverá a sequência
'vbNewLine é também um quebra-linha como vbCrLf
Next i
End Function
```

Acionando a função acima através de um botão:

```
Private Sub cmdGerar_Click()
On Error Resume Next
Call CriarSequencia(txtValorInicial, txtValorFinal)   'Chama a função com seus
parâmetros referenciados pelos argumentos aqui que são as caixas de texto.
End Sub
```

3.5 Gerando Sequência de Números em Série com Intervalo com o Looping For ... Next

Observe a figura:

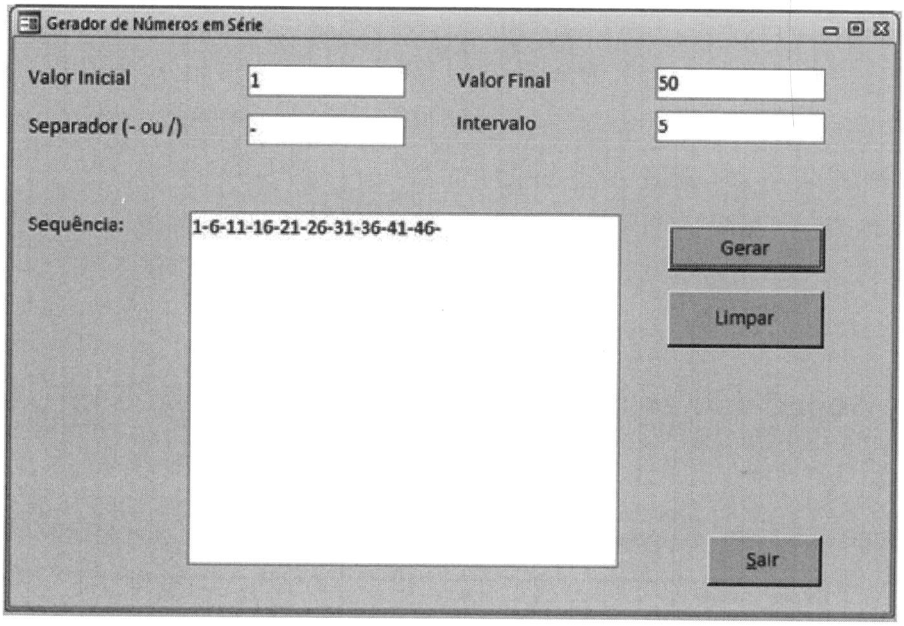

Estude a função:

```
Public Function CriarSequencia(ValorInicial As Long, ValorFinal As Long) 'Os ar-
gumentos estabelecem os limites inferior e superior
On Error Resume Next
Dim i As Long 'O tipo Long possibilita a inserção de valores acima dos limites
de Integer (Sem estouro)
Dim Intervalo As Integer
Dim sSimb As Variant
ValorInicial = Nz(txtValorInicial)'Caixa de texto para inserir o valor inicial
ValorFinal = Nz(txtValorFinal)'Caixa de texto para inserir o valor final
Intervalo = Nz(txtIntervalo)'Caixa de texto para inserir o intervalo. Exemplo:
Intervalo = 2
'A sequência será de 2 em 2
sSimb = Nz(txtSimbolo)'Caixa de texto com o símbolo separador (Ex.: 1-2-3-;
1.2.3.;)
For i = ValorInicial To ValorFinal Step Intervalo
txtSequencia = txtSequencia & i & sSimb 'Caixa de texto grande onde se de-
senvolverá a sequência
Next i
End Function
```

Acionando a função acima através de um botão:

```
Private Sub cmdGerar_Click()
On Error Resume Next
If Not IsNull(txtValorInicial) Or Not IsNull(txtValorFinal) Or Not
IsNull(txtIntervalo) Then
Call CriarSequencia(txtValorInicial, txtValorFinal)    'Chama a função com seus
parâmetros referenciados pelos argumentos aqui que são as caixas de texto.
Else
MsgBox "Preencha, por favor, todos os campos. Separador siginifica um (-) ou (/).
Intervalo significa de 1 em 1 ou 2 em 2. " & _
"Digite 1 ou 2 ou qualquer outro número !!!", vbCritical, "Gerador de Números em
Série"
End If
End Sub
```

3.6 Gerando Sequência de Datas em Série com Intervalo com o Looping For ... Next

Como um exemplo mais prático para demonstrar o uso do looping FOR ... NEXT, vamos estudar este com datas.

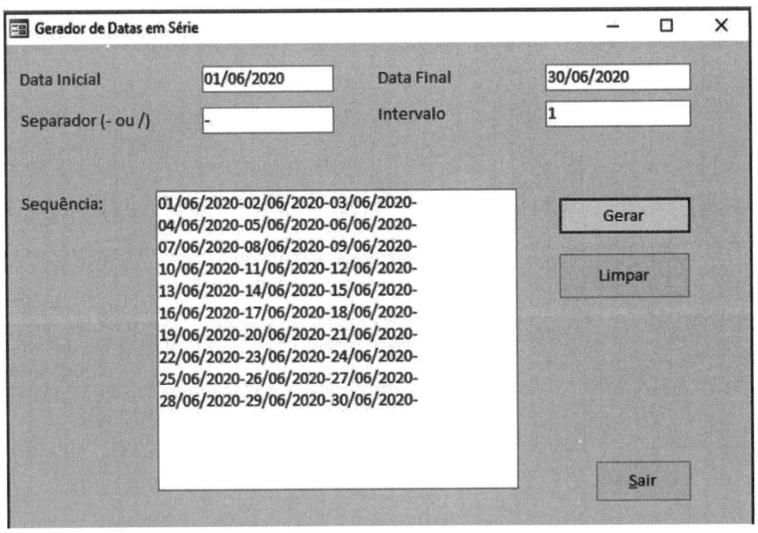


```
O código da função será este:
Public Function SomaData()
Dim dteDataInicial As Date, dteDataFinal As Date
Dim strIntervaloTipo As String
Dim varSimb As Variant
Dim i As Integer
Dim intervalo As Integer
Dim intDiasMax As Integer

strIntervaloTipo = "d" ' "d" especifica dias como intervalo.
```

```
varSimb = Nz(txtSimbolo) 'Caixa de texto com o símbolo separador (Ex.: 1-2-3-;
1.2.3.;)
intervalo = Me.txtIntervalo
dteDataInicial = Nz(txtDataInicial) 'Caixa de texto para inserir o valor inicial
dteDataFinal = Nz(txtDataFinal) 'Caixa de texto para inserir o valor final
intDiasMax = DateDiff("d", dteDataInicial, dteDataFinal)

For i = 0 To intDiasMax Step intervalo
txtSequencia = txtSequencia & DateAdd(strIntervaloTipo, i, dteDataInicial) &
varSimb
Next i
End Function
```

3.7 Gerando Sequência Alfanumérica/Alfabética Aleatória com o Looping For ... Next

Prosseguindo em nosso estudo do uso de loopings For... Next e as suas possibilidades, vejamos estes novos exemplos:

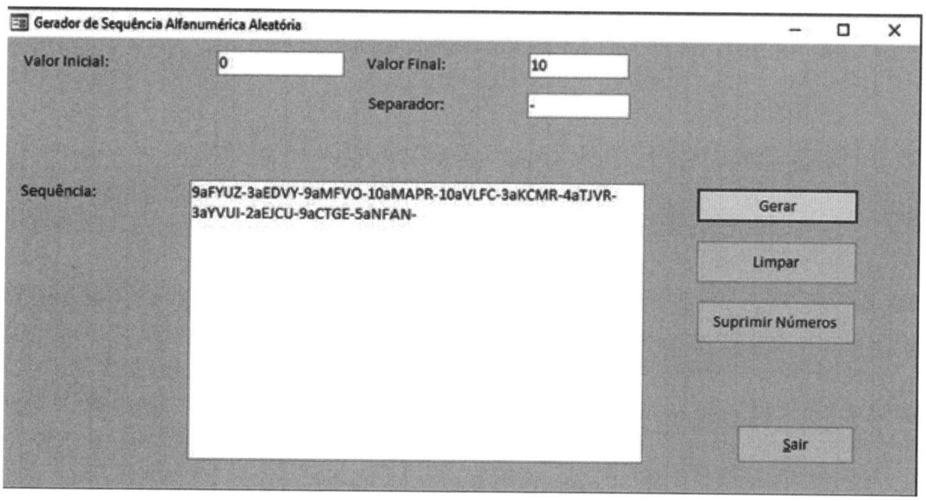

Examine o código da função geradora desta sequência:

```
Public Function CriarSequencia(ValorInicial As Long, ValorFinal As Long) 'Os pa-
râmetros estabelecem os limites inferior e superior
On Error Resume Next
Dim i As Long     'O tipo Long possibilita a inserção de valores acima dos limi-
tes de Integer (Sem estouro)
Dim sSimb As Variant
Dim sSimb2 As Variant
Dim k(1 To 25) As String   'Variável do tipo vetor com elementos que vão de 1
até 25 que é o total de letras do alfabeto aqui neste caso.
```

```
ValorInicial = Nz(txtValorInicial)        'Caixa de texto para inserir o valor
inicial
ValorFinal = Nz(txtValorFinal)            'Caixa de texto para inserir o valor fi-
nal

sSimb = txtSimbolo                      'Caixa de texto com o símbolo separador
(Ex.: 1-2-3-; 1.2.3.;)
sSimb2 = txtSimbolo2

k(1) = "A"
k(2) = "B"
k(3) = "C"
k(4) = "D"
k(5) = "E"
k(6) = "F"
k(7) = "G"
k(8) = "H"
k(9) = "I"
k(10) = "J"
k(11) = "K"
k(12) = "L"
k(13) = "M"
k(14) = "N"
k(15) = "O"
k(16) = "P"
k(17) = "Q"
k(18) = "R"
k(19) = "S"
k(20) = "T"
k(21) = "U"
k(22) = "V"
k(23) = "X"
k(24) = "Y"
k(25) = "Z"

For i = ValorInicial To ValorFinal
        Call Randomize 'função Randomize (Aleatório)
    txtSequencia = txtSequencia & Int((ValorFinal * Rnd) + 1) & sSimb & k(Int(25
* Rnd) + 1) & k(Int(25 * Rnd) + 1) & k(Int(25 * Rnd) + 1) & k(Int(25 * Rnd) + 1)
& sSimb2 'Caixa de texto grande onde se desenvolverá a sequência

Next i

'A função Rnd (embaralha aleatoriamente o vetor com seus elementos), mas depen-
de da Randomize para funcionar, pois é ela que aciona essa propriedade da função
Rnd
```

'Segundo a Microsoft, "antes de chamar Rnd, use a instrução *randomize* sem um argumento para inicializar o gerador de número aleatório com uma semente baseada no timer do sistema".

```
End Function
```

Este é o código do botão para gerar a sequência aleatória:

```
Private Sub cmdGerar_Click()
On Error Resume Next
If Not IsNull(txtValorInicial) Or Not IsNull(txtValorFinal) Or Not _
IsNull(txtSimbolo) Or Not IsNull(txtSimbolo2) Then
Call CriarSequencia(txtValorInicial, txtValorFinal)    'Chama a função com seus
parâmetros referenciados pelos argumentos aqui que são as caixas de texto.
Me.txtValorInicial = 0
Else
MsgBox "Preencha, por favor, todos os campos. Separador significa um (-) ou (/).
", vbCritical, "Gerador de Números em Série"
End If
End Sub
```

Neste aplicativo temos um botão especial que fornece ao usuário a opção de suprimir os números existentes na sequência. Portanto, como desenvolvedor você terá que encontrar uma solução para atingir este fim. Para isto terá que ser de forma automática. O looping For...Next é o mais apropriado para solucionar este problema ou resolver a questão. Uma sub-rotina é a mais apropriada porque você pode desejar executar uma ação já predefinida(supressão dos números), isto é, que não precisa retornar um valor(apresentar um resultado determinado pelos argumentos da função ou por um cálculo matemático) como é o caso da função.

Vamos estudar esta sub-rotina:

```
Private Sub cmdSuprimir_Click()
On Error Resume Next
Dim i As Long     'O tipo Long possibilita a inserção de valores acima dos limi-
tes de Integer (Sem estouro)
Dim ValorInicial As Long, ValorFinal As Long
Dim j As Long

ValorInicial = txtValorInicial 'Caixa de texto para inserir o valor inicial
ValorFinal = txtValorFinal            'Caixa de texto para inserir o valor final
j = txtValorInicial

If Not IsNull(ValorInicial) Or ValorInicial <> 0 Or ValorInicial <> "" Or Valo-
rInicial <> Null Then
    For i = ValorInicial To ValorFinal

    txtSequencia = Replace(txtSequencia, i, "")   'Caixa de texto grande onde se
```

```
desenvolverá a sequência
    Next i

Else
    For j = 0 To ValorFinal
    txtSequencia = Replace(txtSequencia, j, "")
    Next j
End If

End Sub
```

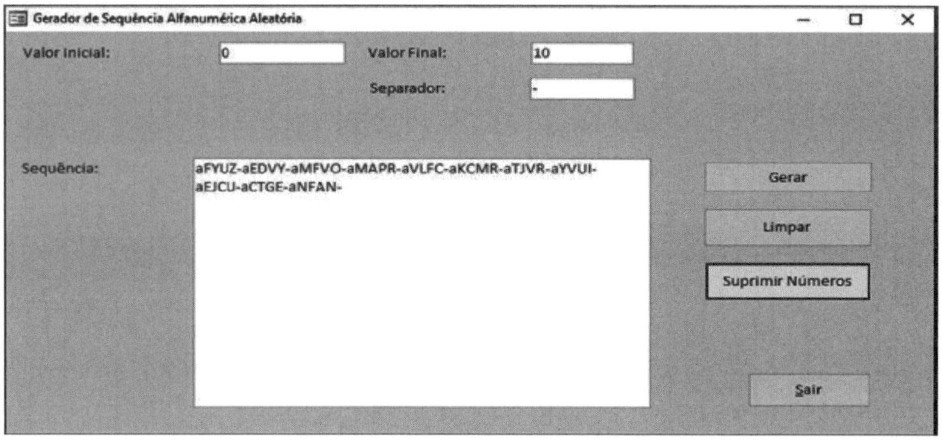

A partir deste estudo tive a iniciativa de ir um pouco mais profundo e verificar que poderia gerar senhas para um usuário que desejasse criar uma bem imbatível. Prossiga para o próximo item.

3.8 Gerando Senha Sugerida Alfanumérica para Formulários de Login com o Looping For ... Next

Você provavelmente já deve ter visto formulários na internet onde você verifica a opção de criar uma senha sugerida pelo sistema que se subentende que seja uma bem forte. Para isso, entendo pelo que já estudei que uma boa senha deverá ser conforme essas dicas abaixo:

Crie senhas longas e alfanuméricas.
Digite números no início ou no meio da sua senha, mas evite no final.

O que temos pra começar para gerar uma senha bem forte em Access VBA?

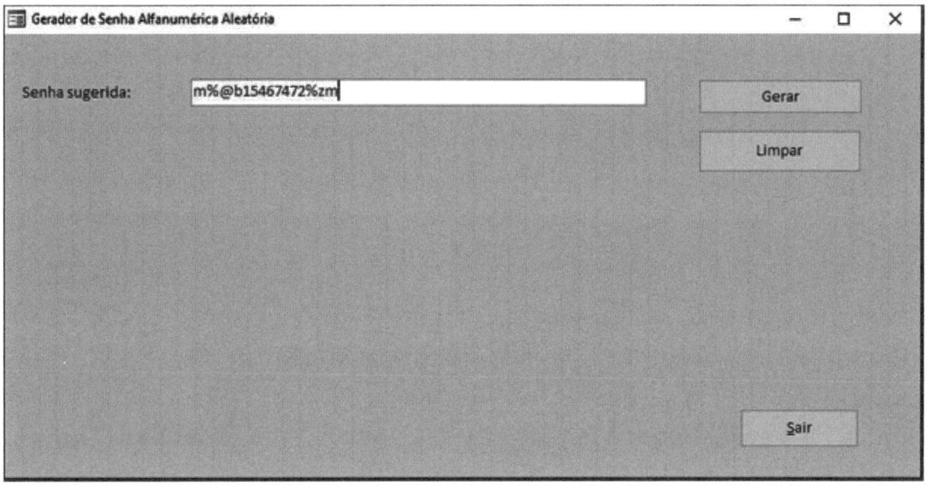

Vamos aplicar a mesma função do item anterior e fazer algumas modificações.

```
Public Function CriarSenhaAlfanumerica()
On Error Resume Next
Dim k(1 To 25) As String
Dim ValorNumerico As Long
Dim sChar(1 To 4) As String  'Vetor com elementos de 1 até 4, mas passíveis de
um número maior a seu critério

ValorNumerico = 123456789

sChar(1) = "%"
sChar(2) = "#"
sChar(3) = "@"
sChar(4) = "&"

k(1) = "a"
k(2) = "b"
k(3) = "c"
k(4) = "d"
k(5) = "e"
k(6) = "f"
k(7) = "g"
k(8) = "h"
k(9) = "i"
k(10) = "j"
k(11) = "k"
k(12) = "l"
k(13) = "m"
k(14) = "n"
k(15) = "o"
k(16) = "p"
```

```
k(17) = "q"
k(18) = "r"
k(19) = "s"
k(20) = "t"
k(21) = "u"
k(22) = "v"
k(23) = "x"
k(24) = "y"
k(25) = "z"

    Call Randomize
    txtSequencia = txtSequencia & k(Int(25 * Rnd) + 1) & sChar(Int(4 * Rnd) + 1)
& sChar(Int(4 * Rnd) + 1) & k(Int(25 * Rnd) + 1) & Int((ValorMediano * Rnd) + 1)
& sChar(Int(4 * Rnd) + 1) & k(Int(25 * Rnd) + 1) & k(Int(25 * Rnd) + 1)

'txtSequencia é caixa de texto grande onde se desenvolverá a senha criptografada

End Function
```

Não é necessário neste caso trabalharmos com o looping For...Next para gerar uma sequência. Você precisa apenas de um texto alfanumérico com caracteres especiais gerado pela função *Rnd* acionada pela função *Randomize.* Observe na função que você é livre para colocar o trecho de código em negrito onde melhor desejar, inclusive o vetor dos caracteres especiais.

Para chamarmos esta função use a instrução *Call* em um botão.

```
Private Sub cmdGerar_Click()
On Error Resume Next

Call CriarSenhaAlfanumerica

End Sub
```

3.9 Gerando Sequência Numérica em Série e Extendida com o Looping For ... Next.......

Estamos agora mais conscientes das possibilidades de uso do looping For... Next. Agora vamos aprender a gerar uma sequência dentro de certos limites inicial e final, mas este final do looping é flexível a mudanças? Seria possível dar continuidade a uma sequência depois de finalizada sem termos que alterar esses limites diretamente no código?

A resposta à sua dúvida é SIM. Vamos precisar de uma caixa de texto adicional no formulário cujo novo valor final do looping será aceito no código da função. Valor este que entrará na variável que comportará este valor.

Estude a função abaixo. Qual seria esta nova variável? Novo Final. Poderemos inclusive inserir os valores desta série em uma tabela.

```
Public Function CriarSequencia(ValorInicial As Long, ValorFinal As Long) 'Os pa-
râmetros estabelecem os limites inferior e superior
On Error Resume Next
Dim i As Long     'O tipo Long possibilita a inserção de valores acima dos limi-
tes de Integer (Sem estouro)
Dim subSequente As Variant
Dim sSimb As Variant
Dim strMsg As String
Dim intRetVal As Integer
Dim nUltimo As Integer
Dim NovoFinal As Long
Dim x, y, z As Long
Dim strSQL As String
Dim nSerial As String

ValorInicial = Nz(txtValorInicial)       'Caixa de texto para inserir o valor
inicial
ValorFinal = Nz(txtValorFinal)           'Caixa de texto para inserir o valor fi-
nal
NovoFinal = Nz(txtNovoFinal)             'Caixa de texto para inserir o valor fi-
nal
sSimb = Nz(txtSimbolo)                   'Caixa de texto com o símbolo separador
(Ex.: 1-2-3-; 1.2.3.;)

strMsg = "Iniciar uma sequência numérica entre os valores estabelecidos?"
intRetVal = MsgBox(strMsg, vbQuestion + vbYesNo, "Numeração Automática")

       Select Case intRetVal
       Case Is = vbYes
       For i = ValorInicial To ValorFinal
       Me.txtSequencia = Me.txtSequencia & vbCrLf & i & sSimb
       Next i
       Case Is = vbNo

            strMsg = "Reiniciar a numeração a partir do último número com novo
valor final?"
            intRetVal = MsgBox(strMsg, vbQuestion + vbYesNo, "Numeração Automá-
tica")
            Select Case intRetVal
            Case Is = vbYes
            y = ValorFinal + 1
            For i = y To NovoFinal
            Me.txtSequencia = Me.txtSequencia & vbCrLf & i & sSimb
            Next i
            Case Is = vbNo
            strMsg = "Deseja criar uma série de numerações com a mesma extensão
```

```
neste formulário ou na tabela?"
            intRetVal = MsgBox(strMsg, vbQuestion + vbYesNo, "Numeração Automá-
tica")
            Select Case intRetVal
            Case Is = vbYes
            z = InputBox("Quantas séries repetidas?", "Gerador Sequencial")
            For x = 1 To z
                 For i = ValorInicial To ValorFinal
                 Me.txtSequencia = Me.txtSequencia & vbCrLf & i & sSimb
                 Next i
            Next x
            Case Is = vbNo
            strMsg = "Confirma criar uma série de numerações com a mesma extensão
na tabela?"
            intRetVal = MsgBox(strMsg, vbQuestion + vbYesNo, "Numeração Automá-
tica")
                 Select Case intRetVal
                 Case Is = vbYes
                 z = InputBox("Quantas séries repetidas?", "Gerador Sequencial")
                 For x = 1 To z
                 For i = ValorInicial To ValorFinal
                 subSequente = Me.txtSequencia & vbCrLf & i & sSimb
                 Me.txtSequencia = subSequente
                 strSQL = "INSERT INTO tblSerial(Serializacao)VALUES('" & i &
sSimb & "')"
                 CurrentDb.Execute strSQL
                 Next i
                 Next x
                 DoCmd.OpenForm "Tópicos", acNormal
                 Case Is = vbNo
                 Exit Function
                 End Select
            End Select
            End Select
       End Select


End Function
```

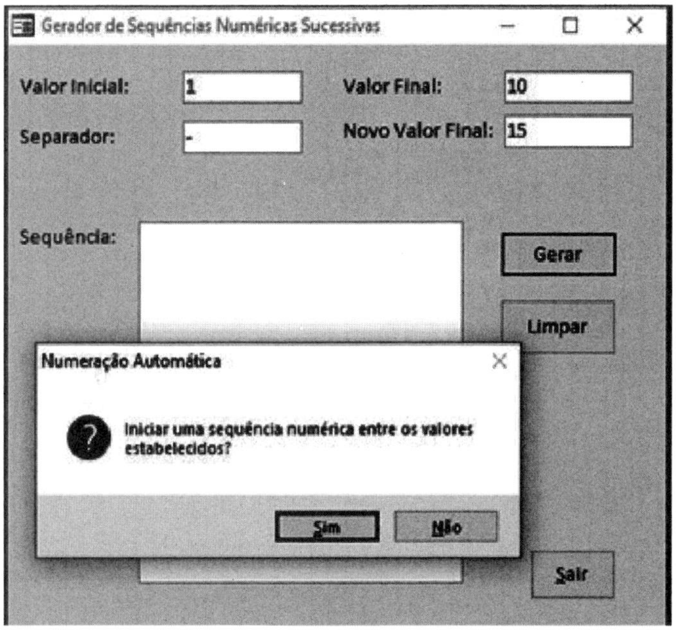

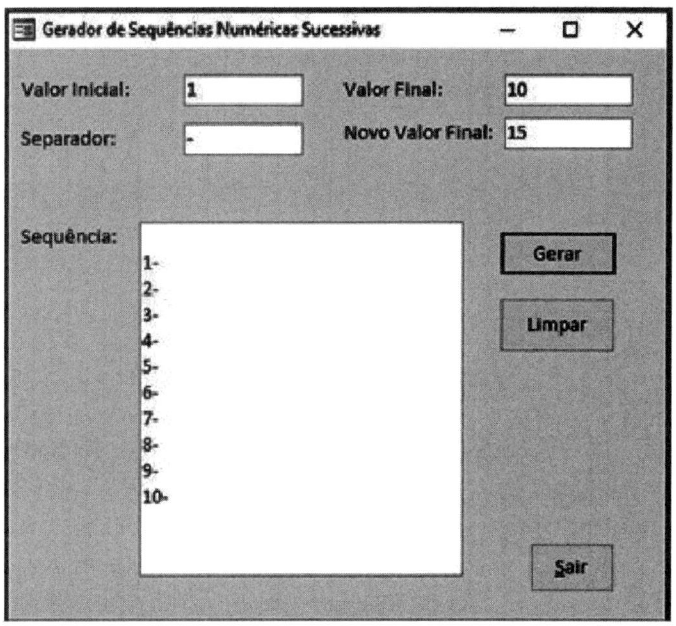

Ao clicar no botão novamente surgirá duas opções uma para gerar a mesma sequência novamente ou dar continuidade a partir do último número.

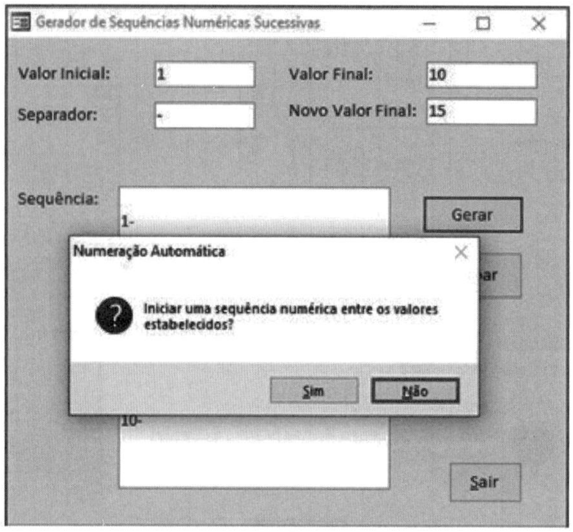
Gerador de Sequências Numéricas Sucessivas
Valor Inicial: 1
Valor Final: 10
Separador: -
Novo Valor Final: 15
Sequência:
Gerar
Numeração Automática
Iniciar uma sequência numérica entre os valores estabelecidos?
Sim
Não
Sair

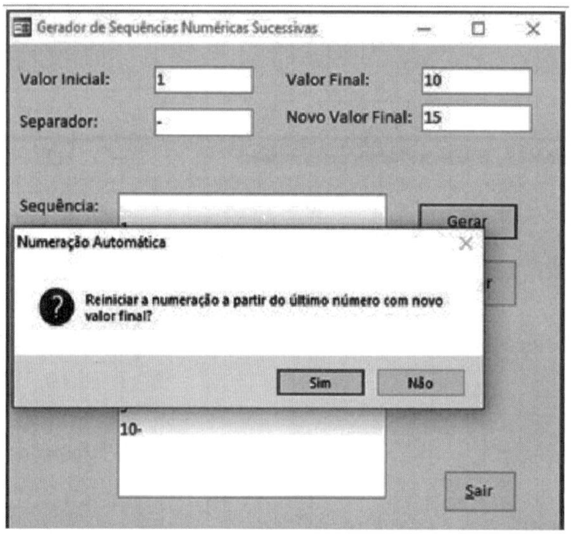
Gerador de Sequências Numéricas Sucessivas
Valor Inicial: 1
Valor Final: 10
Separador: -
Novo Valor Final: 15
Sequência:
Numeração Automática
Reiniciar a numeração a partir do último número com novo valor final?
Sim
Não
Sair

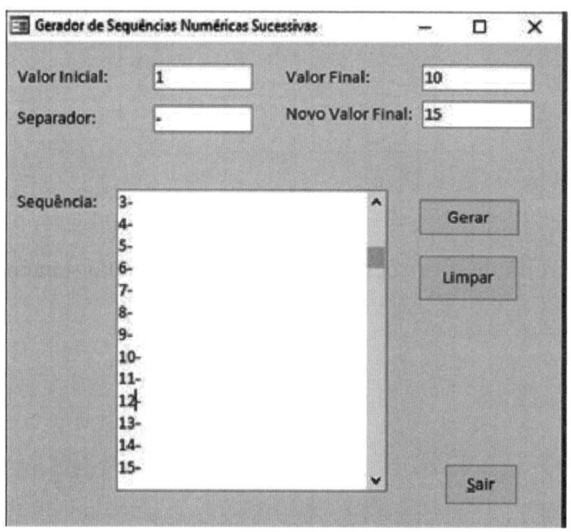
Gerador de Sequências Numéricas Sucessivas
Valor Inicial: 1
Valor Final: 10
Separador: -
Novo Valor Final: 15
Sequência:
3-
4-
5-
6-
7-
8-
9-
10-
11-
12-
13-
14-
15-
Gerar
Limpar
Sair

Bem, com esta possibilidade de extendermos a sequência, nunca ficaremos limitados. O bom da programação é que sempre poderemos encontrar uma solução determinada por uma decisão prevista pelo raciocínio lógico do programador que deverá analisar essas possíbilidades através de um fluxograma ou algoritmo (pseudocódigo).

Ao final dessa sequência, você poderá ainda ir mais adiante.

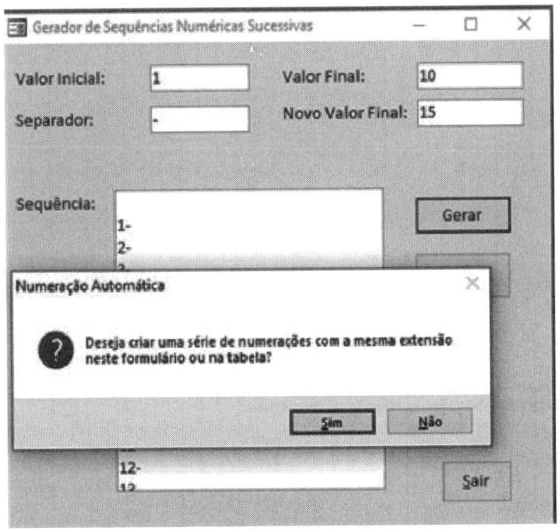

Para finalizar nosso estudo e darmos continuidade à mais famosa das sequências que é a de Fibonacci, podemos verificar que nesta função você como programador estará no controle de seu código, podendo ampliar suas possibilidades de novas sequências repetidas dentro do formulário ou na tabela.

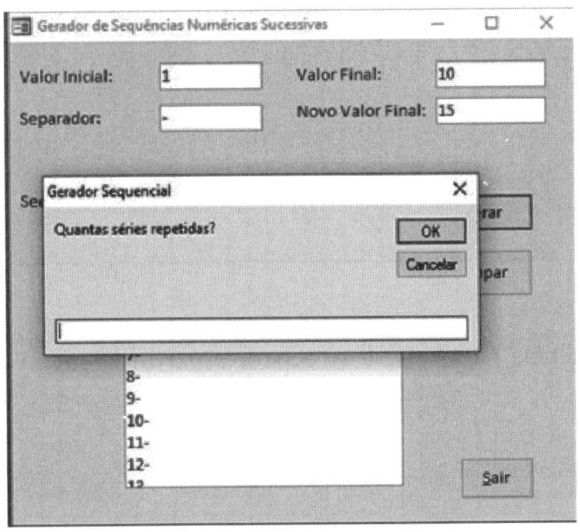

Como escolhi gerar uma nova série no próprio formulário e optei por apenas 1 (uma) nova sequência em resposta à pergunta acima. O resultado será este:

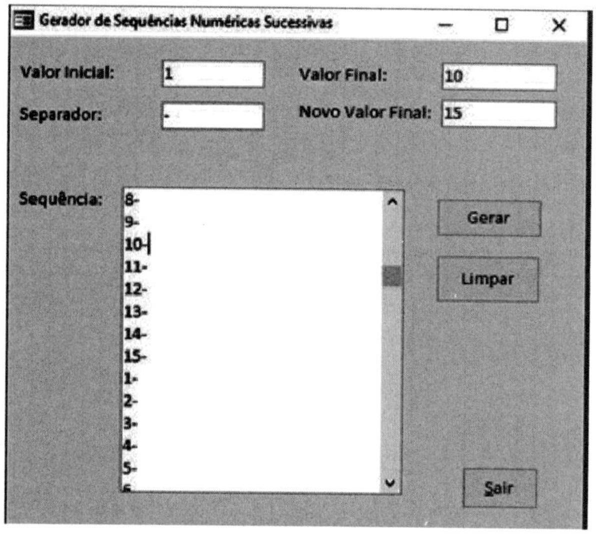

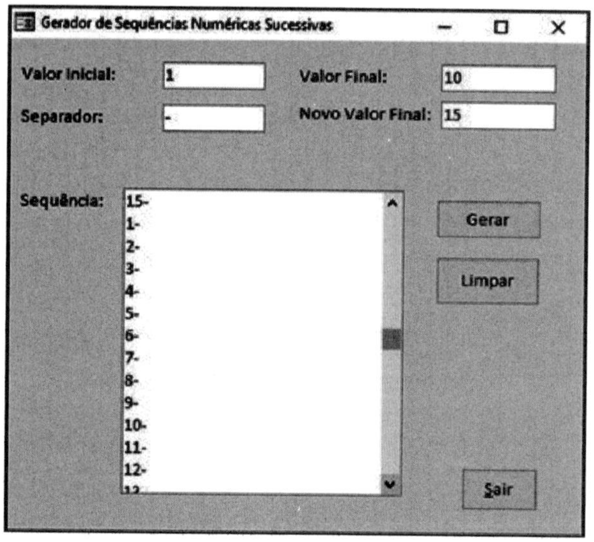

E se você quisesse gerar uma sequência na tabela? É só repetir a partir do início e estabelecer os limites de sua sequência.

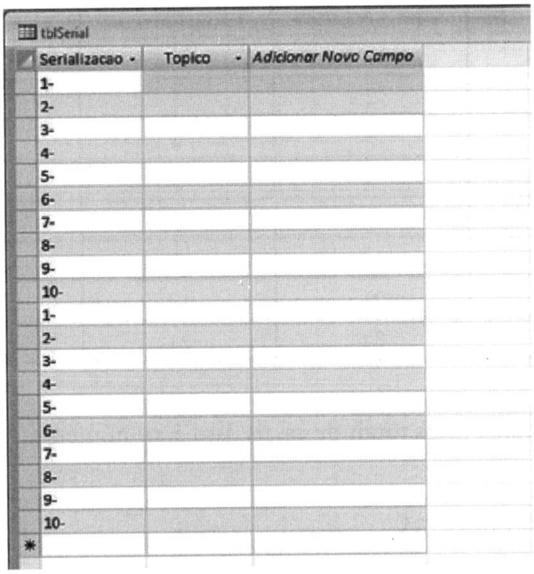

3.10 Gerando a Sequência de Fibonacci

Andei estudando a famosa sequência de Fibonacci e extraí de dois artigos da internet (https://www.todamateria.com.br/sequencia-de-fibonacci/) e www.olimpiada.ccet.ufrn.br/wp-content/uploads/2013/08/nota_aula_03.pdf) o seguinte conteúdo abaixo:

Sequência de Fibonacci é a sequência numérica proposta pelo matemático Leonardo Pisa, mais conhecido como Fibonacci:

1,1,2,3,5,8,13,21,34,55...

Foi a partir de um problema criado por ele que o mesmodetectou a existência de uma regularidade matemática. Trata-se do exemplo clássico dos coelhos, em que Fibonacci descreve o crescimento de uma população desses animais.

Vamos estudar a seguinte proposição para entendermos e praticarmos a famosa sequência de Fibonacci.

Quantos casais de coelhos podem ser produzidos a partir de um único casal duranteum ano se:

(a) cada casal originar um novo casal em cada mês, o qual se torna fértil a partir do segundo mês ;

(b) não ocorrerem mortes ?

Nessas condições, um casal nasce no primeiro mês, totalizando-se assim 2 casais. Durante osegundo mês, o casal original produz um novo casal. Um mês depois, o casal original e o quenasceu imediatamente após o seu acasalamento, produzem novos casais. Nessa altura, já existem3 casais adultos e dois casais filhotes. E assim por diante. Veja o quadro abaixo :

Mês	Casais Adultos	Casais Jovens	TOTAL
1	1	1	2
2	2	1	3
3	3	2	5
4	5	3	8
5	8	5	13
6	13	8	21
7	21	13	34
8	34	21	55

A sequência de Fibonacci é constituída pelos totais de casais, isto é, os números:

1, 1, 2, 3, 5, 8, 13, 21, 34, 55, 89, 144, 233, ...

Interessante não? A lógica da sequência de Fibonacci é perfeitamente plausível e tem sido exemplificada na natureza e no próprio ser humano.Recentemente, estudos dos cientistas revelam que esta sequência prova a existência de uma mente inteligente por detrás de tudo isso. Como assim? Chamam de espiral de Fibonacci a assinatura de Deus na criação.

A partir dessa sequência, pode ser construído um retângulo, que é chamado de **Retângulo de Ouro**.

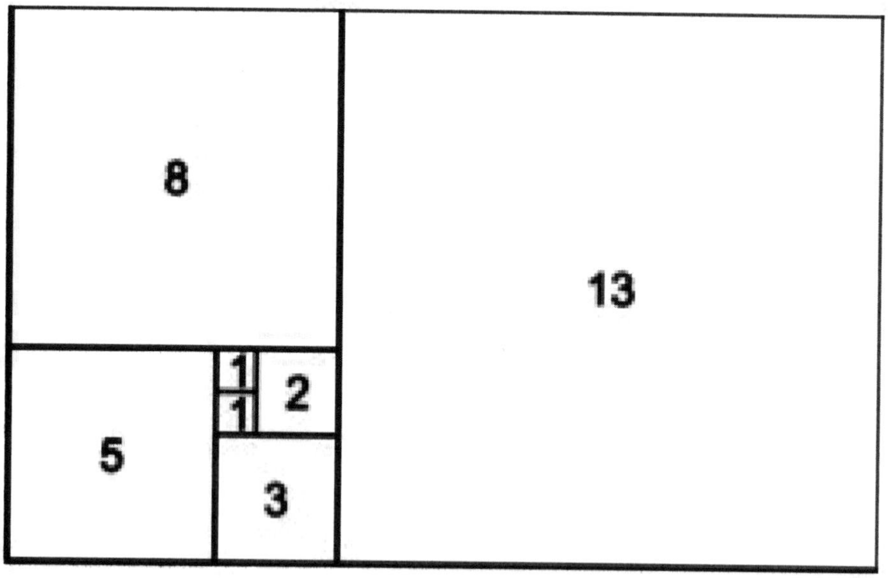

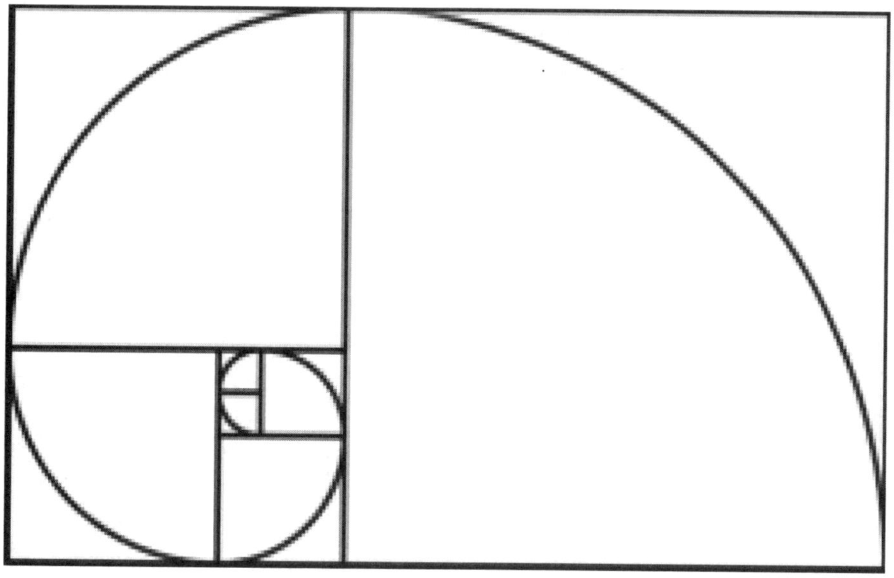

Vocês querem um bom exemplo de espiral de Fibonacci? Nossa orelha se encaixa perfeitamente.

Outros exemplos disso são as folhas das árvores, as pétalas das rosas, os frutos como o abacaxi, as conchas espiraladas dos caracóis ou as galáxias.

Muito interessante é o fato de que através do coeficiente de um número com o seu antecessor, obtém-se a constante com o valor aproximado de 1,618.

Bem, depois desse bom estudo, vamos agora trabalhar com programação em Access VBA para gerar a sequência de Fibonacci.

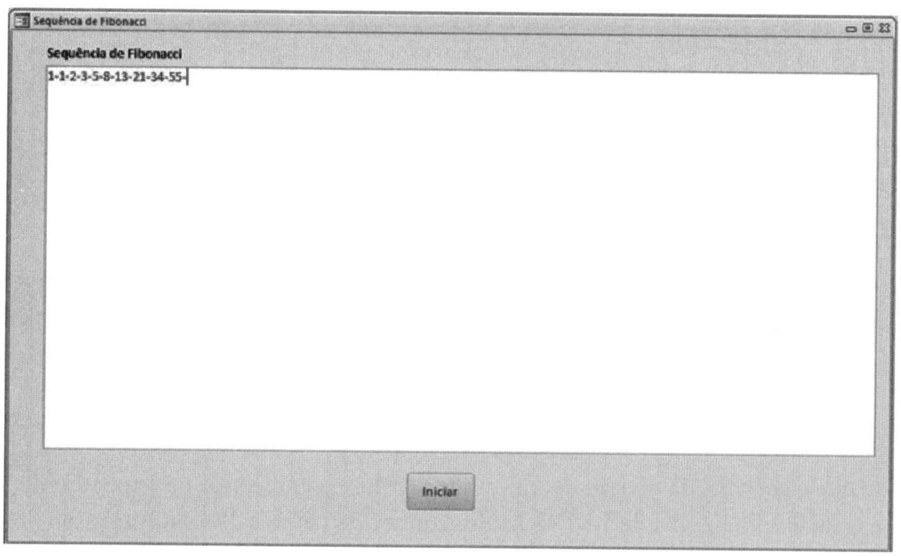

A sequência é definida mediante a seguinte fórmula:

$F_n = F_{n-1} + F_{n-2}$

Assim, começando pelo 1, essa sequência é formada somando cada numeral com o numeral que o antecede. No caso do 1, repete-se esse numeral e soma-se, ou seja, 1 + 1 = 2.

Assim temos a seguinte função em Access VBA que me gerou esta sequência:

```
Public Function SequenciaFibo(a As Integer)
On Error Resume Next
Dim varFibo As Variant
Dim strFibo As String
Dim intI As Integer
Dim b, c, d, e, f, g, h, i, j As Integer

a = Nz(Me.txtNumInicial)
b = Val(a)
c = Val(b) + Val(a)
d = Val(c) + Val(b)
e = Val(d) + Val(c)
f = Val(e) + Val(d)
g = Val(f) + Val(e)
h = Val(g) + Val(f)
i = Val(h) + Val(g)
j = Val(i) + Val(h)

varFibo = Array(a, b, c, d, e, f, g, h, i, j)

For intI = LBound(varFibo) To UBound(varFibo)
    strFibo = strFibo & varFibo(intI) & "-"
 Next intI
 Me.txtFibonacci = strFibo
 With Me
 .txtVal1 = Format((e / d), "0.000")
 .txtVal2 = Format((f / e), "0.000")
 .txtVal3 = Format((g / f), "0.000")
 .txtVal4 = Format((h / g), "0.000")
 .txtVal5 = Format((i / h), "0.000")
 .txtVal6 = Format((j / i), "0.000")
 End With

End Function
```

Agora seria verdade que o cociente da divisão de um número pelo seu antecessor na sequência de Fibonacci é sempre o mesmo? com o valor aproximado de 1,618?. Muito conhecido como a "Razão Áurea" ou "Proporção Áurea".

Fiz um teste em meu aplicativo e este foi o resultado:

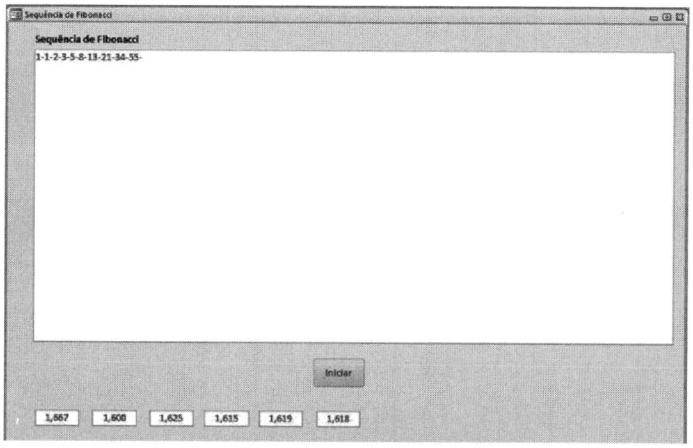

Trecho do código acrescentado para esta verificação:

```
For intI = LBound(varFibo) To UBound(varFibo)
    strFibo = strFibo & varFibo(intI) & "-"
 Next intI
 Me.txtFibonacci = strFibo
 With Me
.txtVal1 = Format((e / d), "0.000")
.txtVal2 = Format((f / e), "0.000")
.txtVal3 = Format((g / f), "0.000")
.txtVal4 = Format((h / g), "0.000")
.txtVal5 = Format((i / h), "0.000")
.txtVal6 = Format((j / i), "0.000")
 End With
```

Mas precisamos aperfeiçoar este aplicativo para algo mais complexo e que possibilite uma expansão da habilidade de programar dos profissionais de programação. Para isso, modifiquei o aplicativo, primeiro com um visual mais sério.

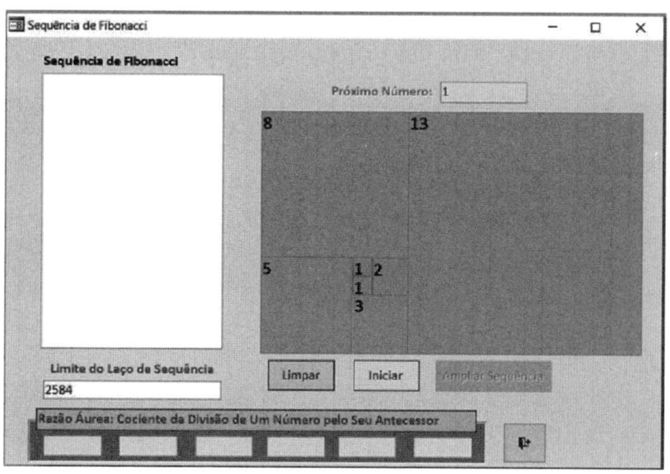

Vamos testar o aplicativo?

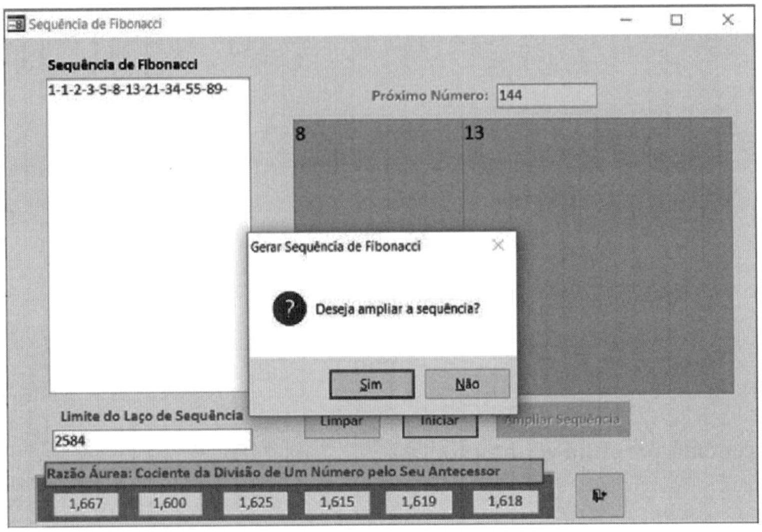

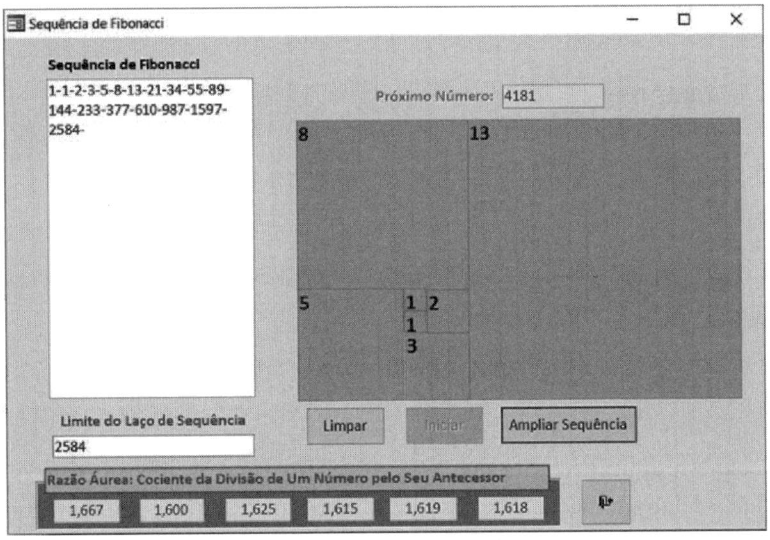

Pronto, agora temos um aplicativo decente para fins de demonstração !!!

Vamos nos ater ao código e aprendermos um pouco mais sobre looping FOR...NEXT para gerar sequências baseado no algoritmo da sequência de Fibonacci.

A razão áurea pode ser aproximada pela divisão do n-ésimo termo da Série de Fibonacci pelo termo anterior, sendo a aproximação tanto melhor quanto maior for o valor de n.

Código Access VBA:

```
Public Function SequenciaFibo(a As Integer)
On Error Resume Next
Dim varFibo As Variant
```

```
Dim strFibo As String
Dim intI As Integer
Dim b, c, d, e, f, g, h, i, j, k, l As Integer

a = Nz(Me.txtNumInicial)
b = Val(a)
c = Val(b) + Val(a)
d = Val(c) + Val(b)
e = Val(d) + Val(c)
f = Val(e) + Val(d)
g = Val(f) + Val(e)
h = Val(g) + Val(f)
i = Val(h) + Val(g)
j = Val(i) + Val(h)
k = Val(j) + Val(i)
l = Val(k) + Val(j)
varFibo = Array(a, b, c, d, e, f, g, h, i, j, k, l)

For intI = LBound(varFibo) To UBound(varFibo)
strFibo = strFibo&varFibo(intI) & "-"
 Next intI
Me.txtFibonacci = strFibo

With Me
.txtVal1 = Format((e / d), "0.000")
.txtVal2 = Format((f / e), "0.000")
.txtVal3 = Format((g / f), "0.000")
.txtVal4 = Format((h / g), "0.000")
.txtVal5 = Format((i / h), "0.000")
.txtVal6 = Format((j / i), "0.000")
End With

Me.txtNumInicial = Replace(Replace(Me.txtNumInicial, a, right(Me.txtFibonacci,
3)), "-", "")
Me.txtNumInicial = Val(l)
Me.txtFibonacci = Replace(Me.txtFibonacci, right(Me.txtFibonacci, 4), "") &vb-
CrLf
Me.lblNumero.Caption = "Próximo Número:"

EndFunction
```

Vamos criar uma função para ampliar a sequência até atingir o valor limite final da mesma:

```
Public Function AmpliarSequencia(ValorInicial As Long, ValorFinal As Long) 'Os
argumentos da função aqui servem para estabelecer os limites inferior e superior
da sequência
```

```
On Error Go To TrataSequencia
Dim i As Long 'O tipo Long possibilita a inserção de valores acima dos limites
de Integer (Sem estouro)
Dim lngVal As Long

ValorInicial = Nz(Format(Val(txtNumInicial), "00000")) 'Caixa de texto para in-
serir o valor inicial
ValorFinal = Me.txtLimite 'Caixa de texto para inserir o valor final

Me.lblNumero.Caption = "Próximo Número:"


lngVal = 1.61803398875 * Val(ValorInicial) 'Número áureo vezes o valor da se-
quencia a partir do número inicial

               For i = ValorInicial To ValorFinal Step lngVal
            txtFibonacci = txtFibonacci& i & "-"  'Caixa de texto grande onde se
desenvolverá a sequência aplicando aqui a recursividade
            Me.txtNumInicial = Val(lngVal)
                  txtFibonacci = txtFibonacci + txtNumInicial

If i = ValorFinal Then
                     Exit For
                  End If
               Next i

Exit Function

TrataSequencia:
MsgBox "Próximo Número: " &ValorInicial, vbInformation, "Sequência Fibonacci"
End Function
```

O código do botão Iniciar:

```
Private Sub cmdIniciar_Click()
On Error GoToTrataErro
Dim strMsg As String
Dim intRetVal As Integer
strMsg = "Deseja ampliar a sequência?"
Call SequenciaFibo(txtNumInicial)
intRetVal = MsgBox(strMsg, vbQuestion + vbYesNo, "Gerar Sequência de Fibonacci")

Select Case intRetVal
Case Is = vbYes
Call AmpliarSequencia(Me.txtNumInicial, txtLimite)
```

```
For Each ctl In Me.Controls
  If ctl.Tag = -1 Then
   ctl.Visible = True
   End If

Next ctl
Me.cmdAmpliar.Enabled = True
Me.cmdAmpliar.SetFocus
Case Is = vbNo
Exit Sub
End Select

Me.cmdAmpliar.Enabled = True
Me.cmdIniciar.Enabled = False
Exit Sub
TrataErro:
MsgBox err.Description, vbCritical, "Número Inicial"
End Sub
```

E o código do botão *Ampliar Sequência*:

```
Private Sub cmdAmpliar_Click()
On Error GoTo TrataErro
Call AmpliarSequencia(txtNumInicial, txtLimite) 'A função agora evocada com os
parâmetros que no caso são as caixas de texto com o valor inicial e valor final

Me.cmdIniciar.Enabled = False
Exit Sub
TrataErro:
MsgBox err.Description, vbCritical, "Número Inicial"
End Sub
```

Dando continuidade ao assunto Sequência de Fibonacci, sabe-se que a mesma é fruto de observação de Fibonacci da prole de coelhos e como eles se reproduzem. A cada mês ele observou que o número de pares de coelhos era resultado da soma com o seu antecessor. Daí surgiu a Sequência de Fibonacci. Seria interessante a partir daí criarmos um aplicativo que determinasse quantos pares de coelhos teríamos, por exemplo, no 6° mês desde a união do casal de coelhos ou em que determinado mês tivéssemos aproximado ou exatamente um certo número de pares de coelhos.

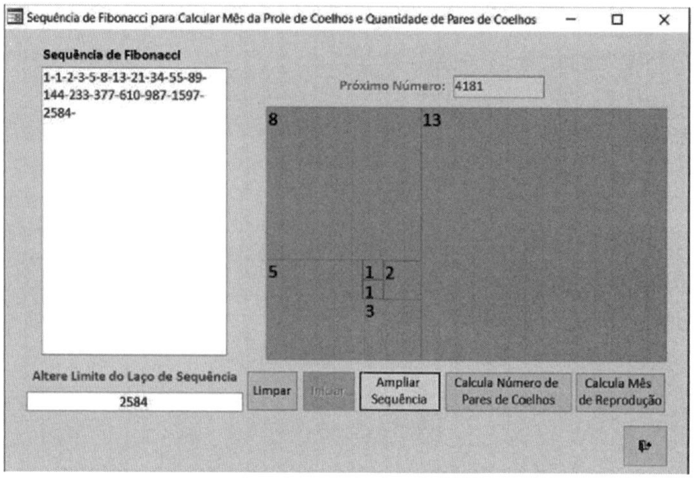

Caso N° 1: Calculando o número de pares de coelhos em determinado mês.

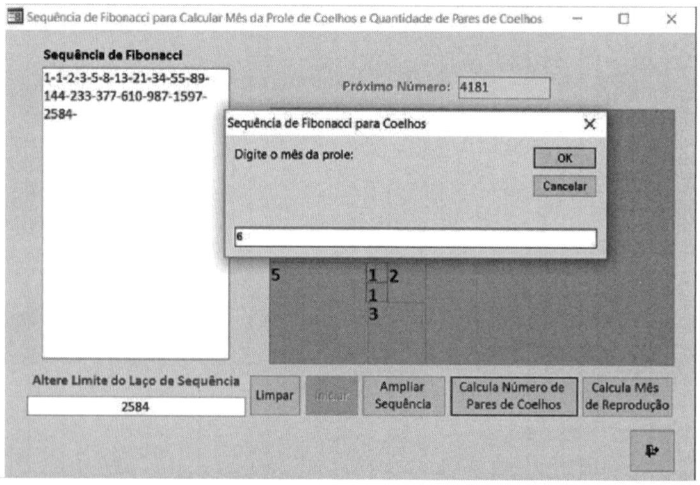

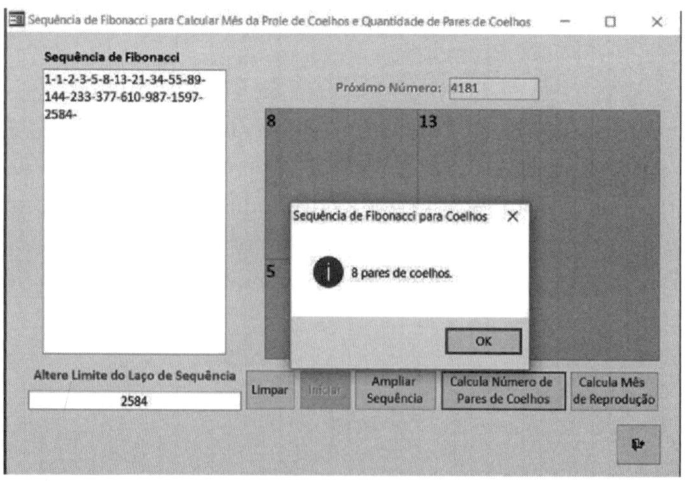

Caso N° 2: Calculando qual o mês em que já existiria um determinado número de pares de coelhos

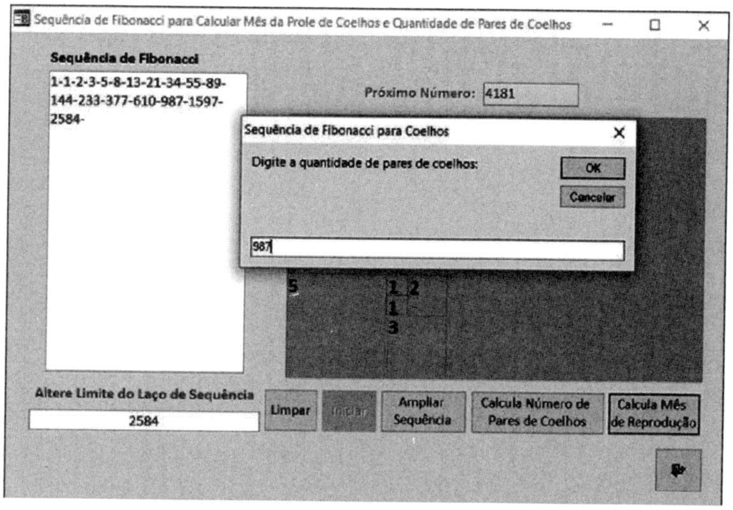

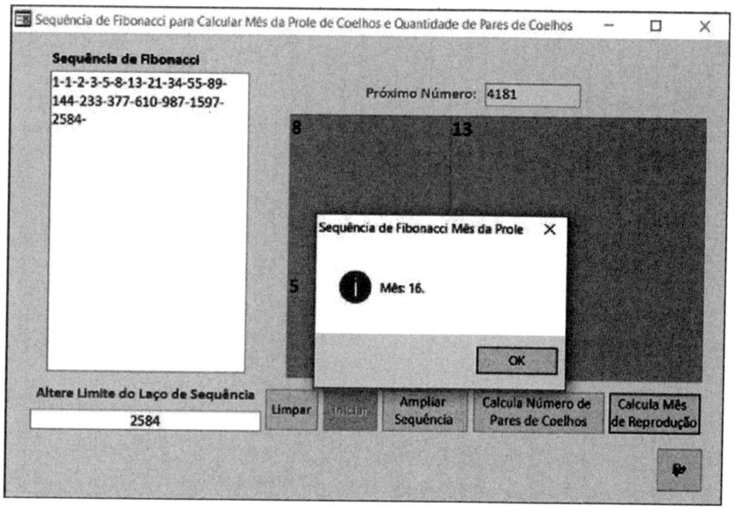

Código em Access VBA:

```
Private Sub Form_Open(Cancel As Integer)
On Error Resume Next
Dim intA, intB As Integer
Dim strSQL As String

With Me
.txtLimite = 2584
.lblNumero.Caption = "Número inicial: "
.txtFibonacci = ""
.txtNumInicial = 1
End With

intA = 1
intB = 1
```

```
DoCmd.SetWarnings False
strSQL = "INSERT INTO tblFibo(Codigo,Fibo) VALUES ('" & intA & "','" & intB &
"')"
CurrentDb.Execute strSQL
DoCmd.SetWarnings True

End Sub
```

Código do botão Iniciar com *Array*:

```
Private Sub cmdIniciar_Click()
On Error GoTo TrataErro
Dim varFibo As Variant
Dim strFibo, strSQL As String
Dim intI, intA, intB As Integer

intA = 1
intA = Replace(intA, "1", "")
intB = Nz(Me.txtNumInicial)

varFibo = Array(intA, intB)  'Criando um Array para delimitar o início e o fim da
matrix.

For intI = LBound(varFibo) To UBound(varFibo)
    strFibo = strFibo & varFibo(intI) & "-"
Next intI
Me.txtFibonacci = right(strFibo, 2)'Retira o hífen à esquerda da sequência ini-
cial
 'com três dígitos "-1-" e mantém dois dígitos à direita "1-"

Exit Sub
TrataErro:
MsgBox err.Description, vbCritical, "Número Inicial"
End Sub
```

Código da função *AmpliarSequencia*:

```
Public Function AmpliarSequencia(ValorInicial As Long, ValorFinal As Long) 'Os
parâmetros estabelecem os limites inferior e superior
On Error GoTo TrataSequencia
Dim i As Long 'O tipo Long possibilita a inserção de valores acima dos limites
de Integer (Sem estouro)
Dim lngVal As Long
Dim intMes As Integer
```

```
Dim strSQL, strFibo As String
Dim intCodigo As Integer
Dim rs As DAO.Recordset

Set rs = CurrentDb.OpenRecordset("SELECT * FROM tblFibo")

ValorInicial = Nz(txtNumInicial) 'Caixa de texto para inserir o valor inicial
ValorFinal = Me.txtLimite  'Caixa de texto para inserir o valor final

DoCmd.SetWarnings False
                  strSQL = "INSERT INTO tblFibo(Fibo) VALUES('" & ValorInicial
& "')"
                  CurrentDb.Execute strSQL
                  DoCmd.SetWarnings True

Me.lblNumero.Caption = "Próximo Número:"


         lngVal = 1.61803398875 * Val(ValorInicial)   'Número áureo vezes o va-
lor da sequencia a partir do número inicial

             For i = ValorInicial To ValorFinal Step lngVal
                  txtFibonacci = txtFibonacci & i & "-"  'Caixa de texto gran-
de onde se desenvolverá a sequência
                  Me.txtNumInicial = Val(lngVal)
                  txtFibonacci = txtFibonacci + txtNumInicial
If i = ValorFinal Then
             Exit For
             End If
             Next i
Exit Function
TrataSequencia:
MsgBox "Número: " & ValorInicial, vbInformation, "Sequência Fibonacci"

End Function
```

Código do botão Ampliar Sequência:

```
Private Sub cmdAmpliar_Click()
On Error GoTo TrataErro
Dim strMsg As String
Dim intRetVal As Integer

strMsg = "Deseja ampliar a sequência?"
```

```
intRetVal = MsgBox(strMsg, vbQuestion + vbYesNo, "Gerar Sequência de Fibonacci")

Select Case intRetVal
Case Is = vbYes
Call AmpliarSequencia(Me.txtNumInicial, txtLimite)

Me.cmdAmpliar.Enabled = True
Me.cmdAmpliar.SetFocus
Case Is = vbNo
Exit Sub
End Select

Me.cmdAmpliar.Enabled = True
Me.cmdIniciar.Enabled = False

Call AmpliarSequencia(txtNumInicial, txtLimite)
Me.cmdIniciar.Enabled = False

Exit Sub
TrataErro:
MsgBox err.Description, vbCritical, "Número Inicial"
End Sub

Private Sub cmdCalculaMes_Click()
On Error Resume Next
Dim intProle As Integer
Dim strProcura As String
intProle = InputBox("Digite a quantidade de pares de coelhos:", "Sequência de
Fibonacci para Coelhos")
strProcura =Nz(DLookup("Codigo", "tblFibo", "Fibo = " & intProle)

MsgBox "Mês: " & strProcura & ".", vbInformation, "Sequência de Fibonacci Mês da
Prole"
End Sub

Private Sub cmdCalculaProle_Click()
On Error Resume Next
Dim intMes As Integer
Dim strProcura As String
intMes = InputBox("Digite o mês da prole:", "Sequência de Fibonacci para Coe-
lhos")
strProcura =Nz(DLookup("Fibo", "tblFibo", "Codigo = " & intMes)

MsgBox strProcura & " pares de coelhos.", vbInformation, "Sequência de Fibonacci
para Coelhos"
End Sub
```

3.11 Exercícios Propostos

1. Com base no Jogo de Acrósticos, desenvolva o jogo *Soletrando* com uma função que leia letra por letra em uma *MsgBox* e dê como resultado final a própria palavra fornecida.

2. Crie um programa que discrimine em uma única MsgBox cada letra de uma sigla, por exemplo, a sigla SENAI e quantas outras o usuário desejar a partir de uma lista em um combobox.

3. Crie um programa que discrimine cada letra de uma sigla, por exemplo, a sigla SENAI e quantas outras o usuário desejar, a partir de um controle do tipo grupo de opções.

CAPÍTULO 4

Aplicações em Engenharia com Access VBA

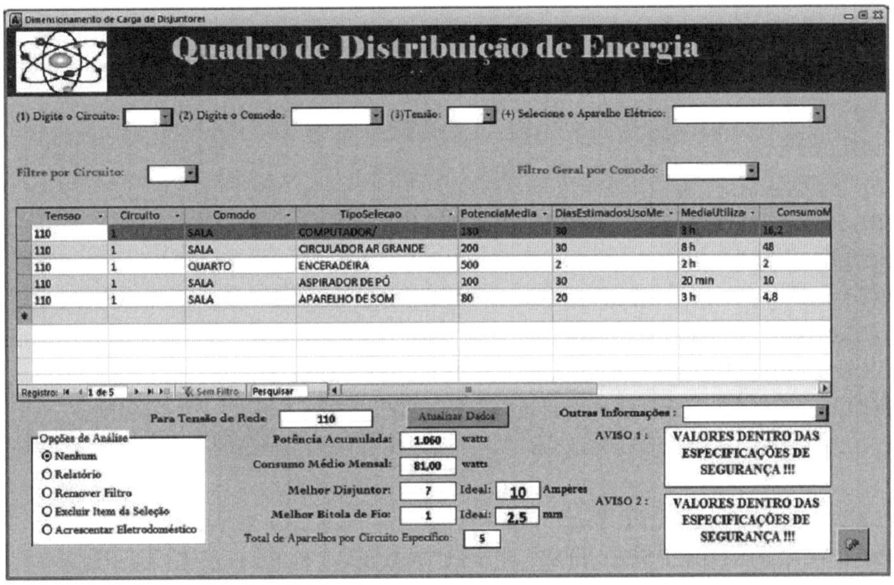

Vamos aprender o poder à nossa disposição da função *DLookup* para pesquisa de dados na tabela. Primeiramente, vamos examinar todas as funções e subrotinas utilizadas no aplicativo.

Subrotinas:

```
Carga'Calcula a carga do disjuntor para tensão igual a 220 V

Carga2'Calcula a carga do disjuntor para tensão igual a 110 V
Carga3'Calcula a carga do disjuntor para tensão igual a 220 V
Carga4'Calcula a carga do disjuntor para tensão igual a 110 V
Tolerancia'Informa a potência máxima tolerada para o circuito projetado
VDisjuntor
VBitola
```

1 – Carga:

```
Public Sub Carga()
On Error Resume Next
Dim sCarga As Integer
Dim sCarga2 As Integer
Dim sCarga3 As Integer
Dim sCarga4 As Integer
Dim sCarga5 As Integer
Dim sCarga6 As Integer
Dim sCarga7 As Integer
Dim sBitola As Double
sBitola = txtBitola

sCarga = Nz(DLookup("PotenciaMaxima", "tblDisjuntores", "CodDisjuntor = 1"))
sCarga2 = Nz(DLookup("PotenciaMaxima", "tblDisjuntores", "CodDisjuntor = 2"))
sCarga3 = Nz(DLookup("PotenciaMaxima", "tblDisjuntores", "CodDisjuntor = 3"))
sCarga4 = Nz(DLookup("PotenciaMaxima", "tblDisjuntores", "CodDisjuntor = 4"))
sCarga5 = Nz(DLookup("PotenciaMaxima", "tblDisjuntores", "CodDisjuntor = 5"))
sCarga6 = Nz(DLookup("PotenciaMaxima", "tblDisjuntores", "CodDisjuntor = 6"))
sCarga7 = Nz(DLookup("PotenciaMaxima", "tblDisjuntores", "CodDisjuntor = 7"))

If txtPotencia2 <= sCarga And txtPotencia2 <= sCarga Then
Me.txtDisjuntor = CInt(txtPotencia2 / txtTensao) * 0.4 + CInt(0.3 * (txtPoten-
cia2 / txtTensao))
Me.txtBitola = CalculaBitola
End If
If txtPotencia2 >= sCarga And txtPotencia2 <= sCarga2 Then
Me.txtDisjuntor = CInt(txtPotencia2 / txtTensao) * 0.4 + CInt(0.3 * (txtPoten-
cia2 / txtTensao))
Me.txtBitola = CalculaBitola
End If
If txtPotencia2 >= sCarga2 And txtPotencia2 <= sCarga3 Then
Me.txtDisjuntor = CInt(txtPotencia2 / txtTensao) * 0.4 + CInt(0.3 * (txtPoten-
cia2 / txtTensao))
Me.txtBitola = CalculaBitola
End If
If txtPotencia2 >= sCarga3 And txtPotencia2 <= sCarga4 Then
Me.txtDisjuntor = CInt(txtPotencia2 / txtTensao) * 0.4 + CInt(0.3 * (txtPoten-
cia2 / txtTensao))
Me.txtBitola = CalculaBitola
End If
If txtPotencia2 >= sCarga4 And txtPotencia2 <= sCarga5 Then
Me.txtDisjuntor = CInt(txtPotencia2 / txtTensao) * 0.4 + CInt(0.3 * (txtPoten-
cia2 / txtTensao))
Me.txtBitola = CalculaBitola
```

```
End If
If txtPotencia2 >= sCarga5 And txtPotencia2 <= sCarga6 Then
Me.txtDisjuntor = CInt(txtPotencia2 / txtTensao) * 0.4 + CInt(0.3 * (txtPoten-
cia2 / txtTensao))
Me.txtBitola = CalculaBitola
End If
If txtPotencia2 >= sCarga6 And txtPotencia2 <= sCarga7 Then
Me.txtDisjuntor = CInt(txtPotencia2 / txtTensao) * 0.4 + CInt(0.3 * (txtPoten-
cia2 / txtTensao))
Me.txtBitola = CalculaBitola
End If
If txtPotencia2 > sCarga7 Then
Me.txtDisjuntor = CInt(txtPotencia2 / txtTensao) * 0.4 + CInt(0.3 * (txtPoten-
cia2 / txtTensao))
Me.txtBitola = CalculaBitola
End If
If txtPotencia2 = "" Or txtPotencia2 = Null Then
Me.txtDisjuntor = ""
Me.txtBitola = ""

End If
Me.Refresh

If txtBitola = 4 And txtDisjuntor > 28 Then
Me.txtAviso = UCase("para bitola de 4 mm a carga máxima do disjuntor não pode
ultrapassar 28 A !!!")
Me.txtAviso.ForeColor = 255
ElseIf txtBitola = 2.5 And txtDisjuntor > 21 Then
Me.txtAviso = UCase("para bitola de 2.5 mm a carga máxima do disjuntor não pode
ultrapassar 21 a !!!")
Me.txtAviso.ForeColor = 255
Else
Me.txtAviso = UCase("valores dentro das especificações de segurança !!!")
Me.txtAviso.ForeColor = 9129488
End If

End Sub
```

2 – Carga2

```
Public Sub Carga2()
On Error Resume Next
Dim sCarga As Integer
Dim sCarga2 As Integer
Dim sCarga3 As Integer
```

```
Dim sCarga4 As Integer
Dim sCarga5 As Integer
Dim sCarga6 As Integer
Dim sCarga7 As Integer
Dim sTensao As Long
Dim sBitola As Double

sTensao = 110
sBitola = txtBitola

sCarga = Nz(DLookup("PotenciaMaxima2", "tblDisjuntores", "CodDisjuntor = 1"))
sCarga2 = Nz(DLookup("PotenciaMaxima2", "tblDisjuntores", "CodDisjuntor = 2"))
sCarga3 = Nz(DLookup("PotenciaMaxima2", "tblDisjuntores", "CodDisjuntor = 3"))
sCarga4 = Nz(DLookup("PotenciaMaxima2", "tblDisjuntores", "CodDisjuntor = 4"))
sCarga5 = Nz(DLookup("PotenciaMaxima2", "tblDisjuntores", "CodDisjuntor = 5"))
sCarga6 = Nz(DLookup("PotenciaMaxima2", "tblDisjuntores", "CodDisjuntor = 6"))
sCarga7 = Nz(DLookup("PotenciaMaxima2", "tblDisjuntores", "CodDisjuntor = 7"))


If txtPotencia2 <= sCarga And txtPotencia2 <= sCarga Then
Me.txtDisjuntor = CInt(txtPotencia2 / sTensao) * 0.4 + CInt(0.3 * (txtPotencia2
/ txtTensao))
Me.txtBitola = CalculaBitola
End If
If txtPotencia2 >= sCarga And txtPotencia2 <= sCarga2 Then
Me.txtDisjuntor = CInt(txtPotencia2 / sTensao) * 0.4 + CInt(0.3 * (txtPotencia2
/ txtTensao))
Me.txtBitola = CalculaBitola
End If
If txtPotencia2 >= sCarga2 And txtPotencia2 <= sCarga3 Then
Me.txtDisjuntor = CInt(txtPotencia2 / sTensao) * 0.4 + CInt(0.3 * (txtPotencia2
/ txtTensao))
Me.txtBitola = CalculaBitola
End If
If txtPotencia2 >= sCarga3 And txtPotencia2 <= sCarga4 Then
Me.txtDisjuntor = CInt(txtPotencia2 / sTensao) * 0.4 + CInt(0.3 * (txtPotencia2
/ txtTensao))
Me.txtBitola = CalculaBitola
End If
If txtPotencia2 >= sCarga4 And txtPotencia2 <= sCarga5 Then
Me.txtDisjuntor = CInt(txtPotencia2 / sTensao) * 0.4 + CInt(0.3 * (txtPotencia2
/ txtTensao))
Me.txtBitola = CalculaBitola
End If
If txtPotencia2 >= sCarga5 And txtPotencia2 <= sCarga6 Then
Me.txtDisjuntor = CInt(txtPotencia2 / sTensao) * 0.4 + CInt(0.3 * (txtPotencia2
```

```
/ txtTensao))
Me.txtBitola = CalculaBitola
End If
If txtPotencia2 >= sCarga6 And txtPotencia2 <= sCarga7 Then
Me.txtDisjuntor = CInt(txtPotencia2 / sTensao) * 0.4 + CInt(0.3 * (txtPotencia2
/ txtTensao))
Me.txtBitola = CalculaBitola
End If
If txtPotencia2 > sCarga7 Then
Me.txtDisjuntor = CInt(txtPotencia2 / sTensao)
Me.txtBitola = CalculaBitola
End If
If txtPotencia2 = "" Or txtPotencia2 = Null Then
Me.txtDisjuntor = ""
Me.txtBitola = ""

End If
Me.Refresh

If txtBitola = 4 And txtDisjuntor > 28 Then
Me.txtAviso = UCase("para bitola de 4 mm a carga máxima do disjuntor não pode
ultrapassar 28 A !!!")
Me.txtAviso.ForeColor = 255
ElseIf txtBitola = 2.5 And txtDisjuntor > 21 Then
Me.txtAviso = UCase("para bitola de 2.5 mm a carga máxima do disjuntor não pode
ultrapassar 21 a !!!")
Me.txtAviso.ForeColor = 255
Else
Me.txtAviso = UCase("valores dentro das especificações de segurança !!!")
Me.txtAviso.ForeColor = 9129488
End If
End Sub
```

3 - VDisjuntor (Valor do Disjuntor em Ampères)

```
Public Sub VDisjuntor()
On Error Resume Next
If txtDisjuntor > 3 And txtDisjuntor < 5 Then
ValorDisjuntor = 5
ElseIf txtDisjuntor > 5 And txtDisjuntor < 10 Then
ValorDisjuntor = 10
ElseIf txtDisjuntor > 10 And txtDisjuntor < 15 Then
ValorDisjuntor = 15
ElseIf txtDisjuntor > 15 And txtDisjuntor < 20 Then
ValorDisjuntor = 20
```

```
ElseIf txtDisjuntor > 20 And txtDisjuntor < 25 Then
ValorDisjuntor = 25
ElseIf txtDisjuntor > 25 And txtDisjuntor < 30 Then
ValorDisjuntor = 30
ElseIf txtDisjuntor > 30 And txtDisjuntor < 40 Then
ValorDisjuntor = 40
ElseIf txtDisjuntor > 40 And txtDisjuntor < 50 Then
ValorDisjuntor = 50
ElseIf txtDisjuntor > 50 And txtDisjuntor < 60 Then
ValorDisjuntor = 60
ElseIf txtDisjuntor > 60 And txtDisjuntor < 70 Then
ValorDisjuntor = 70
ElseIf txtDisjuntor > 70 And txtDisjuntor < 90 Then
ValorDisjuntor = 90
ElseIf txtDisjuntor > 90 And txtDisjuntor < 100 Then
ValorDisjuntor = 100
Else
Exit Sub
End If
End Sub
```

4– VBitola (Valor da Bitola em milímetros)

```
Public Sub VBitola()
On Error Resume Next
If txtBitola = 1 Then
ValorBitola = 2.5
ElseIf txtBitola = 1.5 Then
ValorBitola = 2.5
Else
Exit Sub
End If

End Sub
```

Funções:

CalculaBitola

1. CalculaBitola

```
Public Function CalculaBitola()
On Error Resume Next
Dim sBitola As Double
sBitola = txtBitola
```

```
If txtDisjuntor <= 12 Then
sBitola = 1
CalculaBitola = sBitola
ElseIf txtDisjuntor > 12 And txtDisjuntor <= 15 Then
sBitola = 1.5
CalculaBitola = sBitola
ElseIf txtDisjuntor > 15 And txtDisjuntor <= 21 Then
sBitola = 2.5
CalculaBitola = sBitola
ElseIf txtDisjuntor > 21 And txtDisjuntor <= 28 Then
sBitola = 4
CalculaBitola = sBitola
ElseIf txtDisjuntor > 28 And txtDisjuntor <= 36 Then
sBitola = 6
CalculaBitola = sBitola
ElseIf txtDisjuntor > 36 And txtDisjuntor <= 50 Then
sBitola = 10
CalculaBitola = sBitola
ElseIf txtDisjuntor > 50 And txtDisjuntor <= 68 Then
sBitola = 16
CalculaBitola = sBitola
Else
sBitola = "Não Especificado"
End If

End Function
```

A partir do *combobox* de filtro (cboCirc), vamos trabalhar as subrotinas e funções nas chamadas:

```
Private Sub cboCirc_AfterUpdate()
On Error Resume Next
Dim strSQL As String
If Not IsNull(cboCirc) Then
strSQL = "SELECT * from tblSelecao WHERE Circuito = '" & cboCirc.Column(1) & "'
"
[tblSelecao subformulário].Form.RecordSource = strSQL
[tblSelecao subformulário].Requery
End If
Dim sTotal As Integer

sTotal = DCount("TipoSelecao", "tblSeleçao", "Circuito = '" & cboCirc.Column(1)
& "' ")
Me.txtCircuitos = sTotal
Call Carga

Call Tolerancia
```

```
Call CalculaBitola
Call VDisjuntor
Call VBitola
DoCmd.RunCommand acCmdRefresh
End Sub
```

Observe primeiro que, conforme a figura acima, precisaremos trabalhar as quatro primeiras variáveis solicitadas ao usuário. A partir dessas variáveis, que deverão ser inclusas em uma tabela à parte(tblSelecao), faremos os cálculos e produziremos os resultados desejados. O *combobox* cboTipo é o último da carreira de *comboboxes* e, portanto, pelo evento *AfterUpdate* disparará as inserções das variáveis e os demais cálculos evocados das demais subrotinas e funções.

```
Private Sub cboTipo_AfterUpdate()
On Error GoTo TrataErro
Dim tipo As String
Dim Tipo2 As String
Dim Tipo3 As String
Dim Tipo4 As String
Dim Tipo5 As String
Dim sCod As String
Dim sComodo As String
Dim strSQL As String
Dim SelecaoPotencia As String
Dim SelecaoDias As String
Dim SelecaoMedia As String
Dim SelecaoConsumo As String
Dim sTipo As String
Dim nTipo As String
Dim rTipo As String
Dim sCircuito As String
Dim strTitle As String
Dim strMsg As String
Dim intRetVal As Integer

DoCmd.SetWarnings False

tipo = cboTipo.Column(1)
Tipo2 = cboTipo.Column(0)
sTipo = cboComodo.Column(1)
nTipo = cboCircuito.Column(1)
rTipo = cboTensao.Column(0)

SelecaoPotencia = Nz(DLookup("PotenciaMedia", "Quadro", "CodAparelho = " &
Tipo2))
SelecaoDias = Nz(DLookup("DiasEstimadosUsoMes", "Quadro", "CodAparelho = " &
Tipo2))
```

```
SelecaoMedia = Nz(DLookup("MediaUtilizacaoDia", "Quadro", "CodAparelho = " &
Tipo2))
SelecaoConsumo = Nz(DLookup("ConsumoMedioMensal", "Quadro", "CodAparelho = " &
Tipo2))
strSQL = "INSERT INTO tblSelecao(Tensao,Circuito,Comodo,TipoSelecao,PotenciaMed
ia,_"
strSQL = strSQL & "DiasEstimadosUsoMes,MediaUtilizacaoDia,ConsumoMedioMensal)_"
strSQL = strSQL & "VALUES('" & rTipo & "','" & nTipo & "','" & sTipo & _
strSQL = strSQL & "', '" & tipo & "','" & SelecaoPotencia & "','" & _
strSQL = strSQL & SelecaoDias & " ','" & SelecaoMedia & "','" & _
strSQL = strSQL & SelecaoConsumo & " ')"
DoCmd.RunSQL strSQL

DoCmd.RunCommand acCmdRefresh
DoCmd.SetWarnings True

If cboTensao.Column(0) = 220 Then
Call Carga
Else
Call Carga2
End If
Exit Sub
TrataErro:
MsgBox "Não há dados válidos para cálculo para este item específico na tabela de
Aparelhos Elétricos. Por favor, atualize a tabela !!!", vbCritical, "Quadro de
Distribuição de Energia"
strTitle = "Editando Dados"
strMsg = "Atualizar agora?"
intRetVal = MsgBox(strMsg, vbYesNo + vbQuestion, strTitle)

Select Case intRetVal
Case vbYes
On Error Resume Next
DoCmd.OpenQuery "cnsAparelhosEletricos", acViewNormal, acEdit
Case vbNo
Exit Sub
End Select
Exit Sub
End Sub
```

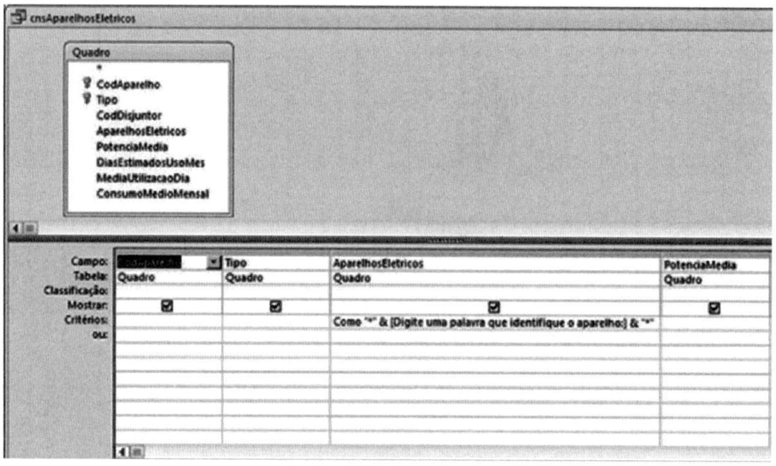

Vejamos mais de perto:

Na tabela:

Quadro

CodAparelh	Tipo	CodDisjuntc	AparelhosEletricos	PotenciaMe	DiasEstimac	MediaUtiliz	ConsumoM	Clique
1	ABRID		ABRIDOR/AFIADOR	135	10	5 min	0,11	
2	AFIAD		AFIADOR DE FACAS	20	5	30 min	0,05	
3	APARE		APARELHO DE SOM	80	20	3 h	4,8	
4	3 EM		3 EM 1					
5	APARE		APARELHO DE SOM PEQUENO	20	30	4 h	2,4	
6	AQUEC		AQUECEDOR DE AMBIENTE	1550	15	8 h	186	
7	AQUEC		AQUECEDOR DE MAMADEIRA	100	30	15 min	0,75	
8	AR-CO		AR-CONDICIONADO 7.500 BTU	1000	30	8 h	120	
9	AR-CO		AR-CONDICIONADO 10.000 BTU	1350	30	8 h	162	
10	AR-CO		AR-CONDICIONADO 12.000 BTU	1450	30	8 h	174	
11	AR-CO		AR-CONDICIONADO 15.000 BTU	2000	30	8 h	240	
12	AR-CO		AR-CONDICIONADO 18.000 BTU	2100	30	8 h	252	
13	ASPIR		ASPIRADOR DE PÓ	100	30	20 min	10	
14	BARBE		BARBEADOR/DEPILADOR/MASS	10	30	30 min	0,15	
15	BATED		BATEDEIRA	120	8	30 h	0,48	
16	BOILE		BOILER 50 e 60 L	1500	30	6 h	270	
17	BOILE		BOILER 100 L	2030	30	6 h	365,4	
18	BOILE		BOILER 200 a 500 L	3000	30	6 h	540	
19	BOMBA		BOMBA D'ÁGUA 1/4 CV	335	30	30 min	5,02	
20	BOMBA		BOMBA D'ÁGUA 1/2 CV	613	30	30 min	9,2	
21	BOMBA		BOMBA D'ÁGUA 3/4 CV	849	30	30 min	12,74	
22	BOMBA		BOMBA D'ÁGUA 1 CV	1051	30	30 min	15,77	
23	BOMBA		BOMBA AQUÁRIO GRANDE	10	30	24 h	7,2	
24	BOMBA		BOMBA AQUÁRIO PEQUENO	5	30	24 h	3,6	
25	CAFET		CAFETEIRA ELÉTRICA	600	30	1 h	18	
26	CHURR		CHURRASQUEIRA	3800	5	4 h	76	
27	CHUVE		CHUVEIRO ELÉTRICO	3500	30	40 min **	70	
28	CIRCU		CIRCULADOR AR GRANDE	200	30	8 h	48	
29	CIRCU		CIRCULADOR AR PEQUENO/MÉI	90	30	8 h	21,6	

4.1 Funções Logarítmicas em Access VBA

Na matemática, o logaritmo de um número **é o** expoente a que outro valor fixo, a base, deve ser elevado para produzir este número, ou de uma forma mais simples, é descobrir o valor de x obtido a partir de uma base de 1 a 10 elevada a uma determinada potência numérica. As implicações deste raciocíonio me levaram a gerar uma função em Access VBA que me pudessem gerar uma barra de progresso com símbolos(Ex. "*") quantificado graficamente por este princípio de potencialização de uma base logarítmica.

Veja o gráfico abaixo:

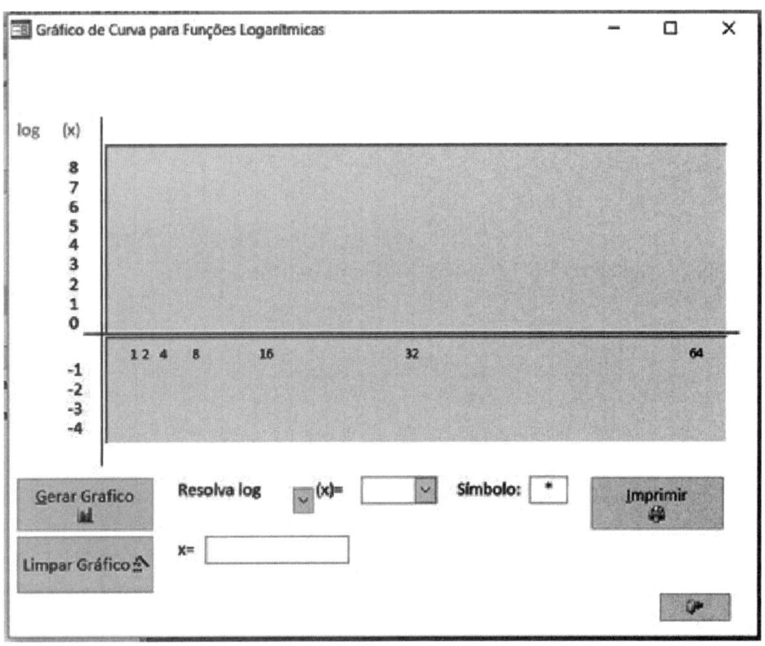

Vamos escolher uma base de um logarítmo de x e o seu expoente e descobrir o valor de x que é o resultado da potencialização dessa base elevada a este expoente. Na coordenada horizontal temos o valor de x e na coordenada vertical temos o valor do expoente, ou seja seu logarítmo.

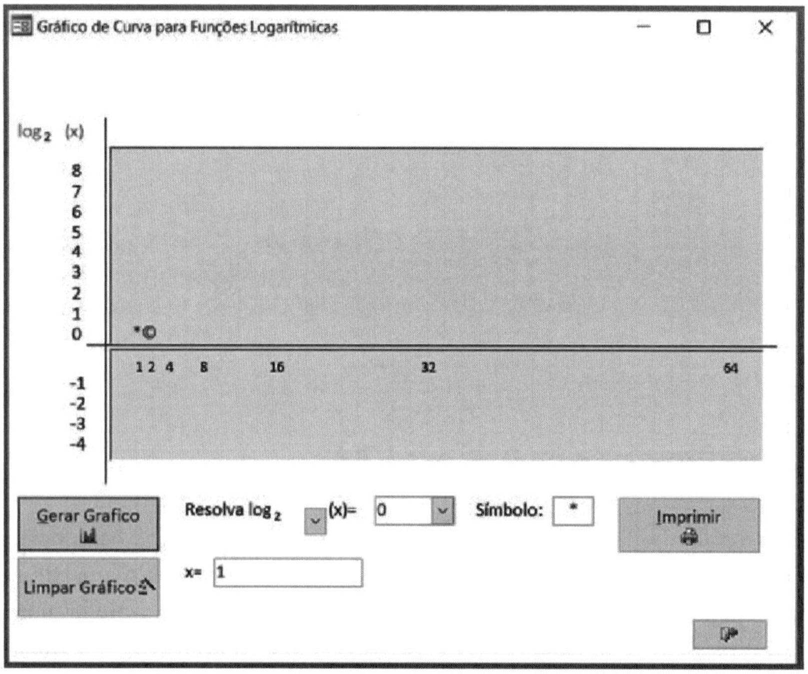

Ao selecionarmos a base 2 elevada ao expoente 0, teremos x=1, ou seja, graficamente falando, um ponto na coordenada horizontal e e log2(x) = 0 na coordenada vertical.

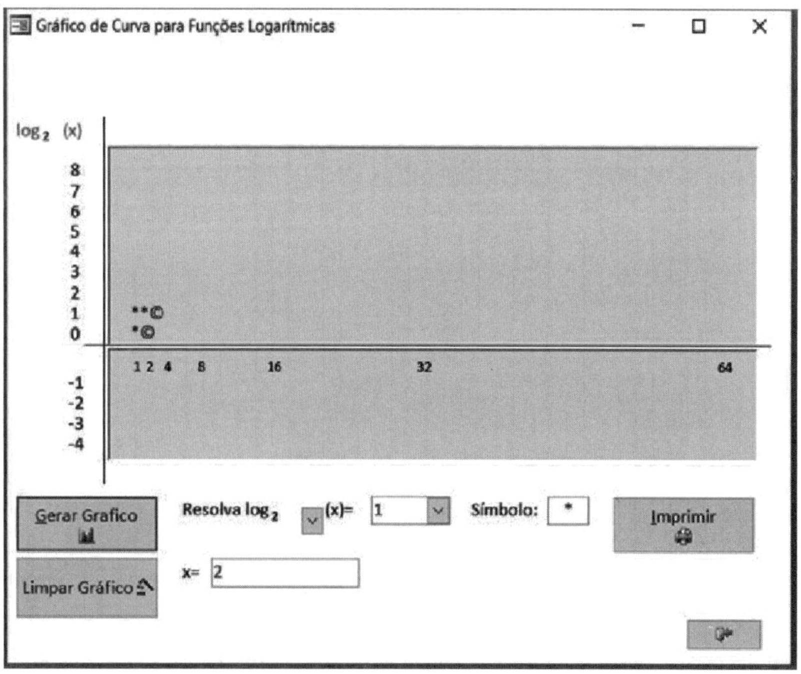

A seguir, ao alterar o expoente para 1, teremos o valor de x=2, ou seja, graficamente falando, dois pontos na coordenada horizontal e log2(x) = 1 na coordenada vertical. Ao final, teremos o seguinte gráfico com um visual mais profissional:

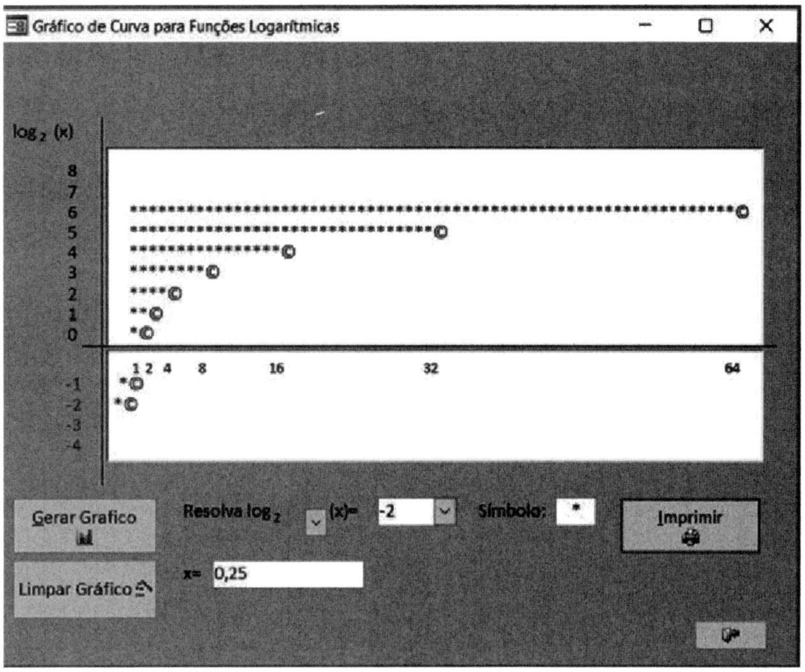

No modo estrutura deste aplicativo gráfico veremos como é feito e, em seguida, a função em Access VBA devidamente comentada para compreensão do estudante.

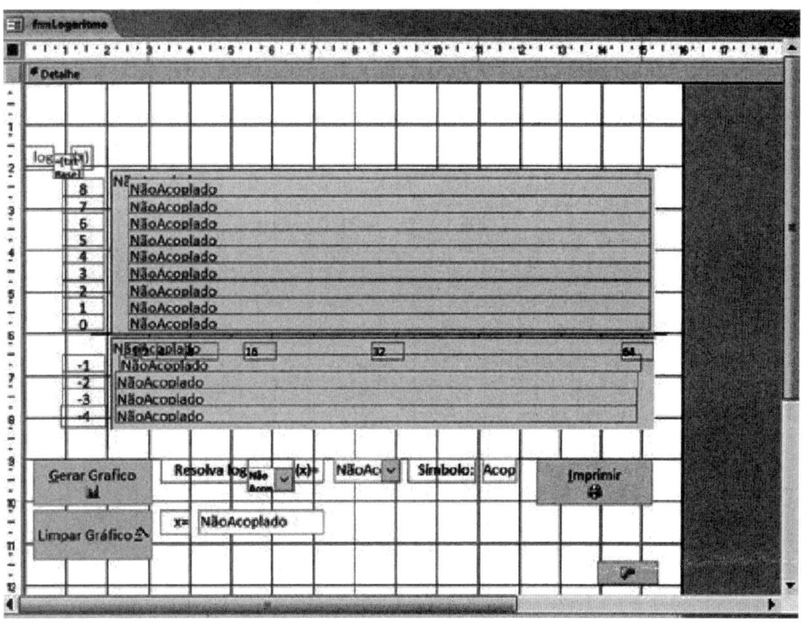

A disposição dos valores em rótulos na coordenada horizontal é feita pela quantidade de pontos, isto é, símbolos de asteriscos(*) gerados no laço de repetição FOR...STEP...NEXT, utilizando o método da recursividade. Vemos que coloquei caixas de texto acumuladas uma sobre as outras para desenrolar a repetição do símbolo gráfico (*). Vejamos agora a função geradora do logarítmo aqui estudado.

Vamos estudar a função que trabalhará em cima da base 2 do logarítmo elevado a cada um dos expoente selecionados que darão formação ao gráfico logarítmico de base 2.

```
Public Function GraficoBase2()
Dim lngx, lngy As Long
Dim inti, intj, intk As Integer

intj = Me.ValLogX      'Variável do valor do expoente selecionado
lngx = 2 ^ intj        'Variável da base elevada ao expoente selecionado

lngy = 10000           'Variável do valor máximo de elevação da base

For inti = 2 To lngy Step lngx    'A sequencia do laço será determinada pelo
passo (Step) dado expecificado pela variável lngx
    If lngx <= lngy Then
    Me.txtResultado = lngx    'O valor de x será exibido aqui
Else
    Me.txtResultado = ""
    End If
Next inti

If Me.txtResultado = 1 Then    'Se o valor de x for igual a 1
        If InStr(1, Simb1, txtSimbo) > 0 Then  'Para evitar a repetição do laço
pelo usuário procuro pela função InStr se já existe símbolos na caixa de texto.
Então o laço é encerrado.
        Exit Function
        Else                    'Caso contrário, executo a repetição do símbolo
(*) na caixa de texto determinado pelo valor de x
For intk = 1 To 1
        Simb1 = Simb1 & txtSimbo
        Next intk
        Simb1 = Simb1 & "©"
        End If
ElseIf Me.txtResultado = 2 Then
        If InStr(1, Simb2, txtSimbo) > 0 Then
        Exit Function
        Else
        For intk = 1 To 2
        Simb2 = Simb2 & txtSimbo
        Next intk
        Simb2 = Simb2 & "©"
```

```
        End If
ElseIf Me.txtResultado = 2 * 2 Then
        If InStr(1, Simb3, txtSimbo) > 0 Then
        Exit Function
        Else
        For intk = 1 To 2 * 2
        Simb3 = Simb3 & txtSimbo
        Next intk
        Simb3 = Simb3 & "©"
        End If
ElseIf Me.txtResultado = 2 * 2 * 2 Then
        If InStr(1, Simb4, txtSimbo) > 0 Then
        Exit Function
        Else
        For intk = 1 To 2 * 2 * 2
        Simb4 = Simb4 & txtSimbo
        Next intk
        Simb4 = Simb4 & "©"
        End If
ElseIf Me.txtResultado = 2 * 2 * 2 * 2 Then
        If InStr(1, Simb5, txtSimbo) > 0 Then
        Exit Function
        Else
        For intk = 1 To 2 * 2 * 2 * 2
        Simb5 = Simb5 & txtSimbo
        Next intk
        Simb5 = Simb5 & "©"
        End If
ElseIf Me.txtResultado = 2 * 2 * 2 * 2 * 2 Then
        If InStr(1, Simb6, txtSimbo) > 0 Then
        Exit Function
        Else
        For intk = 1 To 2 * 2 * 2 * 2 * 2
        Simb6 = Simb6 & txtSimbo
        Next intk
        Simb6 = Simb6 & "©"
        End If
ElseIf Me.txtResultado = 2 * 2 * 2 * 2 * 2 * 2 Then
        If InStr(1, Simb7, txtSimbo) > 0 Then
        Exit Function
        Else
        For intk = 1 To 2 * 2 * 2 * 2 * 2 * 2
        Simb7 = Simb7 & txtSimbo
        Next intk
        Simb7 = Simb7 & "©"
        End If
```

```
ElseIf Me.txtResultado = 2 * 2 * 2 * 2 * 2 * 2 * 2 Then
        If InStr(1, Simb8, txtSimbo) > 0 Then
        Exit Function
        Else
        For intk = 1 To 2 * 2 * 2 * 2 * 2 * 2 * 2
        Simb8 = Simb8 & txtSimbo
        Next intk
        Simb8 = Simb8 & "©"
        End If
ElseIf Me.txtResultado = 2 * 2 * 2 * 2 * 2 * 2 * 2 * 2 Then
        If InStr(1, Simb9, txtSimbo) > 0 Then
        Exit Function
        Else
        For intk = 1 To 2 * 2 * 2 * 2 * 2 * 2 * 2 * 2
        Simb9 = Simb9 & txtSimbo
        Next intk
        Simb9 = Simb9 & "©"
        End If
ElseIf Me.ValLogX = -1 Then
        If InStr(1, Simbo1, txtSimbo) > 0 Then
        Exit Function
        Else
        For intk = 1 To 1
Simbo1 = Simbo1 & txtSimbo
        Next intk
        Simbo1 = Simbo1 & "©"
End If

ElseIf Me.ValLogX = -2 Then
        If InStr(1, Simbo2, txtSimbo) > 0 Then
        Exit Function
        Else
        For intk = 1 To 1
        Simbo2 = Simbo2 & txtSimbo
        Next intk
        Simbo2 = Simbo2 & "©"
        End If
ElseIf Me.ValLogX = -3 Then
        If InStr(1, Simbo3, txtSimbo) > 0 Then
        Exit Function
        Else
        For intk = 1 To 1
Simbo3 = Simbo3 & txtSimbo
        Next intk
        Simbo3 = Simbo3 & "©"
End If
```

```
ElseIf Me.ValLogX = -4 Then
        If InStr(1, Simbo4, txtSimbo) > 0 Then
        Exit Function
        Else
        For intk = 1 To 1
        Simbo4 = Simbo4 & txtSimbo
        Next intk
        Simbo4 = Simbo4 & "©"
        End If
Else
Exit Function
End If

End Function
```

Para cada uma base logarítmica você terá que desenvolver uma função.

O código do botão Gerar Gráfico ficará assim:

```
Private Sub cmdGerar_Click()
If Not IsNull(txtBase) Then
    If txtBase = 2 Then
    Call GraficoBase2
    ElseIf txtBase = 3 Then
    Call GraficoBase3
    ElseIf txtBase = 4 Then
    Call GraficoBase4
    ElseIf txtBase = 5 Then
    Call GraficoBase5
    ElseIf txtBase = 6 Then
    Call GraficoBase6
.............
    ElseIf txtBase = 10 Then
    Call GraficoBase10

    Else
    Exit Sub
    End If
End If
End Sub
```

4.2 Aplicações Gráficas de Desempenho a Partir de Funções Logarítmicas

Veremos agora como aplicar nossos novos conhecimentos em funções logarítmicas para desenvolver diversos tipos de aplicativos gráficos de desempenho ou similares. Na empresa em que trabalho, idealizei um aplicativo para fácil análise de pessoas leigas sobre o real consumo de água a cada mês que é fornecido diariamente para os seus consumidores.

Quanto de m³/dia um certo cliente consome por mês e se seu medidor de consumo apresenta defeito, ou se existe vazamento no imóvel ou mesmo consumo elevado em determinado mês.

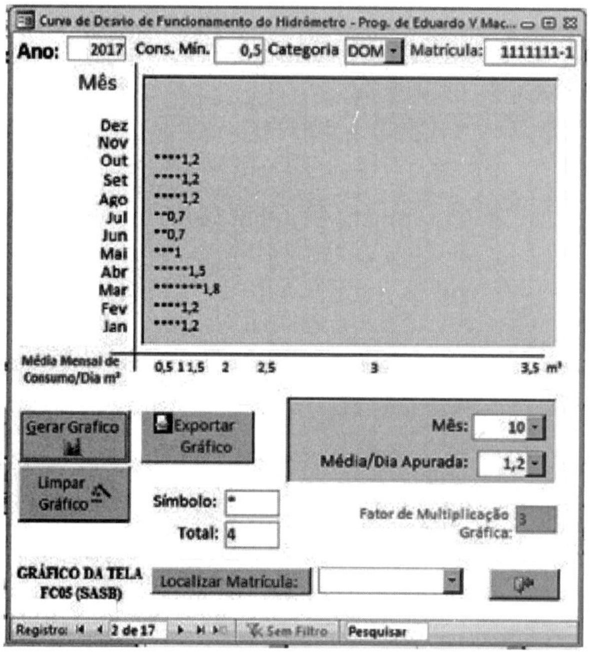

Veja como este aplicativo se assemelha com o aplicativo anterior de função logarítmica. O princípio é o mesmo de elevar a base ao seu expoente logarítmico. O resultado final para exibição vem quando se exporta o gráfico para fins de impressão. Observe que o total de símbolos (*) no gráfico correspondente ao mês de outubro (Out) indica exatamente o que indica na coordenada horizontal da média mensal de consumo/dia em m³.

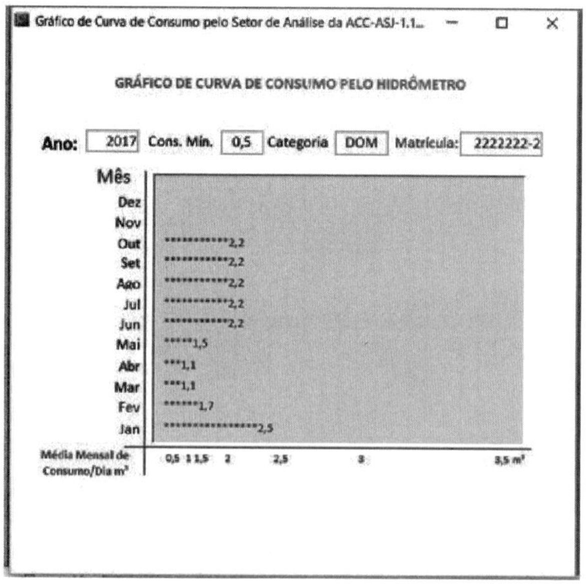

Vamos estudar o código em Access VBA da função que exibe o gráfico no formulário:

```
Public Function Grafico()
On Error GoTo TrataErro    'Se ocorrer falta de preenchimento de campos essen-
ciais uma mensagem de erro ocorre
Dim intx, inty As Integer
Dim inti, intk As Integer
Dim intFator As Integer
Dim intj As Double

intFator = Me.txtFator
intj = Me.ValMedX
intx = Nz(CInt(intFator ^ intj))    'Fórmula para elevar a potência da variável
intj(média diária) o fator de multiplicação

inty = 1000

For inti = 2 To inty Step intx    'Controle de fluxo FOR ... STEP ... NEXT para
gerar a sequencia de simbolos
                                  'correspondente a média diária de consumo
    If intx <= inty Then          'Controle de fluxo IF...ELSE...END IF para de-
terminar o limite da sequencia
    Me.txtResultado = intx
Else
    Me.txtResultado = ""
    End If
Next inti

'Controle de fluxo IF...ELSE...END IF para cada mês selecionado do combobox cbo-
Mes
If cboMes = 1 Then
        If InStr(1, Simb1, txtSimbo) > 0 Then   'Função InStr para localizar o
símbolo de asterisco na caixa de texto Simb1
                                                'Se localizar o
asterisco(txtSimbo) na caixa de texto Simb1 nada faz, isto é,
        Exit Function                           'Não repete a sequência de sím-
bolos, caso o usuário clicar no botão uma segunda vez.
        Else                                    'Caso contrário
        For intk = 1 To intx
        Simb1 = Simb1 & txtSimbo                'Com a recursividade aplicada
aqui geramos uma sequência de símbolos(txtSimbo)
        Next intk
        lblMes1.ForeColor = RGB(255, 0, 0)    'O rótulo referente ao mês fica em
vermelho
        Simb1 = Simb1 & intj  '& " m³"
        Simb1.ForeColor = RGB(205, 205, 205)   'A caixa com a sequência deixo na
cor cinza
```

```
End If
ElseIf cboMes = 2 Then
        If InStr(1, Simb2, txtSimbo) > 0 Then
        Exit Function
        Else
        For intk = 1 To intx
        Simb2 = Simb2 & txtSimbo
        Next intk
        lblMes2.ForeColor = RGB(255, 0, 0)
        Simb2 = Simb2 & intj  '& " m³"
        Simb2.ForeColor = RGB(205, 205, 205)

        End If
ElseIf cboMes = 3 Then
        If InStr(1, Simb3, txtSimbo) > 0 Then
        Exit Function
        Else
        For intk = 1 To intx
        Simb3 = Simb3 & txtSimbo
        Next intk
        lblMes3.ForeColor = RGB(255, 0, 0)
        Simb3 = Simb3 & intj  '& " m³"
        Simb3.ForeColor = RGB(205, 205, 205)

        End If
ElseIf cboMes = 4 Then
        If InStr(1, Simb4, txtSimbo) > 0 Then
        Exit Function
        Else
        For intk = 1 To intx
        Simb4 = Simb4 & txtSimbo
        Next intk
        lblMes4.ForeColor = RGB(255, 0, 0)
        Simb4 = Simb4 & intj  '& " m³"
        Simb4.ForeColor = RGB(205, 205, 205)

        End If
ElseIf cboMes = 5 Then
        If InStr(1, Simb5, txtSimbo) > 0 Then
        Exit Function
        Else
        For intk = 1 To intx
        Simb5 = Simb5 & txtSimbo
        Next intk
        lblMes5.ForeColor = RGB(255, 0, 0)
        Simb5 = Simb5 & intj '& " m³"
```

```
        Simb5.ForeColor = RGB(205, 205, 205)

        End If
ElseIf cboMes = 6 Then
        If InStr(1, Simb6, txtSimbo) > 0 Then
        Exit Function
        Else
        For intk = 1 To intx
        Simb6 = Simb6 & txtSimbo
        Next intk
        lblMes6.ForeColor = RGB(255, 0, 0)
        Simb6 = Simb6 & intj  '& " m³"
        Simb6.ForeColor = RGB(205, 205, 205)

        End If
ElseIf cboMes = 7 Then
        If InStr(1, Simb7, txtSimbo) > 0 Then
        Exit Function
        Else
        For intk = 1 To intx
        Simb7 = Simb7 & txtSimbo
        Next intk
        lblMes7.ForeColor = RGB(255, 0, 0)
        Simb7 = Simb7 & intj  '& " m³"
        Simb7.ForeColor = RGB(205, 205, 205)

        End If
ElseIf cboMes = 8 Then
        If InStr(1, Simb8, txtSimbo) > 0 Then
        Exit Function
        Else
        For intk = 1 To intx
        Simb8 = Simb8 & txtSimbo
        Next intk
        lblMes8.ForeColor = RGB(255, 0, 0)
        Simb8 = Simb8 & intj  '& " m³"
        Simb8.ForeColor = RGB(205, 205, 205)

        End If
ElseIf cboMes = 9 Then
        If InStr(1, Simb9, txtSimbo) > 0 Then
        Exit Function
        Else
        For intk = 1 To intx
        Simb9 = Simb9 & txtSimbo
        Next intk
```

```
        lblMes9.ForeColor = RGB(255, 0, 0)
        Simb9 = Simb9 & intj  '& " m³"
        Simb9.ForeColor = RGB(205, 205, 205)

        End If
ElseIf cboMes = 10 Then
        If InStr(1, Simb10, txtSimbo) > 0 Then
        Exit Function
        Else
        For intk = 1 To intx
        Simb10 = Simb10 & txtSimbo
        Next intk
        lblMes10.ForeColor = RGB(255, 0, 0)
        Simb10 = Simb10 & intj  '& " m³"
        Simb10.ForeColor = RGB(205, 205, 205)

        End If
ElseIf cboMes = 11 Then
        If InStr(1, Simb11, txtSimbo) > 0 Then
        Exit Function
        Else
        For intk = 1 To intx
        Simb11 = Simb11 & txtSimbo
        Next intk
        lblMes11.ForeColor = RGB(255, 0, 0)
        Simb11 = Simb11 & intj  '& " m³"
        Simb11.ForeColor = RGB(205, 205, 205)

        End If
ElseIf cboMes = 12 Then
        If InStr(1, Simb12, txtSimbo) > 0 Then
        Exit Function
        Else
        For intk = 1 To intx
        Simb12 = Simb12 & txtSimbo
        Next intk
        lblMes12.ForeColor = RGB(255, 0, 0)
        Simb12 = Simb12 & intj  '& " m³"
        Simb12.ForeColor = RGB(205, 205, 205)

        End If
Else
Exit Function
End If

Exit Function
```

```
TrataErro:

MsgBox Err.Description, vbCritical, "Campo(s) Nulo(s)"
End Function
```

Para inclusão dos dados em caixas não acopladas e retorno das cores originais dos rótulos do mês, desenvolvi este código para a caixa de texto do símbolo (*).

```
Private Sub txtSimbo_Click()
On Error Resume Next
Call GerarGrafico
Dim strSQL As String
Dim varJan, varFev, varMar, varAbr, varMai, varJun, varJul, varAgo, varSet, va-
rOut, varNov, varDez As Variant
Dim intMes As Integer
Dim lngMedia, lngAno As Long
Dim strMatricula As String
Dim dblConMin As Long
Dim strCategoria As String
Dim ctl As control

Const conVinculado = -1

varJan = Forms!CurvadoHidrometro!Jan
varFev = Forms!CurvadoHidrometro!Fev
varMar = Forms!CurvadoHidrometro!Mar
varAbr = Forms!CurvadoHidrometro!Abr
varMai = Forms!CurvadoHidrometro!Mai
varJun = Forms!CurvadoHidrometro!Jun
varJul = Forms!CurvadoHidrometro!Jul
varAgo = Forms!CurvadoHidrometro!Ago
varSet = Forms!CurvadoHidrometro!Set
varOut = Forms!CurvadoHidrometro!Out
varNov = Forms!CurvadoHidrometro!Nov
varDez = Forms!CurvadoHidrometro!Dez

intMes = cboMes.Column(0)
lngMedia = Forms!CurvadoHidrometro!ValMedX
strMatricula = Forms!CurvadoHidrometro!txtMatricula
lngAno = Forms!CurvadoHidrometro!txtAno
dblConMin = txtConMin
strCategoria = cboCategoria.Column(0)

'Looping que retorna a cor preta cada caixa de texto com a propriedade marca =
-1
For Each ctl In Me.Controls
```

```
 If ctl.Tag = conVinculado Then
   If ctl.ControlType Then
        ctl.ForeColor = RGB(0, 0, 0)
   End If
 End If
Next ctl

'Em caixas Não Acopladas à tabela teremos que utilizar uma variável de inserção

DoCmd.SetWarnings False
strSQL = "INSERT INTO tblCurvaHidrometro(Jan,Fev,Mar,Abr,Mai,Jun,Jul,Ago,Set,Out
,Nov,Dez,Ano,Matricula,Mes,Media,ConsumoMinimo,Categoria) VALUES('" & _
varJan & "','" & varFev & "', '" & varMar & "','" & varAbr & "','" & varMai &
"','" & varJun & "','" & varJul & "', '" & varAgo & _
"','" & varSet & "','" & varOut & "','" & varNov & "','" & varDez & "', '" & ln-
gAno & "','" & strMatricula & "', '" & intMes & "','" & lngMedia & "','" & dbl-
ConMin & "','" & strCategoria & "')"
CurrentDb.Execute strSQL
DoCmd.SetWarnings True
End Sub
```

4.3 Implementações Gráficas Eventuais

Apesar do último gráfico já estar bastante elucidativo para o usuário final, às vezes, será necessário que o programador aperfeiçoe o seu aplicativo para dar maior vida e clareza às informações que ele fornece.

A partir daí, você pode modificar o tipo de símbolo que mais lhe convenha e que se aproxime de um bloco que nos forneça um gráfico de barras propriamente dito, com modificações na escala das coordenadas horizontais de nosso gráfico. Veja como ficou com este caracter especial que você pode encontrar na opção Símbolo na barra de ferramentas do Word:

Dados do símbolo usado:
Código do caractere: 2584 de Unicode(hex)
Fonte: Arial
Subconjunto: Elementos de Bloco

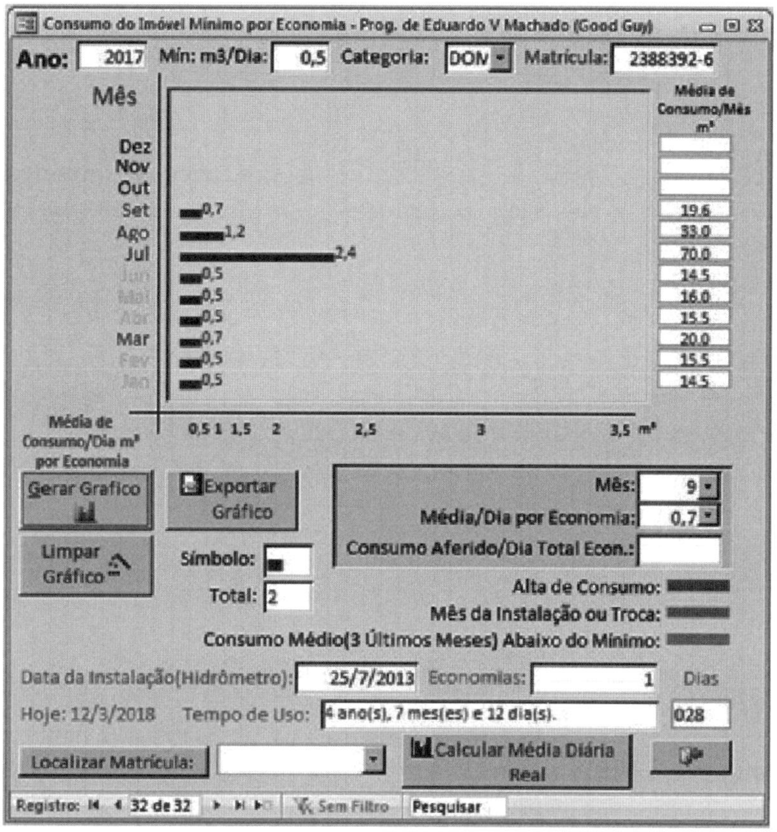

Você recebeu os seguintes dados:

Ano; Consumo Mínimo/Dia(Estimado); Categoria; Matrícula;Economias(Aptos ou Residências); Data da Instalação(Hidrômetro);Consumo Aferido Mensal

O Algoritmo de cálculo é o seguinte:

1. Calcula-se a Média/Dia por Economia, dividindo-se o Consumo Aferido/Dia pelo Número de Economias
2. Se o valor obtido no item 1 somado às duas últimas medições e dividido por 3, for menor que 0,5 m3/dia, o consumo desse mês está abaixo do mínimo e a cor é verde.
3. Se o valor obtido no item 2 for maior que 0,5 m3/dia, o consumo desse mês está acima do mínimo e a cor é vermelha.

Veja como fica a função principal do gráfico exibido acima:

```
Public Function Grafico()
On Error GoTo TrataErro    'Se ocorrer falta de preenchimento de campos essen-
ciais uma mensagem de erro ocorre
Dim intx, inty As Integer
Dim inti, intj, intk As Integer
Dim intFator As Integer
```

```
intFator = Me.txtFator

intj = Me.ValMedX

intx = Nz(CInt(intFator ^ intj))    'Fórmula para elevar a potência da variável
intj(média diária) o fator de multiplicação

inty = 1000

For inti = 2 To inty Step intx     'Controle de fluxo FOR ... STEP ... NEXT para
gerar a sequencia de simbolos
                                   'correspondente a média diária de consumo
    If intx <= inty Then           'Controle de fluxo IF...ELSE...END IF para de-
terminar o limite da sequencia
    Me.txtResultado = intx
    Else
    Me.txtResultado = ""
    End If
Next inti

'Controle de fluxo IF...ELSE...END IF para cada mês selecionado do combobox cbo-
Mes
If cboMes = 1 Then
If InStr(1, Simb1, txtSimbo) > 0 Then    'Função InStr para localizar o símbolo
de asterisco na caixa de texto Simb1
                                         'Se localizar o
asterisco(txtSimbo) na caixa de texto Simb1 nada faz, isto é,
        Exit Function                    'Não repete a sequência de sím-
bolos, caso o usuário clicar no botão uma segunda vez.
        Else                             'Caso contrário
        For intk = 1 To intx
        Simb1 = Simb1 & txtSimbo         'Com a recursividade aplicada
aqui geramos uma sequência de símbolos(txtSimbo)
        Next intk
        Simb1 = Simb1 & intj

        End If
ElseIf cboMes = 2 Then
        If InStr(1, Simb2, txtSimbo) > 0 Then
        Exit Function
        Else
        For intk = 1 To intx
        Simb2 = Simb2 & txtSimbo
        Next intk
        Simb2 = Simb2 & intj
```

```
        End If
ElseIf cboMes = 3 Then
        If InStr(1, Simb3, txtSimbo) > 0 Then
        Exit Function
        Else
        For intk = 1 To intx
        Simb3 = Simb3 & txtSimbo
        Next intk

        Simb3 = Simb3 & intj

        End If
ElseIf cboMes = 4 Then
        If InStr(1, Simb4, txtSimbo) > 0 Then
        Exit Function
        Else
        For intk = 1 To intx

                     Simb4 = Simb4 & txtSimbo
        Next intk
        Simb4 = Simb4 & intj
        End If
ElseIf cboMes = 5 Then
        If InStr(1, Simb5, txtSimbo) > 0 Then
        Exit Function
        Else
        For intk = 1 To intx
        Simb5 = Simb5 & txtSimbo
        Next intk
        Simb5 = Simb5 & intj
        End If
ElseIf cboMes = 6 Then
        If InStr(1, Simb6, txtSimbo) > 0 Then
        Exit Function
        Else
        For intk = 1 To intx
        Simb6 = Simb6 & txtSimbo
        Next intk
        Simb6 = Simb6 & intj
        End If
ElseIf cboMes = 7 Then
        If InStr(1, Simb7, txtSimbo) > 0 Then
        Exit Function
        Else
        For intk = 1 To intx
        Simb7 = Simb7 & txtSimbo
```

```
        Next intk
        Simb7 = Simb7 & intj

        End If
ElseIf cboMes = 8 Then
        If InStr(1, Simb8, txtSimbo) > 0 Then
        Exit Function
        Else
        For intk = 1 To intx
        Simb8 = Simb8 & txtSimbo
        Next intk
        Simb8 = Simb8 & intj

        End If
ElseIf cboMes = 9 Then
        If InStr(1, Simb9, txtSimbo) > 0 Then
        Exit Function
Else
        For intk = 1 To intx
        Simb9 = Simb9 & txtSimbo
        Next intk
        Simb9 = Simb9 & intj

        End If
ElseIf cboMes = 10 Then
        If InStr(1, Simb10, txtSimbo) > 0 Then
        Exit Function
        Else
        For intk = 1 To intx
        Simb10 = Simb10 & txtSimbo
        Next intk
        Simb10 = Simb10 & intj

        End If
ElseIf cboMes = 11 Then
        If InStr(1, Simb11, txtSimbo) > 0 Then
        Exit Function
        Else
        For intk = 1 To intx
        Simb11 = Simb11 & txtSimbo
        Next intk
        Simb11 = Simb11 & intj
        End If
ElseIf cboMes = 12 Then
        If InStr(1, Simb12, txtSimbo) > 0 Then
        Exit Function
```

```
        Else
        For intk = 1 To intx
        Simb12 = Simb12 & txtSimbo
        Next intk
        Simb12 = Simb12 & intj

        End If
Else
Exit Function
End If
DoCmd.RunCommand acCmdSaveRecord
Exit Function
TrataErro:

MsgBox err.Description, vbCritical, "Campo(s) Nulo(s)"

 End Function
```

Veja o código da caixa de texto do símbolo(*):

```
Private Sub txtSimbo_Click()
On Error Resume Next
Call GerarGrafico
Dim strSQL As String
Dim varJan, varFev, varMar, varAbr, varMai, varJun, varJul, varAgo, varSet,
varOut, varNov, varDez As Variant
Dim intMes As Integer
Dim lngMedia, lngAno As Long
Dim strMatricula As String
Dim dblConMin As Long
Dim strCategoria As String
Dim ctl As control

Const conVinculado = -1 'Propriedade "Marca" da caixa de texto referente ao grá-
fico deve ser deixada como -1

varJan = Forms!CurvadoHidrometroDataInstalacao!Jan
varFev = Forms!CurvadoHidrometroDataInstalacao!Fev
varMar = Forms!CurvadoHidrometroDataInstalacao!Mar
varAbr = Forms!CurvadoHidrometroDataInstalacao!Abr
varMai = Forms!CurvadoHidrometroDataInstalacao!Mai
varJun = Forms!CurvadoHidrometroDataInstalacao!Jun
varJul = Forms!CurvadoHidrometroDataInstalacao!Jul
varAgo = Forms!CurvadoHidrometroDataInstalacao!Ago
varSet = Forms!CurvadoHidrometroDataInstalacao!Set
varOut = Forms!CurvadoHidrometroDataInstalacao!Out
```

```
varNov = Forms!CurvadoHidrometroDataInstalacao!Nov
varDez = Forms!CurvadoHidrometroDataInstalacao!Dez

intMes = cboMes.Column(0)
lngMedia = Forms!CurvadoHidrometroDataInstalacao!ValMedX
strMatricula = Forms!CurvadoHidrometroDataInstalacao!txtMatricula
lngAno = Forms!CurvadoHidrometroDataInstalacao!txtAno
dblConMin = txtConMin
strCategoria = cboCategoria.Column(0)

'Para deixar em negrito o gráfico, substituindo a cor cinza
For Each ctl In Me.Controls
If ctl.Tag = conVinculado Then 'Se a propriedade Tag(Marca) do controle(caixa de
texto) for igual a -1
If ctl.ControlType Then
        ctl.ForeColor = RGB(0, 0, 0)
   End If
 End If
Next ctl

DoCmd.SetWarnings False
strSQL = "INSERT INTO tblCurvaHidrometro(Jan,Fev,Mar,Abr,Mai,Jun,Jul,Ago,Set,Out
,Nov,Dez,Ano,Matricula,Mes,Media,ConsumoMinimo,Categoria) VALUES('" & _
varJan & "','" & varFev & "', '" & varMar & "','" & varAbr & "','" & varMai &
"','" & varJun & "','" & varJul & "', '" & varAgo & _
"','" & varSet & "','" & varOut & "','" & varNov & "','" & varDez & "', '" & ln-
gAno & "','" & strMatricula & "', '" & intMes & "','" & lngMedia & "','" & dbl-
ConMin & "','" & strCategoria & "')"
CurrentDb.Execute strSQL 'Uso da cláusula INSERT em caso de formulário não aco-
plado à tabela
DoCmd.SetWarnings True
End Sub
```

Código da sub-rotina que aponta o mês da instalação ou troca do hidrômetro no gráfico:

```
Public Sub AlteraCor()
On Error Resume Next
Dim dtInstalacao As Date
Dim VarData As Variant

dtInstalacao = txtDataInstalacao
VarData = VarData & DatePart("m", dtInstalacao)

If Not IsNull(Me.txtDataInstalacao) Then
Select Case VarData
Case Is = 1
```

```
Me.lblMes1.ForeColor = RGB(0, 0, 255)
Case Is = 2
Me.lblMes2.ForeColor = RGB(0, 0, 255)
Case Is = 3
Me.lblMes3.ForeColor = RGB(0, 0, 255)
Case Is = 4
Me.lblMes4.ForeColor = RGB(0, 0, 255)
Case Is = 5
Me.lblMes5.ForeColor = RGB(0, 0, 255)
Case Is = 6
Me.lblMes6.ForeColor = RGB(0, 0, 255)
Case Is = 7
Me.lblMes7.ForeColor = RGB(0, 0, 255)
Case Is = 8
Me.lblMes8.ForeColor = RGB(0, 0, 255)
Case Is = 9
Me.lblMes9.ForeColor = RGB(0, 0, 255)
Case Is = 10
Me.lblMes10.ForeColor = RGB(0, 0, 255)
Case Is = 11
Me.lblMes11.ForeColor = RGB(0, 0, 255)
Case Is = 12
Me.lblMes12.ForeColor = RGB(0, 0, 255)
End Select
Else
Exit Sub
End If
End Sub
```

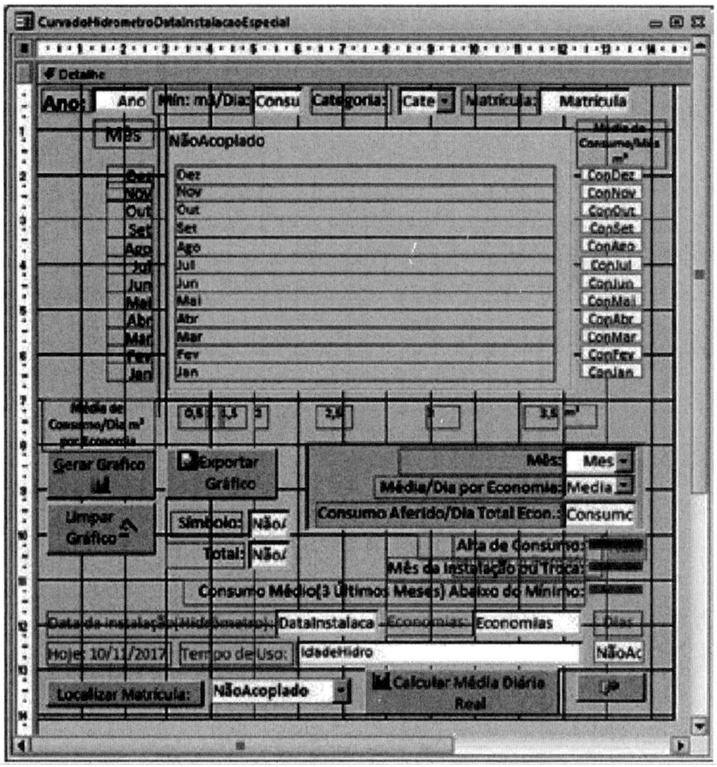

Código da sub-rotina desenvolvida a partir do algoritmo inicial: Observe a caixa de texto acima (*txtConJan*). Nesta caixa e nas outras subsequentes inserimos o valor do consumo médio diário de todos os apartamentos(economias).

```
Private Sub cmdCalcular_Click()
On Error Resume Next
Dim intEconomias As Long
Dim dblConMinTotal As Double
Dim dblConMin As Double
Dim dblConMes As Double
Dim strSQL, strSQL2 As String
Dim strMatricula As String
Dim strConsumo As Double
Dim intDias As Integer

strMatricula = Forms!CurvadoHidrometroDataInstalacaoEspecial!txtMatricula
Select Case cboMes
Case Is = 1
intEconomias = Me.txtEconomias
dblConMinTotal = txtConJan
dblConMin = Nz(Format(CDbl(Format(dblConMinTotal / intEconomias, "#.0")) / tx-
tDias), "#.0")
Me.txtConJan = dblConMinTotal
```

```
MsgBox dblConMin, vbInformation, "Consumo Mínimo/Economia"
Me.ValMedX = Nz(Format(dblConMin, "#.0"))
intDias = Forms!CurvadoHidrometroDataInstalacaoEspecial!txtDias
strConsumo = Forms!CurvadoHidrometroDataInstalacaoEspecial!txtConJan

DoCmd.SetWarnings False
strSQL = "UPDATE tblCurvaHidrometro2 SET ConMesEconomiaJan = '" & strConsumo &
"' WHERE Matrícula = '" & strMatricula & "'"
CurrentDb.Execute strSQL
DoCmd.SetWarnings True
DoCmd.SetWarnings False
strSQL2 = "UPDATE tblCurvaHidrometro2 SET DiasVendaJan = " & intDias & " WHERE
Matrícula = '" & strMatricula & "'"
CurrentDb.Execute strSQL2
DoCmd.SetWarnings True

Case Is = 2
intEconomias = Me.txtEconomias
dblConMinTotal = txtConFev
dblConMin = Nz(CDbl(Format(dblConMinTotal / intEconomias, "#.0")) / txtDias)
Me.txtConFev = dblConMinTotal

MsgBox dblConMin, vbInformation, "Consumo Mínimo/Economia"
Me.ValMedX = Nz(CDbl(Format(dblConMin, "#.0")))

intDias = Forms!CurvadoHidrometroDataInstalacaoEspecial!txtDias
strConsumo = Forms!CurvadoHidrometroDataInstalacaoEspecial!txtConFev

DoCmd.SetWarnings False
strSQL = "UPDATE tblCurvaHidrometro2 SET ConMesEconomiaFev = '" & strConsumo &
"' WHERE Matrícula = '" & strMatricula & "'"
CurrentDb.Execute strSQL
DoCmd.SetWarnings True
DoCmd.SetWarnings False
strSQL2 = "UPDATE tblCurvaHidrometro2 SET DiasVendaFev = " & intDias & " WHERE
Matrícula = '" & strMatricula & "'"
CurrentDb.Execute strSQL2
DoCmd.SetWarnings True

Case Is = 3
intEconomias = Me.txtEconomias
dblConMinTotal = txtConMar
dblConMin = Nz(CDbl(Format(dblConMinTotal / intEconomias, "#.0")) / txtDias)
Me.txtConMar = dblConMinTotal

MsgBox dblConMin, vbInformation, "Consumo Mínimo/Economia"
```

```
Me.ValMedX = Nz(CDbl(Format(dblConMin, "#.0")))
intDias = Forms!CurvadoHidrometroDataInstalacaoEspecial!txtDias
strConsumo = Forms!CurvadoHidrometroDataInstalacaoEspecial!txtConMar

DoCmd.SetWarnings False
strSQL = "UPDATE tblCurvaHidrometro2 SET ConMesEconomiaMar = '" & strConsumo &
"' WHERE Matrícula = '" & strMatricula & "'"
CurrentDb.Execute strSQL
DoCmd.SetWarnings True
DoCmd.SetWarnings False
strSQL2 = "UPDATE tblCurvaHidrometro2 SET DiasVendaMar = " & intDias & " WHERE
Matrícula = '" & strMatricula & "'"
CurrentDb.Execute strSQL2
DoCmd.SetWarnings True

Case Is = 4
intEconomias = Me.txtEconomias
dblConMinTotal = txtConAbr
dblConMin = Nz(CDbl(Format(dblConMinTotal / intEconomias, "#.0")) / txtDias)
Me.txtConAbr = dblConMinTotal

MsgBox dblConMin, vbInformation, "Consumo Mínimo/Economia"
Me.ValMedX = Nz(CDbl(Format(dblConMin, "#.0")))
intDias = Forms!CurvadoHidrometroDataInstalacaoEspecial!txtDias
strConsumo = Forms!CurvadoHidrometroDataInstalacaoEspecial!txtConAbr

DoCmd.SetWarnings False
strSQL = "UPDATE tblCurvaHidrometro2 SET ConMesEconomiaAbr = '" & strConsumo &
"' WHERE Matrícula = '" & strMatricula & "'"
CurrentDb.Execute strSQL
DoCmd.SetWarnings True
DoCmd.SetWarnings False
strSQL2 = "UPDATE tblCurvaHidrometro2 SET DiasVendaAbr = " & intDias & " WHERE
Matrícula = '" & strMatricula & "'"
CurrentDb.Execute strSQL2
DoCmd.SetWarnings True

Case Is = 5
intEconomias = Me.txtEconomias
dblConMinTotal = txtConMai
dblConMin = Nz(CDbl(Format(dblConMinTotal / intEconomias, "#.0")) / txtDias)
Me.txtConMai = dblConMinTotal

MsgBox dblConMin, vbInformation, "Consumo Mínimo/Economia"
Me.ValMedX = Nz(CDbl(Format(dblConMin, "#.0")))
intDias = Forms!CurvadoHidrometroDataInstalacaoEspecial!txtDias
```

```
strConsumo = Forms!CurvadoHidrometroDataInstalacaoEspecial!txtConMai

DoCmd.SetWarnings False
strSQL = "UPDATE tblCurvaHidrometro2 SET ConMesEconomiaMai = '" & strConsumo &
"' WHERE Matrícula = '" & strMatricula & "'"
CurrentDb.Execute strSQL
DoCmd.SetWarnings True
DoCmd.SetWarnings False
strSQL2 = "UPDATE tblCurvaHidrometro2 SET DiasVendaMai = " & intDias & " WHERE
Matrícula = '" & strMatricula & "'"
CurrentDb.Execute strSQL2
DoCmd.SetWarnings True

Case Is = 6
intEconomias = Me.txtEconomias
dblConMinTotal = txtConJun
dblConMin = Nz(CDbl(Format(dblConMinTotal / intEconomias, "#.0")) / txtDias)
Me.txtConJun = dblConMinTotal

MsgBox dblConMin, vbInformation, "Consumo Mínimo/Economia"
Me.ValMedX = Nz(CDbl(Format(dblConMin, "#.0")))
intDias = Forms!CurvadoHidrometroDataInstalacaoEspecial!txtDias
strConsumo = Forms!CurvadoHidrometroDataInstalacaoEspecial!txtConJun

DoCmd.SetWarnings False
strSQL = "UPDATE tblCurvaHidrometro2 SET ConMesEconomiaJun = '" & strConsumo &
"' WHERE Matrícula = '" & strMatricula & "'"
CurrentDb.Execute strSQL
DoCmd.SetWarnings True
DoCmd.SetWarnings False
strSQL2 = "UPDATE tblCurvaHidrometro2 SET DiasVendaJun = " & intDias & " WHERE
Matrícula = '" & strMatricula & "'"
CurrentDb.Execute strSQL2
DoCmd.SetWarnings True

Case Is = 7
intEconomias = Me.txtEconomias
dblConMinTotal = txtConJul
dblConMin = Nz(CDbl(Format(dblConMinTotal / intEconomias, "#.0")) / txtDias)
Me.txtConJul = dblConMinTotal

MsgBox dblConMin, vbInformation, "Consumo Mínimo/Economia"
Me.ValMedX = Nz(CDbl(Format(dblConMin, "#.0")))
intDias = Forms!CurvadoHidrometroDataInstalacaoEspecial!txtDias
strConsumo = Forms!CurvadoHidrometroDataInstalacaoEspecial!txtConJul
```

```
DoCmd.SetWarnings False
strSQL = "UPDATE tblCurvaHidrometro2 SET ConMesEconomiaJul = '" & strConsumo &
"' WHERE Matrícula = '" & strMatricula & "'"
CurrentDb.Execute strSQL
DoCmd.SetWarnings True
DoCmd.SetWarnings False
strSQL2 = "UPDATE tblCurvaHidrometro2 SET DiasVendaJul = " & intDias & " WHERE
Matrícula = '" & strMatricula & "'"
CurrentDb.Execute strSQL2
DoCmd.SetWarnings True

Case Is = 8
intEconomias = Me.txtEconomias
dblConMinTotal = txtConAgo
dblConMin = Nz(CDbl(Format(dblConMinTotal / intEconomias, "#.0")) / txtDias)
Me.txtConAgo = dblConMinTotal

MsgBox dblConMin, vbInformation, "Consumo Mínimo/Economia"
Me.ValMedX = Nz(CDbl(Format(dblConMin, "#.0")))
intDias = Forms!CurvadoHidrometroDataInstalacaoEspecial!txtDias
strConsumo = Forms!CurvadoHidrometroDataInstalacaoEspecial!txtConAgo

DoCmd.SetWarnings False
strSQL = "UPDATE tblCurvaHidrometro2 SET ConMesEconomiaAgo= '" & strConsumo & "'
WHERE Matrícula = '" & strMatricula & "'"
CurrentDb.Execute strSQL
DoCmd.SetWarnings True

DoCmd.SetWarnings False
strSQL2 = "UPDATE tblCurvaHidrometro2 SET DiasVendaAgo = " & intDias & " WHERE
Matrícula = '" & strMatricula & "'"
CurrentDb.Execute strSQL2
DoCmd.SetWarnings True

Case Is = 9
intEconomias = Me.txtEconomias
dblConMinTotal = txtConSet
dblConMin = Nz(CDbl(Format(dblConMinTotal / intEconomias, "#.0")) / txtDias)
Me.txtConSet = dblConMinTotal

MsgBox dblConMin, vbInformation, "Consumo Mínimo/Economia"
Me.ValMedX = Nz(CDbl(Format(dblConMin, "#.0")))
intDias = Forms!CurvadoHidrometroDataInstalacaoEspecial!txtDias
strConsumo = Forms!CurvadoHidrometroDataInstalacaoEspecial!txtConSet

DoCmd.SetWarnings False
```

```
strSQL = "UPDATE tblCurvaHidrometro2 SET ConMesEconomiaSet = '" & strConsumo &
"' WHERE Matrícula = '" & strMatricula & "'"
CurrentDb.Execute strSQL
DoCmd.SetWarnings True
DoCmd.SetWarnings False
strSQL2 = "UPDATE tblCurvaHidrometro2 SET DiasVendaSet = " & intDias & " WHERE
Matrícula = '" & strMatricula & "'"
CurrentDb.Execute strSQL2
DoCmd.SetWarnings True

Case Is = 10
intEconomias = Me.txtEconomias
dblConMinTotal = txtConOut
dblConMin = Nz(CDbl(Format(dblConMinTotal / intEconomias, "#.0")) / txtDias)
Me.txtConOut = dblConMinTotal


MsgBox dblConMin, vbInformation, "Consumo Mínimo/Economia"
Me.ValMedX = Nz(CDbl(Format(dblConMin, "#.0")))
intDias = Forms!CurvadoHidrometroDataInstalacaoEspecial!txtDias
strConsumo = Forms!CurvadoHidrometroDataInstalacaoEspecial!txtConOut

DoCmd.SetWarnings False
strSQL = "UPDATE tblCurvaHidrometro2 SET ConMesEconomiaOut = '" & strConsumo &
"' WHERE Matrícula = '" & strMatricula & "'"
CurrentDb.Execute strSQL
DoCmd.SetWarnings True
DoCmd.SetWarnings False
strSQL2 = "UPDATE tblCurvaHidrometro2 SET DiasVendaOut = " & intDias & " WHERE
Matrícula = '" & strMatricula & "'"
CurrentDb.Execute strSQL2
DoCmd.SetWarnings True

Case Is = 11
intEconomias = Me.txtEconomias
dblConMinTotal = txtConNov
dblConMin = Nz(CDbl(Format(dblConMinTotal / intEconomias, "#.0")) / txtDias)
Me.txtConNov = dblConMinTotal


MsgBox dblConMin, vbInformation, "Consumo Mínimo/Economia"
Me.ValMedX = Nz(CDbl(Format(dblConMin, "#.0")))
intDias = Forms!CurvadoHidrometroDataInstalacaoEspecial!txtDias
strConsumo = Forms!CurvadoHidrometroDataInstalacaoEspecial!txtConNov

DoCmd.SetWarnings False
```

```
strSQL = "UPDATE tblCurvaHidrometro2 SET ConMesEconomiaNov = '" & strConsumo &
"' WHERE Matrícula = '" & strMatricula & "'"
CurrentDb.Execute strSQL
DoCmd.SetWarnings True
DoCmd.SetWarnings False
strSQL2 = "UPDATE tblCurvaHidrometro2 SET DiasVendaNov = " & intDias & " WHERE
Matrícula = '" & strMatricula & "'"
CurrentDb.Execute strSQL2
DoCmd.SetWarnings True


Case Is = 12
intEconomias = Me.txtEconomias
dblConMinTotal = txtConDez
dblConMin = Nz(CDbl(Format(dblConMinTotal / intEconomias, "#.0")) / txtDias)
Me.txtConDez = dblConMinTotal

MsgBox dblConMin, vbInformation, "Consumo Mínimo/Economia"
Me.ValMedX = Nz(CDbl(Format(dblConMin, "#.0")))
intDias = Forms!CurvadoHidrometroDataInstalacaoEspecial!txtDias
strConsumo = Forms!CurvadoHidrometroDataInstalacaoEspecial!txtConDez

DoCmd.SetWarnings False
strSQL = "UPDATE tblCurvaHidrometro2 SET ConMesEconomiaDez = '" & strConsumo &
"' WHERE Matrícula = '" & strMatricula & "'"
CurrentDb.Execute strSQL
DoCmd.SetWarnings True
DoCmd.SetWarnings False
strSQL2 = "UPDATE tblCurvaHidrometro2 SET DiasVendaDez = " & intDias & " WHERE
Matrícula = '" & strMatricula & "'"
CurrentDb.Execute strSQL2
DoCmd.SetWarnings True

End Select
End Sub
```

E por último a função que determina a média de consumo do imóvel apontando para a alta de consumo, caso houver:

```
Public Function IndicaHiperConsumo(intj As Double)

On Error Resume Next
Dim dblSimb1, dblSimb2, dblSimb3, dblSimb4, dblSimb5, dblSimb6, dblSimb7,
dblSimb8, dblSimb9, dblSimb10, dblSimb11, dblSimb12 As Variant
Dim Maximo1, Maximo2, Maximo3, Maximo4, Maximo5, Maximo6, Maximo7, Maximo8, Ma-
```

```
ximo9, Maximo10, Maximo11, Maximo12 As Variant
Dim intEconomias As Long
Dim dblConMinTotal As Double

dblSimb1 = Replace(right(Simb1, 3), ",", ".")
dblSimb2 = Replace(right(Simb2, 3), ",", ".")
dblSimb3 = Replace(right(Simb3, 3), ",", ".")
dblSimb4 = Replace(right(Simb4, 3), ",", ".")
dblSimb5 = Replace(right(Simb5, 3), ",", ".")
dblSimb6 = Replace(right(Simb6, 3), ",", ".")
dblSimb7 = Replace(right(Simb7, 3), ",", ".")
dblSimb8 = Replace(right(Simb8, 3), ",", ".")
dblSimb9 = Replace(right(Simb9, 3), ",", ".")
dblSimb10 = Replace(right(Simb10, 3), ",", ".")
dblSimb11 = Replace(right(Simb11, 3), ",", ".")
dblSimb12 = Replace(right(Simb12, 3), ",", ".")

Maximo1 = Val(dblSimb1)
Maximo2 = Val(dblSimb2)
Maximo3 = Val(dblSimb3)
Maximo4 = Val(dblSimb4)
Maximo5 = Val(dblSimb5)
Maximo6 = Val(dblSimb6)
Maximo7 = Val(dblSimb7)
Maximo8 = Val(dblSimb8)
Maximo9 = Val(dblSimb9)
Maximo10 = Val(dblSimb10)
Maximo11 = Val(dblSimb11)
Maximo12 = Val(dblSimb12)

intEconomias = Me.txtEconomias
dblConMinTotal = Me.txtConMin
intj = Nz(CDbl(Format(dblConMinTotal / intEconomias, "#.0")))

    Select Case cboMes
    Case Is = 1
    If Maximo1 > intj Then
    Me.lblMes1.ForeColor = RGB(255, 0, 0)
    Else
    Me.lblMes1.ForeColor = RGB(0, 255, 0)
    End If
    Case Is = 2
    If Maximo2 > intj Then
    Me.lblMes2.ForeColor = RGB(255, 0, 0)
    Else
    Me.lblMes2.ForeColor = RGB(0, 255, 0)
```

```
End If
Case Is = 3
If Maximo3 > intj Then
Me.lblMes3.ForeColor = RGB(255, 0, 0)
Else
Me.lblMes3.ForeColor = RGB(0, 255, 0)
End If
Case Is = 4
If Maximo4 > intj Then
Me.lblMes4.ForeColor = RGB(255, 0, 0)
Else
Me.lblMes4.ForeColor = RGB(0, 255, 0)
End If
Case Is = 5
If Maximo5 > intj Then
Me.lblMes5.ForeColor = RGB(255, 0, 0)
Else
Me.lblMes5.ForeColor = RGB(0, 255, 0)
End If
Case Is = 6
If Maximo6 > intj Then
Me.lblMes6.ForeColor = RGB(255, 0, 0)
Else
Me.lblMes6.ForeColor = RGB(0, 255, 0)
End If
Case Is = 7
If Maximo7 > intj Then
Me.lblMes7.ForeColor = RGB(255, 0, 0)
Else
Me.lblMes7.ForeColor = RGB(0, 255, 0)
End If
Case Is = 8
If Maximo8 > intj Then
Me.lblMes8.ForeColor = RGB(255, 0, 0)
Else
Me.lblMes8.ForeColor = RGB(0, 255, 0)
End If
Case Is = 9
If Maximo9 > intj Then
Me.lblMes9.ForeColor = RGB(255, 0, 0)
Else
Me.lblMes9.ForeColor = RGB(0, 255, 0)
End If
Case Is = 10
If Maximo10 > intj Then
Me.lblMes10.ForeColor = RGB(255, 0, 0)
```

```
    Else
    Me.lblMes10.ForeColor = RGB(0, 255, 0)
    End If
    Case Is = 11
    If Maximo11 > intj Then
    Me.lblMes11.ForeColor = RGB(255, 0, 0)
    Else
    Me.lblMes11.ForeColor = RGB(0, 255, 0)
    End If
    Case Is = 12
    If Maximo12 > intj Then
    Me.lblMes12.ForeColor = RGB(255, 0, 0)
    Else
    Me.lblMes12.ForeColor = RGB(0, 255, 0)
    End If
    End Select

End Function
```

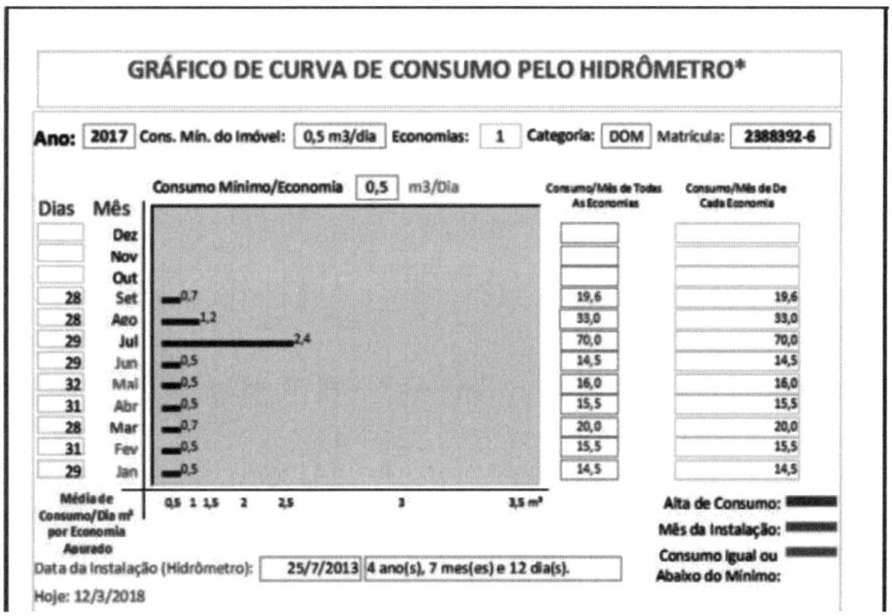

Observe que da divisão da Média de Consumo/Dia pelo número de economias temos um consumo menor ou igual a 0,5 m3/dia que é o consumo mínimo do imóvel, portanto não houve Alta de Consumo e assim portanto, a cor do rótulo de cada mês é verde como consumo Abaixo do Mínimo.

Qual é a função que executa este cálculo? É a função *IndicaHiperConsumo* com argumento estudada acima do formulário ou aplicativo. Ao chamarmos esta função pelo botão *Gerar Gráfico*, teremos como parâmetro desta função a caixa de texto *txtConMin* que possui o consumo mínimo diário do imóvel do total de economias existentes.

Será que terei que criar uma nova função para indicar as cores devidas no relatório? Não. Basta referenciar para cada rótulo do mês a cor existente no formulário principal.

Veja o novo código da função *IndicaHiperConsumo* dentro do relatório:

```
Public Sub IndicaHiperConsumo()
On Error Resume Next
With Me
.lblMes1.ForeColor = Forms!CurvadoHidrometroDataInstalacao!lblMes1.ForeColor
.lblMes2.ForeColor = Forms!CurvadoHidrometroDataInstalacao!lblMes2.ForeColor
.lblMes3.ForeColor = Forms!CurvadoHidrometroDataInstalacao!lblMes3.ForeColor
.lblMes4.ForeColor = Forms!CurvadoHidrometroDataInstalacao!lblMes4.ForeColor
.lblMes5.ForeColor = Forms!CurvadoHidrometroDataInstalacao!lblMes5.ForeColor
.lblMes6.ForeColor = Forms!CurvadoHidrometroDataInstalacao!lblMes6.ForeColor
.lblMes7.ForeColor = Forms!CurvadoHidrometroDataInstalacao!lblMes7.ForeColor
.lblMes8.ForeColor = Forms!CurvadoHidrometroDataInstalacao!lblMes8.ForeColor
.lblMes9.ForeColor = Forms!CurvadoHidrometroDataInstalacao!lblMes9.ForeColor
.lblMes10.ForeColor = Forms!CurvadoHidrometroDataInstalacao!lblMes10.ForeColor
.lblMes11.ForeColor = Forms!CurvadoHidrometroDataInstalacao!lblMes11.ForeColor
.lblMes12.ForeColor = Forms!CurvadoHidrometroDataInstalacao!lblMes12.ForeColor
End With
End Sub
```

Bem simples, não?

E a chamada a esta sub-rotina? Pela abertura do relatório.

```
Private Sub Report_Open(Cancel As Integer)
On Error Resume Next
Dim dblConMin As Double

Me.RecordSource = "SELECT * FROM tblCurvaHidrometro2 WHERE Matrícula = Forms!Cur
vadoHidrometroDataInstalacaoEspecial!txtMatricula AND Ano = Forms!CurvadoHidrome
troDataInstalacaoEspecial!txtAno"
Me.lblHoje.Caption = "Hoje: " & Date
Call IndicaHiperConsumo
dblConMin = Forms!CurvadoHidrometroDataInstalacaoEspecial!txtConMin /
Me.Economias
Me.txtConMin = dblConMin
End Sub
```

Código do botão Gerar Gráfico:

```
Private Sub cmdGerar_Click()
On Error Resume Next
Call Grafico
```

```
Call IndicaHiperConsumo(txtConMin)
Call CalculaIdade(txtDataInstalacao)
Call AlteraCor

End Sub
```

4.4 Implementação Gráfica Eventual Utilizando a Função DLookup

Uma outra opção de criar o gráfico de consumo por mês com uma barra de progresso de asteriscos, é utilizando a função *Dlookup* para pesquisar na tabela os valores de consumo já existentes para cada mês. Em vez de gerar o gráfico mês a mês, por que não obter o mesmo resultado instantaneamente para todos os meses, a partir de dados já implantados na tabela?

Dependendo da tabela com dados já implantados e até mesmo vindo de uma base de dados MySQL ou SQL Server, poderemos utilizar a função de domínio agregado *Dlookup* para alcançar esse fim. Para implantar em toda a base de dados a barra de progresso com asteriscos através da função MontaGrafico, devemos utilizar a função *PercorrerRegistros*já estudada no CAPÍTULO 1.

Vejamos a função abaixo cuidadosamente e como ela foi desenvolvida.

```
Public Function MontaGrafico()
On Error Resume Next
Dim intx1, intx2, intx3, intx4, intx5, intx6, intx7, intx8, intx9, intx10,
intx11, intx12, inty As Integer
Diminti, intp As Integer
DimintFator As Integer
Dimintk(12) As Variant
DimintCod As Integer

intCod = Nz(DLookup("Código", "tblCurvaHidrometro3", "Matrícula = Forms!CurvadoH
idrometroConsumoRelogio!Matrícula"))

intFator = Me.txtFator    'Coeficiente determinante da numeração e sequencia de
asteriscos

'Vetores de busca do valor do consumo mensal contido nos campos Jan, Fev, etc.
intk(1) = Nz(DLookup("Jan", "tblCurvaHidrometro3", "Código = " &intCod))
intk(2) = Nz(DLookup("Fev", "tblCurvaHidrometro3", "Código = " &intCod))
intk(3) = Nz(DLookup("Mar", "tblCurvaHidrometro3", "Código = " &intCod))
intk(4) = Nz(DLookup("Abr", "tblCurvaHidrometro3", "Código = " &intCod))
intk(5) = Nz(DLookup("Mai", "tblCurvaHidrometro3", "Código = " &intCod))
intk(6) = Nz(DLookup("Jun", "tblCurvaHidrometro3", "Código = " &intCod))
intk(7) = Nz(DLookup("Jul", "tblCurvaHidrometro3", "Código = " &intCod))
intk(8) = Nz(DLookup("Ago", "tblCurvaHidrometro3", "Código = " &intCod))
intk(9) = Nz(DLookup("Set", "tblCurvaHidrometro3", "Código = " &intCod))
```

```
intk(10) = Nz(DLookup("Out", "tblCurvaHidrometro3", "Código = " &intCod))
intk(11) = Nz(DLookup("Nov", "tblCurvaHidrometro3", "Código = " &intCod))
intk(12) = Nz(DLookup("Dez", "tblCurvaHidrometro3", "Código = " &intCod))


'Variáveis intx limite máximo alcançado pelo looping FOR que vem a seguir para
gerar a barra de progresso de asteriscos (*)

intx1 = Nz(CInt(intk(1) / intFator))
intx2 = Nz(CInt(intk(2) / intFator))
intx3 = Nz(CInt(intk(3) / intFator))
intx4 = Nz(CInt(intk(4) / intFator))
intx5 = Nz(CInt(intk(5) / intFator))
intx6 = Nz(CInt(intk(6) / intFator))
intx7 = Nz(CInt(intk(7) / intFator))
intx8 = Nz(CInt(intk(8) / intFator))
intx9 = Nz(CInt(intk(9) / intFator))
intx10 = Nz(CInt(intk(10) / intFator))
intx11 = Nz(CInt(intk(11) / intFator))
intx12 = Nz(CInt(intk(12) / intFator))


If InStr(1, Simb1, txtSimbo) > 0 Then    'Função InStr para localizar o símbolo
de asterisco na caixa de texto Simb1. Se localizar o asterisco(txtSimbo) nacaixa
de texto Simb1 nada faz, isto é, não repete a sequência desímbolos, caso o usuá-
rio clicar no botão uma segunda vez.

Exit Function
Else                                      'Caso contrário

        For intp = 1 To intx1
Simb1 = Simb1 & txtSimbo                  'Com a recursividade aplicada aqui gera-
mos uma sequência de símbolos(txtSimbo)
        Next intp
lblMes1.ForeColor = RGB(0, 255, 0)     'O rótulo referente ao mês fica em vermelho
        Simb1 = Simb1 &intk(1) '& " m³"
Simb1.ForeColor = RGB(205, 205, 205)    'A caixa com a sequência deixo na cor
cinza
Simb1 = Mid(Simb1, 4, Len(Simb1))    'Usa-se a função Mid aqui para capturar ape-
nas a partir do primeiro asterisco até o valor do consumo como modificação no
formato do número para 4 algarismos aqui
End If

        If InStr(1, Simb2, txtSimbo) > 0 Then
        Exit Function
        Else
```

```
For intp = 1 To intx2
Simb2 = Simb2 &txtSimbo
Next intp
lblMes2.ForeColor = RGB(0, 255, 0)
Simb2 = Simb2 &intk(2) '& " m³"
Simb2.ForeColor = RGB(205, 205, 205)
Simb2 = Mid(Simb2, 4, Len(Simb2))
End If

If InStr(1, Simb3, txtSimbo) > 0 Then
Exit Function
Else

For intp = 1 To intx3
Simb3 = Simb3 &txtSimbo
Next intp
lblMes3.ForeColor = RGB(0, 255, 0)
Simb3 = Simb3 &intk(3) '& " m³"
Simb3.ForeColor = RGB(205, 205, 205)
Simb3 = Mid(Simb1, 4, Len(Simb3))
End If

If InStr(1, Simb4, txtSimbo) > 0 Then
Exit Function
Else

For intp = 1 To intx4
Simb4 = Simb4 &txtSimbo
Next intp
lblMes4.ForeColor = RGB(0, 255, 0)
Simb4 = Simb4 &intk(4) '& " m³"
Simb4.ForeColor = RGB(205, 205, 205)
Simb4 = Mid(Simb4, 4, Len(Simb4))
End If

If InStr(1, Simb5, txtSimbo) > 0 Then
Exit Function
Else

For intp = 1 To intx5
Simb5 = Simb5 &txtSimbo
Next intp
lblMes5.ForeColor = RGB(0, 255, 0)
Simb5 = Simb5 &intk(5) '& " m³"
Simb5.ForeColor = RGB(205, 205, 205)
```

```
Simb5 = Mid(Simb5, 4, Len(Simb5))
End If

If InStr(1, Simb6, txtSimbo) > 0 Then
Exit Function
Else

For intp = 1 To intx6
Simb6 = Simb6 &txtSimbo
Next intp
lblMes6.ForeColor = RGB(0, 255, 0)
Simb6 = Simb6 &intk(6) '& " m³"
Simb6.ForeColor = RGB(205, 205, 205)
Simb6 = Mid(Simb6, 4, Len(Simb6))
End If

If InStr(1, Simb7, txtSimbo) > 0 Then
Exit Function
Else

For intp = 1 To intx7
Simb7 = Simb7 &txtSimbo
Next intp
lblMes7.ForeColor = RGB(0, 255, 0)
Simb7 = Simb7 &intk(7) '& " m³"
Simb7.ForeColor = RGB(205, 205, 205)
Simb7 = Mid(Simb7, 4, Len(Simb7))
End If

If InStr(1, Simb8, txtSimbo) > 0 Then
Exit Function
Else

For intp = 1 To intx8
Simb8 = Simb8 &txtSimbo
Next intp
lblMes8.ForeColor = RGB(0, 255, 0)
Simb8 = Simb8 &intk(8) '& " m³"
Simb8.ForeColor = RGB(205, 205, 205)
Simb8 = Mid(Simb8, 4, Len(Simb8))
End If

If InStr(1, Simb9, txtSimbo) > 0 Then
Exit Function
Else
```

```
        For intp = 1 To intx9
        Simb9 = Simb9 &txtSimbo
        Next intp
        lblMes9.ForeColor = RGB(0, 255, 0)
        Simb9 = Simb9 &intk(9) '& " m³"
        Simb9.ForeColor = RGB(205, 205, 205)
        Simb9 = Mid(Simb9, 4, Len(Simb9))
        End If

        If InStr(1, Simb10, txtSimbo) > 0 Then
        Exit Function
        Else

        For intp = 1 To intx10
        Simb10 = Simb10 &txtSimbo
        Next intp
        lblMes10.ForeColor = RGB(0, 255, 0)
        Simb10 = Simb10 &intk(10) '& " m³"
        Simb10.ForeColor = RGB(205, 205, 205)
        Simb10 = Mid(Simb10, 4, Len(Simb10))
        End If

        If InStr(1, Simb11, txtSimbo) > 0 Then
        Exit Function
        Else

        For intp = 1 To intx11
        Simb11 = Simb11 &txtSimbo
        Next intp
        lblMes11.ForeColor = RGB(0, 255, 0)
        Simb11 = Simb11 &intk(11) '& " m³"
        Simb11.ForeColor = RGB(205, 205, 205)
        Simb11 = Mid(Simb11, 4, Len(Simb11))
        End If

        If InStr(1, Simb12, txtSimbo) > 0 Then
        Exit Function
        Else
        For intp = 1 To intx12
        Simb12 = Simb12 &txtSimbo
        Next intp
        lblMes12.ForeColor = RGB(0, 255, 0)
        Simb12 = Simb12 &intk(12) '& " m³"
        Simb12.ForeColor = RGB(205, 205, 205)
        Simb12 = Mid(Simb12, 4, Len(Simb12))
End If
```

```
DoCmd.RunCommandacCmdSaveRecord
EndFunction
```

Veja o aplicativo que avalia o consumo mensal graficamente e informa do lado a média de consumo diário por mês:

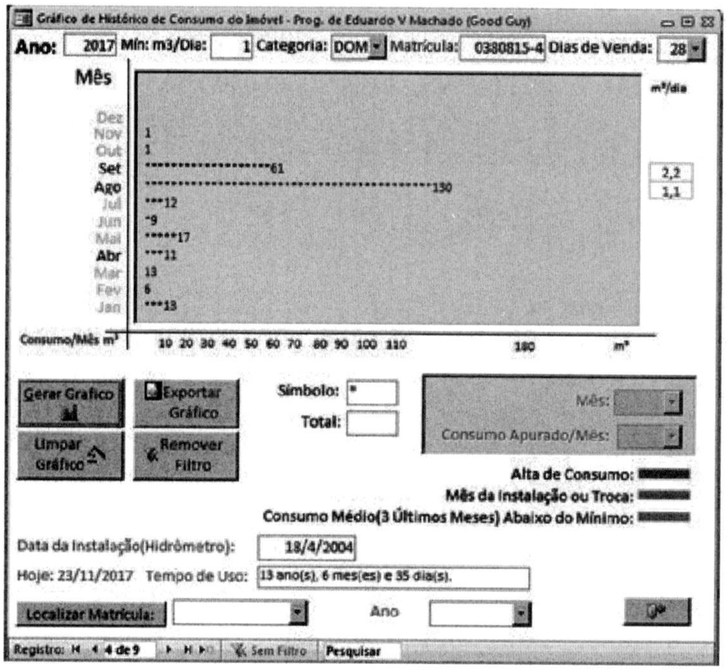

Ao exportar o gráfico teremos o seguinte:

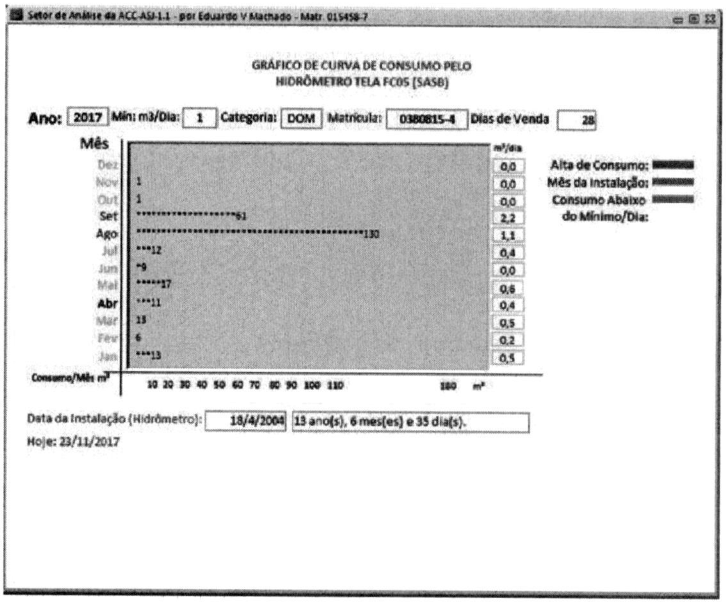

Teremos que modificar o código do botão *Gerar Gráfico*para extender a possibilidade de montar o gráfico agora com a função acima.

```
Private Sub cmdGerar_Click()
On Error Resume Next
Dim strMsg As String
Dim intRetVal As Integer

strMsg = "Deseja criar um gráfico mês a mês ou por consulta?"
intRetVal = MsgBox(strMsg, vbQuestion + vbYesNoCancel, "Gráfico de Consumo")
   Select Case intRetVal
   Case Is = vbYes
   CallGrafico
   CallIndicaHiperConsumo()
   Call CalculaIdade(txtDataInstalacao)
   Call AlteraCor
   With Me
   .ValMedX.Enabled = True
   .cboMes.Enabled = True
   End With

   Case Is = vbNo
   Call MontaGrafico
   Call IndicaHiperConsumo2()
   Call CalculaIdade(txtDataInstalacao)
   Call AlteraCor
   With Me
   .ValMedX.Enabled = False
   .cboMes.Enabled = False
   End With
   Case Is = vbCancel
   Exit Sub
   EndSelect
End Sub
```

Temos agora uma segunda função para indicar através de cor se houve uma alta de consumo ou não em cada mês.

```
Public Function IndicaHiperConsumo2()
On Error Resume Next
Dim dblSimb1, dblSimb2, dblSimb3, dblSimb4, dblSimb5, dblSimb6, dblSimb7,
dblSimb8, dblSimb9, dblSimb10, dblSimb11, dblSimb12 As Variant
Dim Maximo1, Maximo2, Maximo3, Maximo4, Maximo5, Maximo6, Maximo7, Maximo8, Ma-
ximo9, Maximo10, Maximo11, Maximo12 As Double
Dim intx As Long

'Variáveis que farão a substituição da vírgula por ponto dos valores de consumo
diário. No ambiente VBA só é aceitável o ponto para diferenciar o valor inteiro
das casas decimais
```

```
dblSimb1 = Replace(right(Simb1, 2), ",", ".")
dblSimb2 = Replace(right(Simb2, 2), ",", ".")
dblSimb3 = Replace(right(Simb3, 2), ",", ".")
dblSimb4 = Replace(right(Simb4, 2), ",", ".")
dblSimb5 = Replace(right(Simb5, 2), ",", ".")
dblSimb6 = Replace(right(Simb6, 2), ",", ".")
dblSimb7 = Replace(right(Simb7, 2), ",", ".")
dblSimb8 = Replace(right(Simb8, 2), ",", ".")
dblSimb9 = Replace(right(Simb9, 2), ",", ".")
dblSimb10 = Replace(right(Simb10, 2), ",", ".")
dblSimb11 = Replace(right(Simb11, 2), ",", ".")
dblSimb12 = Replace(right(Simb12, 2), ",", ".")

intx = Me.cboDiasdeVenda.Column(0)

'Variáveis que indicam pela divisão do valor do consumo mensal pelos dias de
venda a média diária de consumo do imóvel


Maximo1 = Val(dblSimb1) / Val(intx)
Maximo2 = Val(dblSimb2) / Val(intx)
Maximo3 = Val(dblSimb3) / Val(intx)
Maximo4 = Val(dblSimb4) / Val(intx)
Maximo5 = Val(dblSimb5) / Val(intx)
Maximo6 = Val(dblSimb6) / Val(intx)
Maximo7 = Val(dblSimb7) / Val(intx)
Maximo8 = Val(dblSimb8) / Val(intx)
Maximo9 = Val(dblSimb9) / Val(intx)
Maximo10 = Val(dblSimb10) / Val(intx)
Maximo11 = Val(dblSimb11) / Val(intx)
Maximo12 = Val(dblSimb12) / Val(intx)

'Variável que captura o valor do consumo mínimo diário do imóvel
intj = Me.txtConMin

    If Maximo1 >intj Then
Me.lblMes1.ForeColor = RGB(255, 0, 0) 'Cor Vermelha que indica valor crítico de
consumo
Me.Min1.Visible = True
    Me.Min1 = Maximo1
Else
Me.lblMes1.ForeColor = RGB(0, 255, 0) 'Cor Verde que indica valor bom de consu-
mo, isto é abaixo do consumo mínimo

Me.Min1.Visible = False
```

```
Me.Min1 = Maximo1
End If

If Maximo2 >intj Then
Me.lblMes2.ForeColor = RGB(255, 0, 0)
Me.Min2.Visible = True
Me.Min2 = Maximo1
Else
Me.lblMes2.ForeColor = RGB(0, 255, 0)
Me.Min2.Visible = False
Me.Min2 = Maximo2
End If

If Maximo3 >intj Then
Me.lblMes3.ForeColor = RGB(255, 0, 0)
Me.Min3.Visible = True
Me.Min3 = Maximo3
Else
Me.lblMes3.ForeColor = RGB(0, 255, 0)
Me.Min3.Visible = False
Me.Min3 = Maximo3
End If

If Maximo4 >intj Then
Me.lblMes4.ForeColor = RGB(255, 0, 0)
Me.Min4.Visible = True
Me.Min4 = Maximo4
Else
Me.lblMes4.ForeColor = RGB(0, 255, 0)
Me.Min4.Visible = False
Me.Min4 = Maximo4
End If

If Maximo5 >intj Then
Me.lblMes5.ForeColor = RGB(255, 0, 0)
Me.Min5.Visible = True
Me.Min5 = Maximo5
Else
Me.lblMes5.ForeColor = RGB(0, 255, 0)
Me.Min5.Visible = False
Me.Min5 = Maximo5
End If

If Maximo6 >intj Then
Me.lblMes6.ForeColor = RGB(255, 0, 0)
Me.Min6.Visible = True
```

```
Me.Min6 = Maximo6
Else
Me.lblMes6.ForeColor = RGB(0, 255, 0)
Me.Min6.Visible = False
Me.Min6 = Maximo6
End If

If Maximo7 >intj Then
Me.lblMes7.ForeColor = RGB(255, 0, 0)
Me.Min7.Visible = True
Me.Min7 = Maximo7
Else
Me.lblMes7.ForeColor = RGB(0, 255, 0)
Me.Min7.Visible = False
Me.Min7 = Maximo7
End If

If Maximo8 >intj Then
Me.lblMes8.ForeColor = RGB(255, 0, 0)
Me.Min8.Visible = True
Me.Min8 = Maximo8
Else
Me.lblMes8.ForeColor = RGB(0, 255, 0)
Me.Min8.Visible = False
Me.Min8 = Maximo8
End If

If Maximo9 >intj Then
Me.lblMes9.ForeColor = RGB(255, 0, 0)
Me.Min9.Visible = True
Me.Min9 = Maximo9
Else
Me.lblMes9.ForeColor = RGB(0, 255, 0)
Me.Min9.Visible = False
Me.Min9 = Maximo9
End If

If Maximo10 >intj Then
Me.lblMes10.ForeColor = RGB(255, 0, 0)
Me.Min10.Visible = True
Me.Min10 = Maximo10
Else
Me.lblMes10.ForeColor = RGB(0, 255, 0)
Me.Min10.Visible = False
Me.Min10 = Maximo10
End If
```

```
If Maximo11 >intj Then
Me.lblMes11.ForeColor = RGB(255, 0, 0)
Me.Min11.Visible = True
Me.Min11 = Maximo11
Else
Me.lblMes11.ForeColor = RGB(0, 255, 0)
Me.Min11.Visible = False
Me.Min11 = Maximo11
End If

If Maximo12 >intj Then
Me.lblMes12.ForeColor = RGB(255, 0, 0)
Me.Min12.Visible = True
Me.Min12 = Maximo12
Else
Me.lblMes12.ForeColor = RGB(0, 255, 0)
Me.Min12.Visible = False
Me.Min12 = Maximo12
EndIf
End Function
```

Caso o analista ou programador for solicitado que o aplicativo seja usado para somente um grupo de usuários que farão suas análises e criações de gráfico individuais, a ideia então é criar um formulário auxiliar para preencher somente os dados de consumo do imóvel e a sua matrícula, e a partir daí abrir o aplicativo para geração do gráfico.

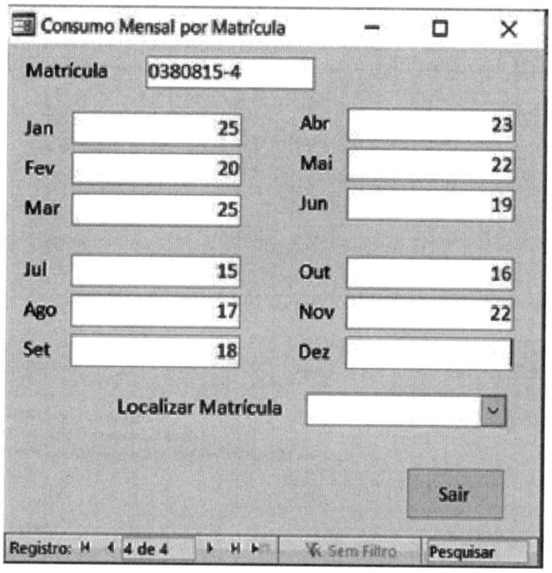

Pronto !!! Vamos agora criar o código na saída do formulário para que se abra o aplicativo justamente com os dados da matrícula desejada, isto é, 0380815-4.

```
Private Sub cmdSair_Click()
On Error Resume Next
DoCmd.OpenForm "CurvadoHidrometroConsumoRelogio", acNormal, , "Matrícula=Forms!C
onsumoMensalporMatricula!Matrícula"
End Sub
```

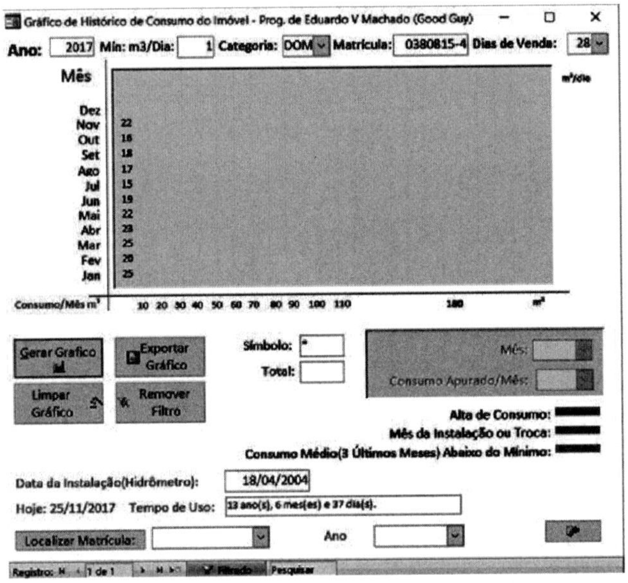

Vamos gerar o gráfico agora:

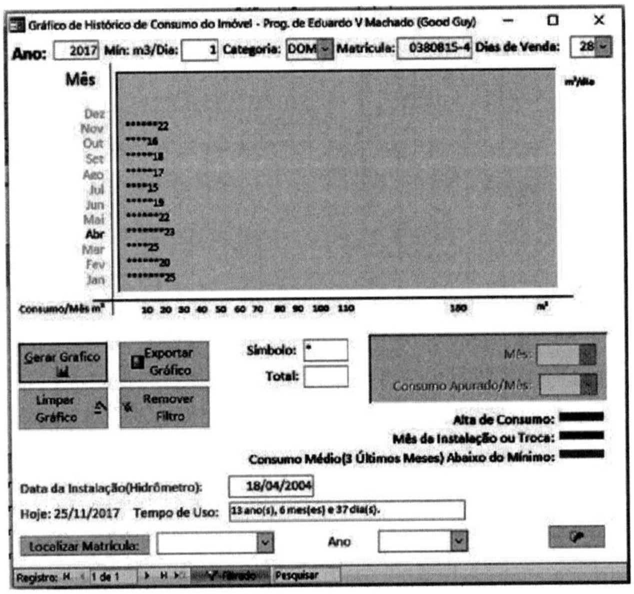

Veja como instantaneamente o gráfico de barras de asteriscos é gerado. A partir daí, você pode modificar o tipo de símbolo que mais lhe convenha e que se aproxime de um bloco que nos forneça um gráfico de barras propriamente dito, com modificações na escala das coordenadas horizontais de nosso gráfico. Em nosso exemplo, no entanto, para o fim que me propus, já é bastante claro e eficaz para uma apresentação o uso do símbolo asterisco(*).

Agora vamos ampliar o leque de nossa apresentação com um gráfico mais completo para impressão.

Os dados de consumo mínimo diário são obtidos a partir da função *IndicaHiperConsumo2*, com as variáveis Min1, Min2,... e, assim por diante.

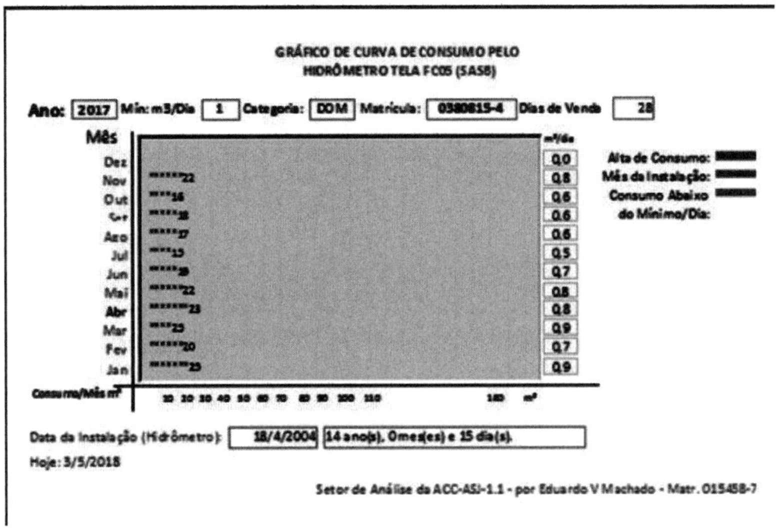

4.5 Exercícios Propostos

1. Desenvolva um sistema com uma série de programas de controle dos gráficos de consumo de energia elétrica, consumo de água e consumo de gás.

2. Desenvolva um sistema de academia com gráficos e controle de dados individuais de evolução física por frequentador.

CAPÍTULO 5

Aplicação em Administração com a Função Dlookup

Para completarmos o nosso curso, vamos aprender a desenvolver aplicativos na área de Administração com este aplicativo chamado *Finatech*.

1º Passo: Selecione o valor de crédito
2º Passo: Selecione a categoria
3º Passo: Acrescente itens até completar o orçamento.

Ao clicar duas vezes no campo Valor, temos a opção de calcular um orçamento ou gerar uma estatística de comprar com o crédito fornecido.

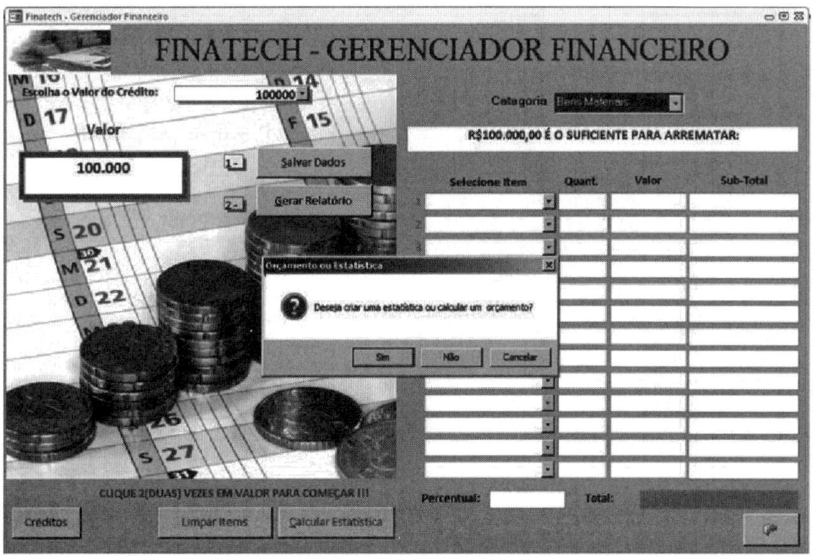

Vamos visualizar melhor a MsgBox.

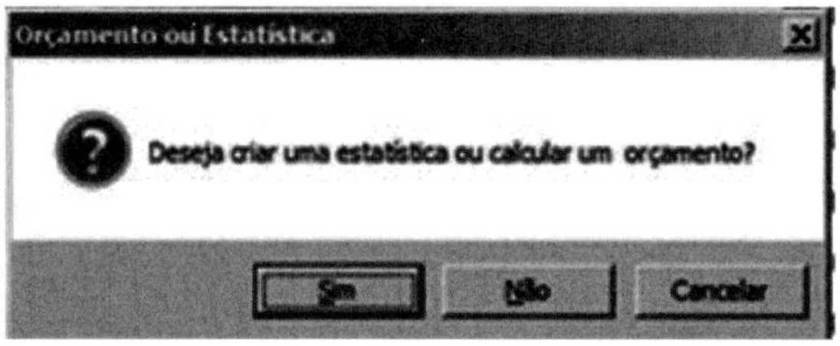

1. Estatística

2. Orçamento:

Como deverá ficar o código Access VBA pelo duplo-clique da caixa de texto *Valor*?

```
Private Sub txtValor1_DblClick(Cancel As Integer)
On Error Resume Next
Dim Pergunta As String
Dim strMsg As String
Dim intRetVal As Integer
Dim sValor As String
Dim sValor1 As String
Dim sNum As Double

If Not IsNull(cboNumero.Column(0)) Then

strMsg = "Deseja criar uma estatística ou calcular um  orçamento?"
intRetVal = MsgBox(strMsg, vbQuestion + vbYesNoCancel, "Orçamento ou Estatísti-
ca")

Select Case intRetVal
Case vbYes
Me.opt1.Value = -1
sValor = Format(txtValor1, "R$#,##0.00")
ValorPrincipal = "" & sValor & " É O SUFICIENTE PARA ARREMATAR:"
Case vbNo
Me.opt1.Value = 0
sValor1 = Format(txtValor1, "R$#,##0.00")
sNum = "UPDATE tblValorTemp SET Temp = " & sValor1
DoCmd.RunSQL sNum
Me.ValorTemporario = "CRÉDITO INICIAL DE: " & sValor1 & ""
Case vbCancel
Exit Sub
End Select
Else
MsgBox "VOCÊ NÃO DIGITOU AINDA UM VALOR DE CRÉDITO INICIAL !!!", vbCritical,
"POR FAVOR, DIGITE UM VALOR"
End If
End Sub
```

Retirei do código alguns controles cuja propriedade *Visible*será *True* ou *False* a fim de facilitar a compreensão do código.Observe que temos uma tabela *tblValorTemp* que será alterada no campo *Temp* que receberá as variáveis de crédito fornecido pelo usuário.

Vamos analisar os comboboxes de itens:

```
Private Sub cboItem_AfterUpdate()
On Error Resume Next
```

```
Dim sItem As String

If Not IsNull(cboItem) Then
sItem = Forms!frmOrcamento!cboItem

'Campo Valor
Val1 = Format(Nz(DLookup("Valor", "tblItens", "CodigoItem = '" & sItem & "'"),
"#,##0.00"))
Me.lblNum2.Caption = 2

Me.Rec1 = Me.Quant1 * Me.Val1   'Campo Sub-Total recebe o produto do campo Quant
vezes Valor
End If

End Sub
```

Função Sincronização de 1 a 13:

```
Public Function Sincronizacao(nValor1 As Long)
On Error Resume Next
Dim n1 As Long
Dim P1 As Double

nValor1 = txtValor1
n1 = Val1

 If Not IsNull(n1) Then
 P1 = CInt(nValor1 / n1)
 Me.Quant1 = Round(P1)
 Me.Rec1 = Me.Quant1 * Me.Val1
 End If
End Function
```

....

```
Public Function Sincronizacao13(nValor1 As Long)
On Error Resume Next

Dim n1 As Long
Dim n2 As Long
Dim n3 As Long
.........
Dim n13 As Long
Dim P1 As Double
Dim P2 As Double
Dim P3 As Double
```

```
.........
Dim P13 As Double

n1 = Val1
n2 = Val2
n3 = Val3
.........
n13 = Val13

nValor1 = txtValor1

 If Not IsNull(n1) Then
 P1 = nValor1 / n1
 Me.Quant1 = Round(P1)
 Me.Rec1 = Me.Quant1 * Me.Val1
 End If
 If Not IsNull(n2) Then
 P2 = nValor1 / n2
 Me.Quant2 = Round(P2)
 Me.Rec2 = Me.Quant2 * Me.Val2
 End If
 If Not IsNull(n3) Then
 P3 = nValor1 / n3
 Me.Quant3 = Round(P3)
 Me.Rec3 = Me.Quant3 * Me.Val3
 End If
 .........
 If Not IsNull(n13) Then
 P13 = nValor1 / n13
 Me.Quant13 = Round(P13)
 Me.Rec13 = Me.Quant13 * Me.Val13
End If
End Function
```

Vamos examinar o código do botão *Salvar Dados*.

```
Private Sub cmdAdicionar_Click()
On Error Resume Next
Dim strSQL As String
Dim strSql2 As String
Dim strSQL3 As String
............
Dim strSQL13 As String
Dim sItem As String
Dim sItem2 As String
Dim sItem3 As String
```

```
...........
Dim sItem13 As String
Dim nValor1 As Double
Dim nValor2 As Double
Dim nValor3 As Double
...........
Dim nValor13 As Double
Dim nQuant1 As Double
Dim nQuant2 As Double
Dim nQuant3 As Double
...........
Dim nQuant13 As Double
Dim nSub1 As Double
Dim nSub2 As Double
Dim nSub3 As Double
...........
Dim nSub13 As Double
Dim Pergunta As String
sItem = Forms!frmOrcamento!cboItem.Column(1)
sItem2 = Forms!frmOrcamento!cboItem2.Column(1)
sItem3 = Forms!frmOrcamento!cboItem3.Column(1)
...........

sItem13 = Forms!frmOrcamento!cboItem13.Column(1)
nQuant1 = Forms!frmOrcamento!Quant1
nQuant2 = Forms!frmOrcamento!Quant2
nQuant3 = Forms!frmOrcamento!Quant3
...........
nQuant13 = Forms!frmOrcamento!Quant13
nValor1 = Forms!frmOrcamento!Val1
nValor2 = Forms!frmOrcamento!Val2
nValor3 = Forms!frmOrcamento!Val3
...........
nValor13 = Forms!frmOrcamento!Val13
nSub1 = Forms!frmOrcamento!Rec1
nSub2 = Forms!frmOrcamento!Rec2
nSub3 = Forms!frmOrcamento!Rec3
...........
nSub13 = Forms!frmOrcamento!Rec13
Dim i As Integer
Dim sSQL As String
i = DLast("Codigo", "tblRelatorio")
i = i + 1

'Limpeza de dados antigos antes da inserção de novos
sSQL = "DELETE * FROM tblRelatorio"
```

```
CurrentDb.Execute sSQL

If IsNull(Nz(DLookup("item", "tblRelatorio", "Codigo = " & i)) Or
Nz(DLookup("item", "tblRelatorio", "Codigo = " & i)) = "" Then
strSQL = "INSERT INTO tblRelatorio(Quantidade,Item,Valor,SubTotal) VALUES('" &
nQuant1 & "','" & sItem & "','" & nValor1 & "','" & nSub1 & "')"
CurrentDb.Execute strSQL
strSql2 = "INSERT INTO tblRelatorio(Quantidade,Item,Valor,SubTotal) VALUES('" &
nQuant2 & "','" & sItem2 & "','" & nValor2 & "','" & nSub2 & "')"
CurrentDb.Execute strSql2
strSQL3 = "INSERT INTO tblRelatorio(Quantidade,Item,Valor,SubTotal) VALUES('" &
nQuant3 & "','" & sItem3 & "','" & nValor3 & "','" & nSub3 & "')"
CurrentDb.Execute strSQL3
...........
strSQL13 = "INSERT INTO tblRelatorio(Quantidade,Item,Valor,SubTotal) VALUES('" &
nQuant13 & "','" & sItem13 & "','" & nValor13 & "','" & nSub13 & "')"
CurrentDb.Execute strSQL13

Else
sSQL = "DELETE * FROM tblRelatorio"
CurrentDb.Execute sSQL
strSQL = "UPDATE tblRelatorio SET item = '" & sItem & "',Quantidade = '" &
nQuant1 & "',Valor = '" & nValor1 & "',SubTotal = '" & nSub1 & "',Codigo= " & i
CurrentDb.Execute strSQL
strSql2 = "UPDATE tblRelatorio SET item = '" & sItem2 & "',Quantidade = '" &
nQuant2 & "',Valor = '" & nValor2 & "',SubTotal = '" & nSub2 & "',Codigo= " & i
CurrentDb.Execute strSql2
strSQL3 = "UPDATE tblRelatorio SET item = '" & sItem3 & "',Quantidade = '" &
nQuant3 & "',Valor = '" & nValor3 & "',SubTotal = '" & nSub3 & "',Codigo= " & i
CurrentDb.Execute strSQL3
...........
strSQL13 = "UPDATE tblRelatorio SET item = '" & sItem13 & "',Quantidade = '" &
nQuant13 & "',Valor = '" & nValor13 & "',SubTotal = '" & nSub13 & "',Codigo= " &
i
CurrentDb.Execute strSQL13
End If

MsgBox "Dados Salvos com Sucesso !!!", vbInformation, "Relatório Orçamentário"
End Sub
```

Para finalizar, já podemos gerar o nosso relatório.

```
Private Sub cboRelatório_Click()
On Error Resume Next
Dim sValor As Double
```

```
sValor = Format(txtValor1, "R$ #,##0.00")
If Me.opt1.Value = 0 Then
DoCmd.OpenReport "Relatorio", acViewReport
Else
DoCmd.OpenReport "Relatorio Estatístico", acViewReport
End If
End Sub
```

1 - Demonstração visual do aplicativo FINATECH para gerar Estatística.

5.1 Algoritmo do Diagrama de Pareto

Princípio de Pareto[1]

O princípio de Pareto (também conhecido como regra do 80/20, lei dos poucos vitais ou princípio de escassez do fator) afirma que, para muitos eventos, aproximadamente 80% dos efeitos vêm de 20% das causas. O consultor de negócios Joseph Moses Juran sugeriu o princípio e o nomeou em homenagem ao economista italiano Vilfredo Pareto, que notou a conexão 80/20 em sua passagem pela Universidade de Lausanne em 1892, como publicado em seu primeiro artigo "Cours d'économie politique". Essencialmente, Pareto mostrou que aproximadamente 80% da terra na Itália pertencia a 20% da população. Pareto desenvolveu o princípio ao observar que, em seu jardim, 20% das vagens continham 80% das ervilhas.

É uma rule of thumb[2] comum em negócios, por exemplo, "80% das suas vendas vêm de 20% dos seus clientes".[4] Cientificamente, a regra do 80/20 é aproximadamente seguida por uma distribuição de lei de potência (também conhecida como uma distribuição de Pareto) para um conjunto particular de parâmetros. Mostrou-se também empiricamente que muitos fenômenos naturais exibem tal distribuição.

O princípio de Pareto é apenas tangencialmente relacionado com a eficiência de Pareto. Pareto desenvolveu tais conceitos no contexto da distribuição de renda e riqueza entre a população.

[1] Fonte (Wikipedia)

[2] Rule of thumb é uma expressão inglesa que designa um princípio ou critério amplamente utilizado derivado da experiência, embora carente de fundamento científico e não necessariamente preciso.[1] A tradução literal é "regra do polegar" e parece ter sua origem numa antiga prática dos carpinteiros que consistia em usar o polegar em lugar de uma régua para realizar medições, considerando-se que o comprimento da primeira falange do polegar é de aproximadamente uma polegada.

Corresponde, portanto, a uma "regra prática" (também chamada de regra de ouro) que se aplica à maioria dos casos, tal como os procedimentos heurísticos utilizados em matemática, economia, psicologia e ciências da computação (particularmente no desenho de algoritmos). O termo é amplamente usado na literatura técnica de engenharia de software ou de administração de empresas, por exemplo[1] (particularmente no desenho de algoritmos).

Algoritmo do Diagrama de Pareto

1 - Levante os dados referentes aos problemas encontrados na produção.

2- Levante os dados referentes a frequência com que esses problemas ocorrem.

3- Ordene esses dados pelos problemas com maior frequência.

4- Calcule o total de frequência de todos os problemas encontrados.

5- Esse total corresponderá a 100% dos problemas encontrados.

6- Calcule o porcentual de cada problema começando com o de maior frequência.

7- Some o porcentual do problema de maior frequência com o porcentual do problema com frequência logo abaixo, para descobrir o porcentual acumulado desse segundo problema, e assim sucessivamente. No final da soma sempre será de 100%.

5.2 Aprendendo a Desenvolver o Gráfico de Pareto a Partir de Funções de Barra de Progresso e Funções Logarítimicas

A partir do algoritmo de Pareto já temos como desenvolver a função ou funções em Access VBA para gerarmos o gráfico de Pareto. Primeiro vamos criar um formulário para determinar todos os dados pertinentes ao diagrama de Pareto conforme o algoritmo acima:

Em seguida vamos desenvolver a sub-rotina para o botão Calcular de nosso formulário:

```
Private Sub cmdCalcular_Click()
On Error Resume Next
Dim intTotalFreq As Integer
Dim intFreq1, intFreq2, intFreq3, intFreq4, intFreq5, intFreq6, intFreq7 As In-
teger
Dim intAcum1, intAcum2, intAcum3, intAcum4, intAcum5, intAcum6, intAcum7 As In-
teger
Dim strSQL As String
Dim intCod As Integer

intFreq1 = Me.Frequencia1
intFreq2 = Me.Frequencia2
intFreq3 = Me.Frequencia3
intFreq4 = Me.Frequencia4
intFreq5 = Me.Frequencia5
intFreq6 = Me.Frequencia6
```

```
intFreq7 = Me.Frequencia7
intTotalFreq = Val(intFreq1) + Val(intFreq2) + Val(intFreq3) + Val(intFreq4) +
Val(intFreq5) + Val(intFreq6) + Val(intFreq7)

Me.txtTotalFreq = intTotalFreq

'*****************************
If Not IsNull(Problema1) Or Not IsNull(Problema2) Or Not IsNull(Problema3) Or
Not IsNull(Problema4) Or Not IsNull(Problema5) Or Not IsNull(Problema6) Or Not
IsNull(Problema7) Then
With Me
.Perc1 = (intFreq1 / intTotalFreq) * 100
.Perc2 = (intFreq2 / intTotalFreq) * 100
.Perc3 = (intFreq3 / intTotalFreq) * 100
.Perc4 = (intFreq4 / intTotalFreq) * 100
.Perc5 = (intFreq5 / intTotalFreq) * 100
.Perc6 = (intFreq6 / intTotalFreq) * 100
.Perc7 = (intFreq7 / intTotalFreq) * 100
End With

intAcum1 = [Perc1]
intAcum2 = [Perc1] + [Perc2]
intAcum3 = [Perc1] + [Perc2] + [Perc3]
intAcum4 = [Perc1] + [Perc2] + [Perc3] + [Perc4]
intAcum5 = [Perc1] + [Perc2] + [Perc3] + [Perc4] + [Perc5]
intAcum6 = [Perc1] + [Perc2] + [Perc3] + [Perc4] + [Perc5] + [Perc6]
intAcum7 = [Perc1] + [Perc2] + [Perc3] + [Perc4] + [Perc5] + [Perc6] + [Perc7]

With Me
.Acum1 = intAcum1
.Acum2 = intAcum2
.Acum3 = intAcum3
.Acum4 = intAcum4
.Acum5 = intAcum5
.Acum6 = intAcum6
.Acum7 = intAcum7
End With
Else
intCod = Forms!DiagramaParetoDados!Código
DoCmd.SetWarnings False
strSQL = "DELETE * FROM PecasDefeituosas WHERE Código = " & intCod
DoCmd.RunSQL strSQL
DoCmd.SetWarnings True
Me.Refresh
End If
End Sub
```

Passemos agora para o formulário do gráfico de Pareto, propriamente dito:

```
Public Function BarraProgressoA() As String

On Error Resume Next
Dim i, k As Integer
Dim ctl As Control
Dim bl As Variant
Dim y As Long
Dim n, x As Long

n = Forms!DiagramaParetoDados!Frequencia1
k = CInt(n / 10) + 1

    For Each ctl In Me.Controls
        For i = 1 To k
           If ctl.Tag = -1 Then

            ctl = bl & k
            ctl.BackColor = 16711680
            If k = 0 Then
            bl1.BackColor = 16777215
            bl2.BackColor = 16777215
            bl3.BackColor = 16777215
            bl4.BackColor = 16777215
            bl5.BackColor = 16777215
            bl6.BackColor = 16777215
            bl7.BackColor = 16777215
            bl8.BackColor = 16777215
            bl9.BackColor = 16777215
            bl10.BackColor = 16777215

            ElseIf k = 1 Then
            bl2.BackColor = 16777215
            bl3.BackColor = 16777215
            bl4.BackColor = 16777215
            bl5.BackColor = 16777215
            bl6.BackColor = 16777215
            bl7.BackColor = 16777215
            bl8.BackColor = 16777215
            bl9.BackColor = 16777215
            bl10.BackColor = 16777215

            ElseIf k = 2 Then
            bl3.BackColor = 16777215
            bl4.BackColor = 16777215
```

```
bl5.BackColor = 16777215
bl6.BackColor = 16777215
bl7.BackColor = 16777215
bl8.BackColor = 16777215
bl9.BackColor = 16777215
bl10.BackColor = 16777215

ElseIf k = 3 Then
bl4.BackColor = 16777215
bl5.BackColor = 16777215
bl6.BackColor = 16777215
bl7.BackColor = 16777215
bl8.BackColor = 16777215
bl9.BackColor = 16777215
bl10.BackColor = 16777215

ElseIf k = 4 Then
bl5.BackColor = 16777215
bl6.BackColor = 16777215
bl7.BackColor = 16777215
bl8.BackColor = 16777215
bl9.BackColor = 16777215
bl10.BackColor = 16777215

ElseIf k = 5 Then
bl6.BackColor = 16777215
bl7.BackColor = 16777215
bl8.BackColor = 16777215
bl9.BackColor = 16777215
bl10.BackColor = 16777215

ElseIf k = 6 Then
bl7.BackColor = 16777215
bl8.BackColor = 16777215
bl9.BackColor = 16777215
bl10.BackColor = 16777215

ElseIf k = 7 Then
bl8.BackColor = 16777215
bl9.BackColor = 16777215
bl10.BackColor = 16777215

ElseIf k = 8 Then
bl9.BackColor = 16777215
bl10.BackColor = 16777215
```

```
            ElseIf k = 9 Then
            bl10.BackColor = 16777215

            Else
            bl1.BackColor = 16711680
            bl2.BackColor = 16711680
            bl3.BackColor = 16711680
            bl4.BackColor = 16711680
            bl5.BackColor = 16711680
            bl6.BackColor = 16711680
            bl7.BackColor = 16711680
            bl8.BackColor = 16711680
            bl9.BackColor = 16711680
            bl10.BackColor = 16711680
            End If
            ctl = Null
        End If


        Next i
    Next ctl

End Function
```

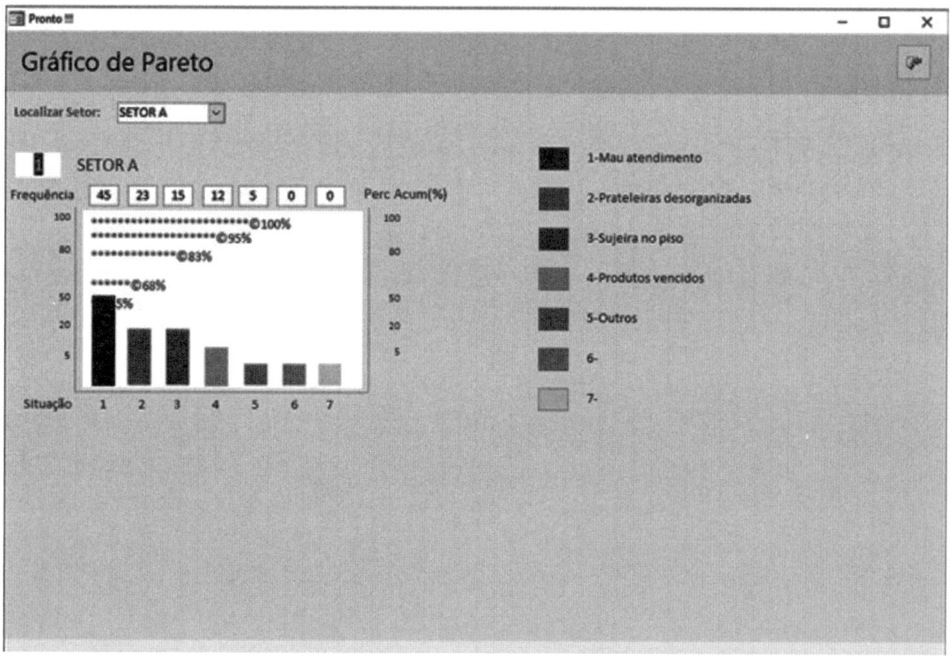

Assim se desenvolve as demais funções para cada barra vertical, diferindo apenas para cada barra vertical no valor da Marca (Tag) de cada caixa no total de 10 caixas. Observe que essa função é semelhante às funções de barra de progresso já estudadas. Mas onde neste caso, encontramos uma alteração?

Note que é nesta linha de código da função:

```
k = CInt(n / 10) + 1
```

Onde k é o valor do limite do looping FOR... NEXT de geração da barra vertical e 10 corresponde ao número de caixas que fazem parte da barra de progresso.

Prossigamos agora ao estudo do desenvolvimento da curva dos percentuais acumulados de problemas no processo de produção. Desenvolvi duas funções para este fim para abranger com boa exatidão, todas as possibilidades dos percentuais de acumulação dos problemas encontrados e dispô-los no gráfico. Na função utilizei o recurso da função logarítimica.

Veja como funciona uma função logarítimica:

```
f(x) = log3 x
```

Onde a f(x) é uma função exponencial que vai gerar uma curva dos valores das variáveis de x para todo valor da base 3 (base escolhida e mais apropriada para minha escala no gráfico) elevada a x. A f(x) será igual ao número de símbolos que distanciará um ponto no gráfico correspondente à cada barra vertical do gráfico de Pareto.

Veja como foi desenvolvida a função exponencial de geração da curva de Pareto.

```
Public Function Grafico()
On Error GoTo TrataErro    'Se ocorrer falta de preenchimento de campos essen-
ciais uma mensagem de erro ocorre
Dim intx, inty As Integer
Dim inti, intk As Integer
Dim intFator As Integer
Dim intj As Double
Dim intAcum1, intAcum2, intAcum3, intAcum4, intAcum5, intAcum6, intAcum7 As In-
teger

intAcum1 = Acum1
intAcum2 = Acum2
intAcum3 = Acum3
intAcum4 = Acum4
intAcum5 = Acum5
intAcum6 = Acum6
intAcum7 = Acum7


'**************************************************
If intAcum1 >= 20 And intAcum1 <= 50 Then

intFator = Me.txtFator
intj = 0.2
```

```
'f(x) = log3 x = intj 'Função logarítimica de x na base 3(intFator) é igual a
intj
intx = Nz(CInt(intFator ^ intj))   'Variável referente à função logarítimica
para elevar a potência da variável (coeficiente x) o fator de multiplicação

inty = 1000

For inti = 2 To inty Step intx    'Controle de fluxo FOR ... STEP ... NEXT para
gerar a sequencia de simbolos

    If intx <= inty Then            'Controle de fluxo IF...ELSE...END IF para de-
terminar o limite da sequencia
    Me.txtResultado = intx

    Else
    Me.txtResultado = ""
    End If
Next inti

        For intk = 1 To intx
        Simb4 = Simb4 & txtSimbo
        Next intk
        Simb4 = Simb4 & "©" & intAcum1 & "%"

End If
'***********************************************
If intAcum1 > 50 And intAcum1 <= 60 Then
intFator = Me.txtFator

intj = 0.2

intx = Nz(CInt(intFator ^ intj))
inty = 1000

For inti = 2 To inty Step intx    'Controle de fluxo FOR ... STEP ... NEXT para
gerar a sequencia de simbolos

    If intx <= inty Then            'Controle de fluxo IF...ELSE...END IF para de-
terminar o limite da sequencia
    Me.txtResultado = intx
    Else
    Me.txtResultado = ""
    End If
Next inti

        For intk = 1 To intx
```

```
        Simb4 = Simb4 & txtSimbo
        Next intk
        Simb4 = Simb4 & "©" & intAcum1 & "%"

End If

'*************************************************
If intAcum1 > 50 And intAcum1 <= 70 Then

intFator = Me.txtFator
intj = 0.2
'f(x) = log3 x = intj 'Função logarítimica de x na base 3(intFator) é igual a
intj
intx = Nz(CInt(intFator ^ intj))   'Variável referente à função logarítimica
para elevar a potência da variável (coeficiente x) o fator de multiplicação



inty = 1000

For inti = 2 To inty Step intx    'Controle de fluxo FOR ... STEP ... NEXT para
gerar a sequencia de simbolos

    If intx <= inty Then          'Controle de fluxo IF...ELSE...END IF para de-
terminar o limite da sequencia
    Me.txtResultado = intx

    Else
    Me.txtResultado = ""
    End If
Next inti

        For intk = 1 To intx
        Simb4 = Simb4 & txtSimbo
        Next intk
        Simb4 = Simb4 & "©" & intAcum1 & "%"

End If
'*************************************************

If intAcum2 >= 50 And intAcum2 <= 70 Then
intFator = Me.txtFator
intj = 1.6

intx = Nz(CInt(intFator ^ intj))
inty = 1000
```

```
For inti = 2 To inty Step intx     'Controle de fluxo FOR ... STEP ... NEXT para
gerar a sequencia de simbolos

    If intx <= inty Then           'Controle de fluxo IF...ELSE...END IF para de-
terminar o limite da sequencia
    Me.txtResultado = intx
    Else
    Me.txtResultado = ""
    End If
Next inti

        For intk = 1 To intx
        Simb5 = Simb5 & txtSimbo
        Next intk
        Simb5 = Simb5 & "©" & intAcum2 & "%"
End If
'*************************************************
If intAcum2 > 70 And intAcum2 < 90 Then
intFator = Me.txtFator
intj = 1.6

intx = Nz(CInt(intFator ^ intj))
inty = 1000

For inti = 2 To inty Step intx     'Controle de fluxo FOR ... STEP ... NEXT para
gerar a sequencia de simbolos

    If intx <= inty Then           'Controle de fluxo IF...ELSE...END IF para de-
terminar o limite da sequencia
    Me.txtResultado = intx
    Else
    Me.txtResultado = ""
    End If
Next inti

        For intk = 1 To intx
        Simb5 = Simb5 & txtSimbo
        Next intk
        Simb5 = Simb5 & "©" & intAcum2 & "%"
End If
'*************************************************
If intAcum3 > 60 And intAcum3 <= 70 Then
intFator = Me.txtFator
intj = 2.3
```

```
intx = Nz(CInt(intFator ^ intj))
inty = 1000

For inti = 2 To inty Step intx     'Controle de fluxo FOR ... STEP ... NEXT para
gerar a sequencia de simbolos

    If intx <= inty Then           'Controle de fluxo IF...ELSE...END IF para de-
terminar o limite da sequencia
    Me.txtResultado = intx
    Else
    Me.txtResultado = ""
    End If
Next inti
        For intk = 1 To intx
        Simb6 = Simb6 & txtSimbo
        Next intk
        Simb6 = Simb6 & "©" & intAcum3 & "%"

End If
'******************************************************

If intAcum3 > 70 And intAcum3 <= 80 Then
intFator = Me.txtFator
intj = 2.3

intx = Nz(CInt(intFator ^ intj))
inty = 1000

For inti = 2 To inty Step intx     'Controle de fluxo FOR ... STEP ... NEXT para
gerar a sequencia de simbolos

    If intx <= inty Then           'Controle de fluxo IF...ELSE...END IF para de-
terminar o limite da sequencia
    Me.txtResultado = intx
    Else
    Me.txtResultado = ""
    End If
Next inti

        For intk = 1 To intx
        Simb6 = Simb6 & txtSimbo
        Next intk
        Simb6 = Simb6 & "©" & intAcum3 & "%"

End If

'************************************************
```

```
If intAcum4 >= 70 And intAcum4 <= 80 Then
intFator = Me.txtFator
intj = 2.7

intx = Nz(CInt(intFator ^ intj))
inty = 1000

For inti = 2 To inty Step intx    'Controle de fluxo FOR ... STEP ... NEXT para
gerar a sequencia de simbolos

    If intx <= inty Then          'Controle de fluxo IF...ELSE...END IF para de-
terminar o limite da sequencia
    Me.txtResultado = intx
    Else
    Me.txtResultado = ""
    End If
Next inti

        For intk = 1 To intx
        Simb7 = Simb7 & txtSimbo
        Next intk
        Simb7 = Simb7 & "©" & intAcum4 & "%"

End If

Me.Refresh
Exit Function
TrataErro:

MsgBox Err.Description, vbCritical, "Campo(s) Nulo(s)"
End Function
```

Para selecionarmos nossos exemplos, deveremos criar um combobox para localizar o setor de produção que precisa ser analisado.

```
Private Sub cboLocalizar_AfterUpdate()
On Error Resume Next
Dim intCod As Integer
Me.RecordSource = "SELECT * FROM PecasDefeituosas WHERE Setor = '" & cboLocali-
zar.Column(1) & "'"
lblSetor.Caption = cboLocalizar.Column(1)
intCod = Forms!GraficoPareto!Código
DoCmd.OpenForm "DiagramaParetoDados", , , "Código = " & intCod, , acHidden

With Me
```

```
.lblItem1.Caption = "1-" + Nz(DLookup("Problema1", "PecasDefeituosas", "Código = " & intCod))
.lblItem2.Caption = "2-" + Nz(DLookup("Problema2", "PecasDefeituosas", "Código = " & intCod))
.lblItem3.Caption = "3-" + Nz(DLookup("Problema3", "PecasDefeituosas", "Código = " & intCod))
.lblItem4.Caption = "4-" + Nz(DLookup("Problema4", "PecasDefeituosas", "Código = " & intCod))
.lblItem5.Caption = "5-" + Nz(DLookup("Problema5", "PecasDefeituosas", "Código = " & intCod))
.lblItem6.Caption = "6-" + Nz(DLookup("Problema6", "PecasDefeituosas", "Código = " & intCod))
.lblItem7.Caption = "7-" + Nz(DLookup("Problema7", "PecasDefeituosas", "Código = " & intCod))
.txtFreq1 = Nz(DLookup("Frequencia1", "PecasDefeituosas", "Código = " & intCod))
.txtFreq2 = Nz(DLookup("Frequencia2", "PecasDefeituosas", "Código = " & intCod))
.txtFreq3 = Nz(DLookup("Frequencia3", "PecasDefeituosas", "Código = " & intCod))
.txtFreq4 = Nz(DLookup("Frequencia4", "PecasDefeituosas", "Código = " & intCod))
.txtFreq5 = Nz(DLookup("Frequencia5", "PecasDefeituosas", "Código = " & intCod))
.txtFreq6 = Nz(DLookup("Frequencia6", "PecasDefeituosas", "Código = " & intCod))
.txtFreq7 = Nz(DLookup("Frequencia7", "PecasDefeituosas", "Código = " & intCod))
.txtFreq1.Visible = True
.txtFreq2.Visible = True
.txtFreq3.Visible = True
.txtFreq4.Visible = True
.txtFreq5.Visible = True
.txtFreq6.Visible = True
.txtFreq7.Visible = True
End With
Call BarraProgressoA
Call BarraProgressoB
Call BarraProgressoC
Call BarraProgressoD
Call BarraProgressoE
Call BarraProgressoF
Call BarraProgressoG
Call LimparGrafico
Call Grafico

End Sub
```

5.3 Exercícios Propostos

1. Adapte um aplicativo de sua autoria com um efeito de gráfico de barras crescente e pulsante com intervalo de 1 segundo aproximadamente para cada barra do aplicativo RelatorioSubsidios ao incluir um gráfico com 5(cinco) barras, cada barra corresponde a uma função BarraProgresso que se auto-preencham em escala cres-

cente, conforme a figura abaixo, pelo evento Form_Open do formulário e com uma caixa de texto que forneça o percentual de rendimento de um usuário que esteja trabalhando no aplicativo em atendimento a uma meta pré-estabelecida de registros.

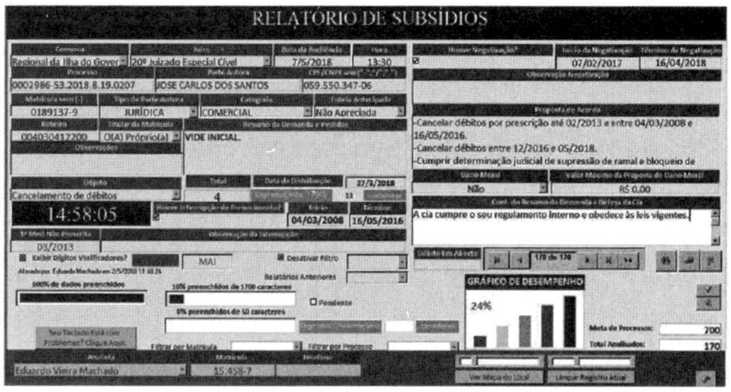

Dicas:

1-Utilize o formulário *frmProgresso* ou *Subsidios* para apurar o percentual de registros preenchidos que é um rótulo (lblPerc).

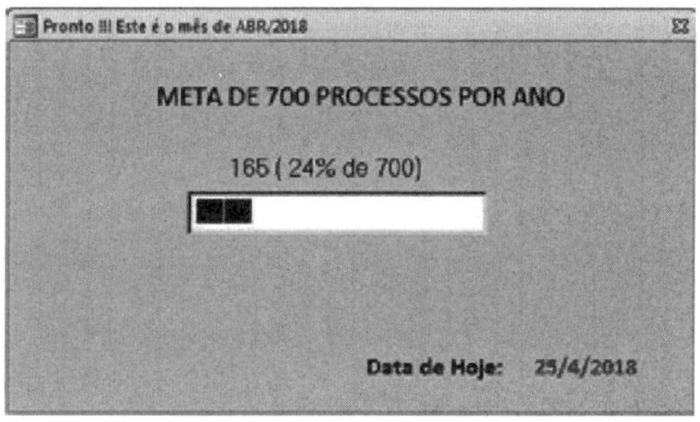

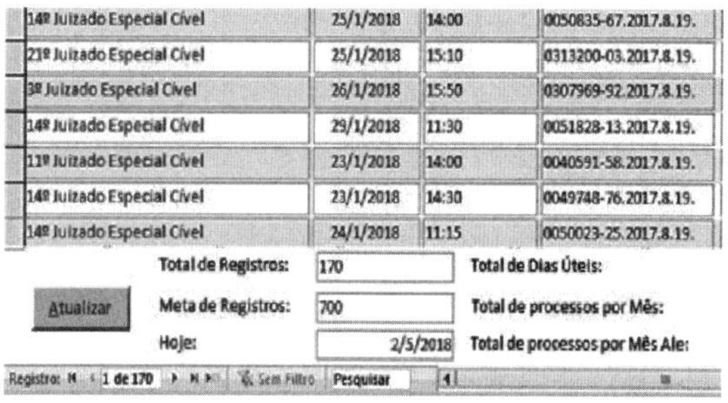

2- No modo Design(Estrutura) do formulário **RelatorioSubsidios,** pela caixa de texto onde deve figurar o percentual, você poderá utilizar 2(duas) opções na fonte de controle:

Formato: Porcentagem

Opção A:

```
=Substituir(Substituir(Substituir(Meio([Formulários]![frmProgresso]![lblPerc].
[Legenda];4,15);"(";"");")";"");"de " & [txtMeta] & "";"")
```

Opção B:

```
=([Formulários]![Subsidios]![txtTotal])/([Formulários]![Subsidios]![txtTotal2])
```

Onde **txtTotal2** informa a meta de registros e txtTotal a quantidade de registros já trabalhados. Não há necessidade de multiplicar por 100, no formato Porcentagem, o cálculo já se realiza e é exibido na caixa de texto.

Opção C:

```
=([Formulários]![RelatóriodeSubsidios]![txtAnalisados])/([Formulários]![Relatóri
odeSubsidios]![txtMeta])
```

Esta última opção utilizando os dados do próprio formulário **RelatóriodeSubsidios.**

Para tornar dinâmico o gráfico, utilize a função de tempo para o evento Form_Timer para relógio digital, fornecida no aplicativo **RelatorioSubsidios**, disponível no site da editora Ciência Moderna. Adapte o código para disparar uma função de Barra de Progresso (Total de 5) com Marcas diferentes (ctl.Tag) a cada segundo. Não esqueça de modificar as funções para exibir a 1ª Barra de Progresso com apenas 1 caixa; a 2ª Barra de Progresso com apenas 2 caixas e assim por diante.

2. Amplie a codificação da função do gráfico de Pareto para que o gráfico exiba informação de até o limite de 100 % para o surgimento da barra vertical. Veja abaixo a codificação parcial como está no livro que exibe uma indicação de até 80%:

```
'**********************************************
If intAcum4 >= 70 And intAcum4 <= 80 Then
intFator = Me.txtFator
intj = 2.7
intx = Nz(CInt(intFator ^ intj))
inty = 1000
For inti = 2 To inty Step intx 'Controle de fluxo FOR ... STEP ... NEXT para ge-
rar a sequencia de simbolos
If intx <= inty Then 'Controle de fluxo IF...ELSE...END IF para de¬terminar o li-
mite da sequencia
Me.txtResultado = intx
Else
Me.txtResultado = ""
End If
Next inti

For intk = 1 To intx
Simb7 = Simb7 & txtSimbo
Next intk
Simb7 = Simb7 & "©" & intAcum4 & "%"
End If

Me.Refresh
Exit Function
TrataErro:
MsgBox Err.Description, vbCritical, "Campo(s) Nulo(s)"
End Function
```

A Coleção *FileDialog e FileSystemObject*

FileDialog

Abrindo um arquivo de imagem a partir do computador.
Veja este código de um botão no formulário principal:

```
Private Sub cmdAbrirImagem_Click()
On Error Resume Next
Dim f As Object
Set f = Application.FileDialog(1)

f.AllowMultiSelect = False
If (f.Show = True) Then
    Me!cxImagem.Picture = f.selecteditems(1)
End If
End Sub
```

FileSystemObject

Ao usar a coleção FileSystemObject, você pode recuperar uma gama preciosa de informações a respeito do computador utilizado, incluindo informações acerca dos drives disponíveis, pastas e arquivos.

É possível em dado momento ser necessário exibir uma lista de drives do computador utilizado ou do computador de um usuário ao qual você tenha acesso de modo que se possa guardar informação acerca do local de vários arquivos usados dentro de sua base de dados. Isto é muito fácil ao se utilizar a propriedade Drives da coleção FileSystemObject.

Crie um módulo com o nome modColecoes na sua IDE, em seguida, copie e cole esta função dentro de seu módulo. Em seguida, adicione a biblioteca Microsoft Scripting Library em Ferramentas, Referências e pela janela de verificação imediata digite o script abaixo e tecle ENTER:

?DescobrirDrives()

Código do seu módulo modColecoes:

```
Option Compare Database
```

```
Option Explicit
'Declare as variáveis para o uso da biblioteca 'Microsoft Scripting Library

Dim fso As Object
'Declare as variáveis para o uso da biblioteca 'Microsoft Scripting Library

Dim drvs As Scripting.Drives
Dim drv As Scripting.Drive
Dim fsoStream As Object

Public Function DescobrirDrives()

'Inicializa o FileSystemObject

Set fso = CreateObject("Scripting.FileSystemObject")

'Obtém os drives do fso(FileSystemObject)

Set drvs = fso.Drives

'Faz a leitura pelos drives e exibe esta informação com detalhes pertinentes a
eles.

For Each drv In drvs
'Imprime a letra do drive
Debug.Print drv.DriveLetter & " " & drv.ShareName

Next
End Function
```

Vamos procurar agora exibir em uma caixa de texto de seu formulário:

```
Private Sub Form_Open(Cancel As Integer)
Call DescobrirDrives
End Sub
Public Function DescobrirDrives()

'Inicializa o FileSystemObject

Set fso = CreateObject("Scripting.FileSystemObject")

'Obtém os drives do fso(FileSystemObject)

Set drvs = fso.Drives
```

```
'Faz a leitura pelos drives e exibe esta informação com detalhes pertinentes a
estes drives.

For Each drv In drvs
'Imprime a letra do drive
Dim sDrive As String
Debug.Print drv.DriveLetter & " " & drv.ShareName
sDrive = drv.DriveLetter & " " & drv.ShareName
Forms!frmTeste!txtDrive = sDrive
Next

End Function
```

Capturando as Pastas Existentes no Drive C:

```
Public Function DescobrirPastas()
On Error Resume Next
'Declare a pasta raiz inicial ou pasta raiz

Dim strRoot As String

strRoot = "C:\"

'Declare as variáveis para uso com a biblioteca Microsoft Scripting Library re-
ferenciada

Dim fso As New Scripting.FileSystemObject
Dim parent As Scripting.Folder
Dim children As Scripting.Folders
Dim child As Scripting.Folder
Dim fl As File

'Obtenha a pasta do fso(FileSystemObject)

Set parent = fso.GetFolder(strRoot)

'Obtenha as subpastas contidas na pasta raiz

Set children = parent.SubFolders

'Repete a operação de varredura por meio da subpasta sob a raiz e exibe alguns
dados

For Each child In children

'Repete a operação por meiodos arquivos
```

```
For Each fl In child.Files
Debug.Print fl.Name & " " & fl.Type
Next
Next

End Function
```

Programação DAO

Existem dois modelos de programação de dados populares habilitados para o Access, o primeiro se chama DAO (Data Access Objects – Objetos de Acesso a Dados) e o segundo se chama ADO (Active Data Objects - Objetos de Dados Ativos).

Os desenvolvedores com frequência preferem um em detrimento do outro, mas o DAO em nossa opinião é mais poderoso e mais simples de usar. O DAO não vinha recebendo um foco maior da parte da Microsoft, mas, no Office 2007, com a introdução de campos com multivalores e vínculos, o foco voltou em DAO e na tecnologia do motor da base de dados JET.

Em seu projeto inicial, o ADO foi criado para o ASP e era uma tecnologia de cunho básico ideal para aplicações web e, agora, esta tecnologia se definiu para uso com o ASP.net e tem o seu uso à parte do Microsoft Access.

Com algumas versões antigas do Access, é necessário habilitar as bibliotecas DAO antes que você possa iniciar a programar. Isto porque entre o Access 97 e o Access 2003, a Microsoft mudou a ênfase dada inicialmente ao ADO e retornou para o DAO. Agora, com o Access 2007, a ênfase está firmemente voltada para a biblioteca DAO.

Por que um aplicativo com Recordset & QueryDefs?

Trabalhar com SQL é quase sempre mais eficiente que escrever código de programa. No entanto, há muitas circunstâncias quando precisamos de um código de programa para dar andamento em uma sequência de operações com harmonia, ou repetir uma série de tarefas complexas.

A um nível mais simples, a programação permite que você imite uma série de ações que você poderia executar interativamente com uma tabela de dados, e a um nível mais complexo permite a construção e execução de SQL sofisticado em código de programa, em que o SQL é gerado mais rapidamente em seu código.

Primeiros Passos com DAO

Como observado no texto acima, para dar os primeiros passos com algumas versões do Access, você precisa disponibilizar a biblioteca de programação DAO. Assim, se você estiver trabalhando com Access 2000, 2002/XP, então você precisará habilitar as seguintes referências.

Em um módulo de programa, exiba a caixa de diálogo das referências:

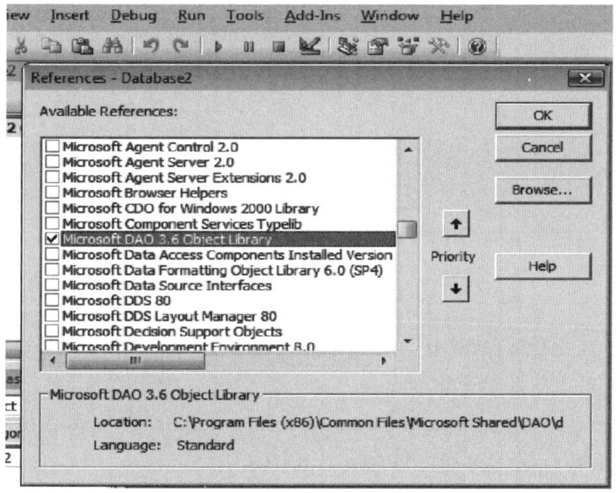

No Access 2000/XP, se você não tiver o "Microsoft DAO Library" adicionado, percorra a lista abaixo e selecione a caixa referente a ela.

Trabalhando com Uma Consulta de Ação Existente

Em primeiro lugar, considere vários caminhos diferentes para executar uma consulta de ação. Os seguintes *prompts servem* para você entrar com o nome de um país que deseja alterar ou atualizar para um novo nome. A consulta é parametrizada (Consulta – Menu de parâmetros).

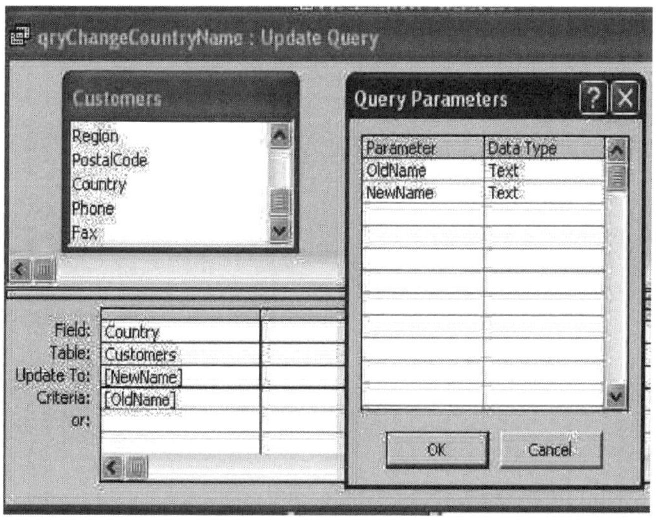

Qualquer coisa que você digitar em uma consulta que estiver entre colchetes [...]é o nome de um campo a se considerar como um parâmetro. Para assegurar que todos os nossos códigos de programa funcionarão, é importante definir aqueles como parâmetros formais usando a caixa de diálogo exibida acima.

O primeiro método que você usa para executar uma consulta é uma **Macro** com o comando **OpenQuery**. Pode-se também usar o comando **SetWarnings**para desativar e depois ativar mensagens de avisos (cuidado, se qualquer coisa der errado e os avisos estiverem desativados, você não estará preparado para quando, ao executar um código, deletar alguma coisa de seu banco de dados, como um formulário! Esta é uma estratégia perigosa).

A estratégia seguinte poderia ser usar um código de programa para executar os comandos de **Macro** acima usando o mesmo comando **OpenQuery**.

```
Sub ExecuteMacro()
      DoCmd.OpenQuery "qryMudarNomedePais"
End Sub
```

Repito que você pode desativar as mensagens de Aviso, mas por sua própria conta e risco.

Finalmente, uma outra técnica é usar o comando **Execute**(uma forma rápida de limpar as tabelas), agora veremos este método funcionar em consultas como a que vem a seguir:

```
DoCmd.SetWarnings False
Currentdb.Execute "DELETE * FROM tblClientes"

DoCmd.SetWarnings True
```

Nenhuma destas três técnicas funcionará com nossa consulta parametrizada. Não funcionarão quando os parâmetros estiverem envolvidos, porque isto envolve a interação do usuário. Mais adiante, o código abaixo mostra como se pode obter esta interação usando o código de programação DAO.

```
Sub DAO_Execute()
     Dim db As Database
     Set db = CurrentDb
     Dim qdef As QueryDef
    Set qdef = db.QueryDefs("qryMudarNomedePais")
    qdef.Parameters!AntigoNome= "Brazil"
    qdef.Parameters!NovoNome = "Brasil"
qdef.Execute

qdef.Close
    db.Close
End Sub
```

Logo acima, o código de programa fornece os parâmetros.

Recordsets & Select Queries

Agora, tendo visto como podemos executar consultas de ação que podem, se exigidas, ter parâmetros, voltemos nossa atenção para selecionar "queries"(consultas) e "recordsets".

Um recordset é como olhar para uma folha de dados que exibe resultados de uma consulta ou tabela usando um código de programa e, como podemos interativamente mover colunas, linhas, mudar valores e buscas etc., operações similares que podem ser empreendidas em um código de programa.

O que se segue é um pequeno vislumbre do que se pode obter aqui. O primeiro exemplo mostra como simplesmente mover-se em um recordset e editar alguns valores.

```
Sub DAO_MoveEEditar()
    Dim db As DAO.Database
Dim rst As DAO.Recordset
Set db = CurrentDb
    Set rst = db.OpenRecordset("SELECT*FROM Clientes",dbOpenDynaset)
    Do While Not rst.EOF
          Debug.Print rst!País
          If rst!País = "Brazil" Then
Rst.Edit
             Rst!País = "Brasil"
End If
          Rst.MoveNext
    Loop
    rst.Close
db.Close
End Sub
```

No exemplo acima, estamos utilizando um Dynaset, um dos vários tipos de recordset (Dynasets são provavelmente a melhor escolha para a maioria dos propósitos, quando estão sujeitos às mínimas restrições).

Uma solução melhor para a declaração irrestrita acima seria mudar a SQL para se ler

```
"SELECT * FROM Clientes WHERE País = 'Brasil'"
```

Analise uma das muitas alternativas para o código acima, cujasolução utiliza o método Find para localizar registros específicos.

```
Sub DAO_MoverEEditar2()

Dim db As DAO.Database
Dim rst As DAO.Recordset
Set db = CurrentDb
    Set rst = db.OpenRecordset("SELECT * FROM Clientes",dbOpenDynaset)
    rst.FindFirst "[País] = 'Brazil'"
    Do While Not rst.NoMatch
rst.Edit
            rst!País = "Brasil"
rst.Update
            rst.FindNext "[País] = 'Brazil'"
     Loop
rst.Close
     db.Close
End Sub
```

Usando Ambos Um Recordset E Um QueryDef

O próximo exemplo mostrará a você como abrir um recordset por uma "query"(consulta) parametrizada.

```
Sub DAO_QDRS()

   Dim db As DAO.Database
Dim qdef As DAO.QueryDef
   Dim rst As DAO.Recordset
   Dim fld As String
   fld = "País"
   Set db = DBEngine(0)(0)
   Set qdef = db.QueryDefs("qryPorPaís")
   qdef.Parameters!OPaís = "Brazil"
Set rst = qdef.OpenRecordset(dbOpenDynaset)
Do While Not rst.EOF
     'As operações aqui são todas equivalentes
rst.Edit
      rst!País = "Brasil"   'ou
      rst![País] = "Brasil" 'ou
      rst(fld) = "Brasil" 'ou
rst(8) = "Brasil"
rst.Update
      rst.MoveNext
Loop
qdef.Close
rst.Close
db.close

End Sub
```

DBEngine vs CurrentDB

Háduas maneiras de se referir a uma base de dados. A principal diferença é que usarDBEngine(0)(0) significa ser levemente mais rápido, mas a vantagem do CurrentDB é que você pode criar objetos dinâmicos e você não precisar atualizar o objeto db para visualizá-los.

Recordset E DAO.Recordset

Com Access 2003, você deve usar o prefixo se você tiver ambas as bibliotecas DAO e ADO carregadas para certificar-se de que você não se refere aos objetos ADO (se desejar, pode-se acrescentar um sufixo:ADODB). Assim, se você começar a receber erros básicos, tente usar um prefix DAO ao selecionar uma referência a esta biblioteca.

Modificando SQL Dinamicamente

O próximo exemplo mostra como você pode gerar SQL dinamicamente e ter as mudanças salvas para execução da "query" (consulta).

```
Sub DAO_Dinamico(País As String)
     Dim db As DAO.Database
Dim qdef As DAO.QueryDef
Set db = CurrentDb
    Set qdef = db.QueryDefs("qryPropositoGeral")
qdef.SQL = "SELECT*FROM Clientes WHERE País = '" & País & "'"
'Quaisquer mudanças aqui são verificadas e em seguida salvas automaticamente
    'SQL inválida gera um erro
    qdef.Close
    db.Close
End Sub
```

Criando Queries(Consultas) Temporárias

Se você criar uma query(consulta) sem nomeá-la, então ela é tida como temporária e não é salva. Se você fornecer um nome, então uma "query"(consulta) será criada.

```
Sub DAO_ConsultaTemporaria()
     Dim db As DAO.Database
Dim qdef As DAO.QueryDef
Set qdef = db.CreateQueryDef("")
     qdef.SQL = "DELETE*FROM Clientes WHERE País = 'Bolívia'"
     qdef.Execute
     qdef.Close
     db.Close
End Sub
```

Agora vamos ver a criação de uma "query" (consulta).

```
Sub DAO_ConsultaSalva()
'Este exemplo cria uma consulta
Dim db As DAO.Database
Dim qdef As DAO.QueryDef
Set qdef = db.CreateQueryDef("ConsultaTeste")
qdef.SQL = "DELETE*FROM Cliente WHERE País = 'Bolívia'"
qdef.Execute
qdef.Close
db.Close
```

*Escrito por Andrew Couch (MVP Office Access) e traduzido por Eduardo Machado (Good Guy)

Anotações

Impressão e acabamento
Gráfica da Editora Ciência Moderna Ltda.
Tel: (21) 2201 - 6662